Hotel Front Office

호텔객실 프런트 오피스

이승연 지음

백산출판사

Preface

호텔은 어원에서도 내포하고 있듯이 숙박이 중심이 되는 산업이다. 호텔의 순이익 측면과 객실고객의 타 부대업장 이용률 그리고 그에 따른 공헌이익을 고려해 볼 때 호텔기업에 있어 객실부문은 핵심이라고 할 수 있다. 호텔의 객실부문은 객실영업(front office)과 객실관리(housekeeping)로 구분을 할 수 있는데, 이익의 극대화를 위해서는 판매를 담당하는 객실영업부서의 역할과 생산을 담당하는 객실관리부서의 역할이 무엇보다 중요하며 두 부서 간의 협조가 긴밀하게 이루어져야 한다. 하지만 현 대학의 교과과정을 보면, 객실부분은 '객실관리' 또는 '객실실무' 등과 같이 단순하게 구성되어 있는 실정이다. 전문성이 중요한 호텔의 사원에 대한 교육이 각 부문별로 이루어지지 않는다면 호텔기업의 발전은 어렵다고 볼 수 있다.

따라서 호텔객실부분을 두 부문으로 나누어, 본서는 호텔고객을 처음 맞이하고(welcoming) 마지막으로 환송하는(farewell) 역할을 담당하며, 호텔의 전반적인 이미지 형성과 매출을 극대화시키는 부서인 객실영업(front office)을 중점적으로 다루었다. 또한 객실영업부분에 관한 기초적인 이론과 연구자 본인의 현업 경험을 바탕으로 실무적 접근방법에 의거하여 저술하였다.

한 권의 책을 완성하는데 있어서 사명감과 책임감을 가지고 만들기 위해 최선을 다하였으나 다시 한 번 부족한 점이 많이 있음을 인정하지 않을 수 없다. 앞으로 학자로서의 겸손함과 열정을 잃지 말아야겠다는 각오를 하게 된 것에 조금이나마 위안을 두고자 한다.

본서의 출판에 아낌없는 협조를 해 주신 백산출판사의 진욱상 사장님을 비롯하여 전직원 분들께 감사드리며, 마지막으로 사랑하는 가족들에게 본서를 바치고자 한다.

저 자

Contents

제3장 호텔객실 조직 및 각 부서별 업무

제4장 호텔객실의 이해

제5장 호텔객실 예약서비스 업무

제6장 호텔객실 현관서비스

제7장 호텔객실 프런트 데스크

제8장 호텔객실 고객서비스

제1장

{호텔의 개요}

Flow Chart

호텔의 개요

↓

호텔의 특성과 형태

↓

호텔객실 조직 및
각 부서별 업무

↓

호텔객실의 이해

↓

호텔객실 예약서비스 업무

↓

호텔객실 현관서비스

↓

호텔객실 프런트 데스크

↓

호텔객실 고객서비스

↓

부　　록

- 서울지역의 특1급 호텔 소개
- 호텔리어의 자세

제1절 호텔의 역사

역사적인 유물이나 문헌상의 기록을 통해 추정해 보면, 정확한 시기를 파악하는 데에는 다소 무리가 있다. 숙박업은 지구상의 인류가 생존을 하며 서로 왕래 및 교류가 이루어지던 시기에서, 즉 인류가 이동하기 시작하면서 발생되었다고 할 수 있다. 이 시기에는 인간의 이동목적은 단지, 생존을 위한 원시적인 형태로써 주로 물질획득이라고 하는 생명 및 종족유지를 위한 것이었다. 그러나 농경사회와 더불어 정착(定着)이라는 새로운 사회현상이 시작되었고, 생활필수품을 확보하기 위하여 물물교환이라는 상거래 형태가 개발되었다. 이러한 과정에서 여행이라고 하는 생활양태가 자연스럽게 나타나게 되었다. 여행과정에서 숙박시설이 등장하는 것은 극히 당연한 일이었다. 그러므로 숙박시설의 역사는 인간의 사회행동과 이동을 같이하여 발전하였으며, 이때부터 일시적으로 머물 수 있는 공간이 필요하게 되어 숙박업의 기원이 되었다.

인간이 여행을 할 때 음식과 잠자리 등 기본적인 요건들이 필수적으로 충족되어야 한다. 이런 관점에서 볼 때, 숙박시설과 여행의 역사는 동시에 이루어졌으며, 서로 용이하게 해주는 필수불가결한 것이다.

1. 고대시대의 숙박업

고대 바빌로니아의 함무라비법전(Code of Hammurabi)[1]의 여인숙의 운영에 관련한 법령(Regulation for Inns)에는 물물교환을 하는 상인을 위한 숙박시설인 캐러밴서리(Caravanseries)[2]의 시설의 규정, 불량식품 금지 등의 내용들이 있다. 고

1 고대 바빌로니아 왕(함무라비, 재위 B.C. 1972~B.C. 1750)이 제정한 세계에서 가장 오래된 성문법이다. 1901년 프랑스 탐험대가 페르시아의 고도(古都) 수사에서 발견하였으며, 현재 프랑스 루브르 박물관에 소장됨.

2 사막지대의 대상이나 그 여행자 무리들을 위한 천막과 같은 임의숙소.

대 이집트인들은 종교적 목적으로 여행을 하였으며, 중앙정부와 식민지의 교류를 위해 공무로 방문하는 내방객을 맞이한 출영소가 주로 도로 및 도시에 설립되었다. 그러나 여행이 본격적으로 시작된 것은 고대 그리스(Greece)시대로, 이 시대에는 신을 위한 신전참배를 비롯한 종교적 활동으로 여행의 왕래가 많아졌으며, 기원전 776년 이후 올림피아(Olympia)에서 개최된 고대올림픽(Ancient Olympic Games)[3]대회에는 각지로부터 많은 여행자들을 불러들여 관광의 발전을 가져오게 되었다. 하지만 상업적인 숙박시설이 발전하지 못하여 주로 민박이나 성지의 신전을 이용하였다. 이 시대의 주민들은 여행자(순례자)들을 모두 제우스 대신으로부터 보호받는 신성한 사람으로 생각하고 후대하는 습관이 있었다. 이와 같은 환대의 정신이 호스피타리타스(Hospitalitas)[4]로서 최고의 미덕으로 생각하였던 것이다.

그럼으로써 고대 이집트나 그리스 시대에는 도시 사이를 연결하는 교통의 요지에 포장마차 형식의 이동식 숙박시설 형태인 캐러밴(Caravans)[5]이 사용되었고 여행객들과 짐을 실어 나르는 동물에게 휴식과 음식을 제공할 수 있는 휴식처(Stopping Places)가 생겨났으며, 고대 동양의 실크로드 중앙에 광장이 있는 상인들의 숙소형태인 캐러밴서리(Caravanseries)가 있었다.

고대 로마시대에는 이탈리아 반도의 통합에서 지중해 연안을 중심으로 한 교역이 성행하였을 뿐만 아니라, 각 지방도시에는 정기적인 시장이 열리게 되어 각처로부터 몰려드는 상인들로 성시를 이루고 있었다. 또한 공용 화폐인 코인의 유통으로 물물교환이 필요 없었으며 여행자의 숙박장소로 도로변을 중심으로

3 고대 그리스시대, 펠로폰네소스 반도의 서부에 있는 올림피아에서 개최된 대신(大神) 제우스에게 바치는 경기모임이다. 본격적으로 경기가 거행된 것은 서기 기원전 776년이라고 하며, 중 · 장거리 경주, 5종 경기(멀리뛰기, 투원판, 단거리경주, 투창, 레슬링)가 주요 종목.

4 오늘날 관광의 친절성과 인간존중을 강조하는 근원이 여기에서 유래가 되면서, 역사학자 토인비(Toynbee)도 그리스 시대, 즉 기원전 4세기 중세 이후의 헬레니즘(Hellenism) 시대는 "인간존중의 정신"이 지배했던 시대로서 "Hospitalities"도 이에 근원을 두고 생각하였다.

5 사막지대의 대상(隊商)이나 그들의 여행자 무리를 위한 마차.

발달하였다.

고대 로마시대의 여행은 여행자체를 즐기기 위한 목적으로서, 이 시대의 여행객들은 주로 대상인, 행정가, 강력한 로마제국의 병사들이 주류를 이루고 있었다. 이러한 여행객들의 이동으로 인해 숙박업체들이 산재하고 있었다. 그리고 도시의 상업중심지나 관광지에는 부유층들이 이용하는 고급의 여관(Hospitum)들도 발달하였다. 무역목적에 따른 중산층의 여행 증가는 종교, 위락, 요양 등의 목적으로 더욱 성행하였다. 이러한 여행객들의 이동에 따라 자연히 숙박시설도 민가로부터 나폴리(Naples)를 중심으로 해변이나 경치가 좋은 산언덕 또는 온천을 무대로 건립되었다.

그러나 로마제국의 멸망으로 도로나 숙박시설이 황폐화되면서 수도원이 낮은 가격이나 무료로 병자나 고아 등을 위한 숙박기능을 대신하였다.

2. 중세시대의 숙박업

로마제국이 멸망한 후 약 1,000년간은 암흑시대(The Dark Age)가 도래하였으며, 이 시기에는 교역이나 물물교환을 위한 지역 간의 이동도 극히 제한되었기 때문에 숙박시설은 황폐화 될 수밖에 없었다. 또한 이 시기에는 사람들의 가치관이나 생활양식이 종교의 영향력이 지배되었기 때문에 세속적인 향락과 여행이 금지되었고, 종교순례자들의 종교관광이 성황을 이루었다.

중세시대에는 순례의식을 중요시했다. 순례는 오랜 동안의 고생스러운 여행과 위험을 겪으면서 성지를 참배하고 영혼의 구원을 얻으려는 의도에서 행해지는 것이다. 중세시대 서구에서는 이러한 도보여행자나 성지순례자들에게 수도원을 개방시켜 주고 있었다. 당시 교회기구들은 여행자들을 숙박시키기에 재원이 충분하여 저렴한 가격, 혹은 무료로 숙박시킬 수 있었다. 당시의 관광은 지금까지 성지순례(Pilgrim)의 형태이고, 여행자들의 숙박장소로는 종교적 봉사정신으로 제공되는 수도원이나 교회, 도로변의 간이숙박시설이 주로 이용되었다고 할 수 있다.

중세시대에 여관의 숙식기능을 하던 수도원 중에 대표적인 것이 알프스의 그란산베르나르도 고개 정상에 있었던 산베르나르도(San Bernardo)수도원이다. 이 수도원은 여행자나 성지순례자들에게 그 시설을 개방하여 제공함으로써 숙박시설의 역할을 대신하였다. 중세의 순례자 및 환자 등을 위한 보호시설이나 수도원의 객실을 의미하는 제너더카이움(Xenodochium)은 더 많은 순례자 및 환자를 수용하기위해 별도 건물의 형태를 이루었다.

그러나 르네상스(Renaissance)[6]의 정신운동은 유럽인들의 내면적 발전과 신대륙의 발견은 유럽 근대사회의 외면적 확대와 유럽중심의 세계관을 파괴시켰으며, 지중해 중심의 무역을 신대륙으로 확대시켜 상업적 여행이 증대되었다.

여행객의 증대와 함께 중세시대 숙박시설로서의 역할을 해오던 수도원이 점차 변형되어 영리추구의 숙박업소로 독립하여 운영되기 시작하였고, 이때부터 인(Inn)[7]이 생겨나기 시작하였다.

3. 근대시대의 숙박업

1670년경에 나타나기 시작한 교육을 목적으로 한 그랜드투어(The Grand Tour)[8]는 17세기에 들어 유럽의 귀족들에게 일반화됨으로서 유럽지역을 장기간 순회여행하게 되었으며, 이때 사용된 숙박시설이 인 또는 터번(Tavern)[9]이다. 이 시대

6 학문 또는 예술의 재생 · 부활이라는 의미를 가지고 있으며 고대의 그리스 · 로마문화를 이상으로 하여 이들을 부흥시킴으로써 새 문화를 창출해 내려는 운동이다. 중세와 근세 사이(14세기 후반~15세기 후반)에 걸쳐 이탈리아에서 시작되었다는 것이 통설인데, 이 운동은 곧 프랑스, 독일, 영국 등 북유럽 지역에 전파되어 각각 특색 있는 문화를 형성하였으며 유럽문화 태동의 기반이 됨.

7 여인숙 또는 작은 여관.

8 "Grand Tour"는 왕정이 화려했던 18세기 영국의 귀족계급 사이에서 통과의례로서 확립되어 있었던 대륙여행이 그랜드 투어이다. 영국의 대학에 가는 대신에 또는 대학을 졸업하고 실무를 시작하기 전에 유럽대륙으로 길게는 수년 동안, 짧으면 몇 달만에 걸쳐 여행하는 귀족자제들의 수학여행이다. 이동수단으로 마차와 돛배밖에 없었던 시대에는 시간과 돈이 많이 드는 장거리 여행은 귀족이 아니면 할 수 없었다.

9 선술집에 숙박시설을 갖춘 형태의 숙박형태.

의 여행은 마차여행이 성행하였는데, 특히 대형 역(驛) 여관(Large Terminal inns)들이 더 효용적이고 표준화되어 있었다.

대부분의 여관주인(Innkeeper)들은 역마차를 직접 경영하면서 역마차 손님을 수용하기에 분주하였다. 따라서 새로운 건물과 많은 사택이 여관으로 전용되고, 여행자들을 위하여 최선의 서비스가 제공되어 저마다의 경쟁이 치열하였다. 사회적으로 여관의 성장은 무역거래와 지방경제 성장에서 중요한 역할을 담당하면서 19세기 초까지 지속되었다.

17세기에 영국에서 페더호텔(Feathers Hotel)이 생겨난 후 호텔이라는 용어가 생겨났고, 18세기 초에 영국도로의 발달과 더불어 역마차의 발전은 여행을 가속화시키면서 숙박시설의 수요를 촉진시켜 가고 있었다. 즉 산업혁명 시대와 아울러 무역의 증가는 여행뿐만 아니라 숙박시설의 확충을 가져오게 된 것이다.

17세기 말부터 또 하나의 발전은 온천휴양지(Resort)와 대형 커피하우스(Coffee House)의 출현이었다. 비록 온천은 부유층들이 이용하고 있었지만 치료와 휴양의 장소로써 인기가 대단하였으며 18세기로 접어들면서 급격히 발전하였다.

1) 프랑스

프랑스에서는 왕족과 귀족을 대상으로 특권계급 전용의 사교장으로서 호화호텔[10]이 생겨나기 시작하였다.

1850년 르 그랑(Le Grand Hotel)에 이어 1855년 나폴레옹 3세의 창의적인 생각을 가미한 루브르 호텔(Hotel Du Louvre)이 파리에 건립되었다. 이는 궁전형의 거대한 호텔로서 당시 상류층인 귀족들의 사교중심지로 각광받았다.

1870년에 세계에서 가장 호화롭다고 알려진 그랜드호텔(Grand Hotel)이다. 호

10 루이 14세가 건설한 베르사유 궁전에서 행하여졌던 상류계급의 세련된 생활의식이 점차 전파되면서 호화스러운 시설과 서비스의 내용이 호화호텔을 탄생시켰다. 따라서 전통적인 호텔서비스는 호화스러운 건물의 외관과 내장, 사치스러운 프랑스 요리와 이것에 수반되는 식기류, 나아가서 서비스의 방법과 식사방법에 관한 형식 등의 귀족생활양식을 호텔업자들은 그대로 호텔경영에 적용하여 상업화한 것이다.

화호텔의 시대에 대표적인 호텔경영자는 세자르 리츠(Cesar Ritz : 1850~1918)이다. 리츠는 1889년에 런던에 세워진 사보이호텔(Savoy Hotel)을 인수하면서 호텔경영은 물론 식당업을 번창시켜 영국의 외식산업에도 크게 공헌하였다. 1897년에 호텔서비스의 원형을 탄생시킨 리츠호텔(Ritz Hotel)을 파리에 개관하여 대성공을 거두었다. 그 후 1899년에는 영국 런던에 칼튼호텔(Hotel Carlton)을, 1906년도에는 미국 뉴욕에 리츠칼튼(Ritz Carlton)을 비롯하여 로마와 스페인의 마드리드 등에 18개의 리츠호텔을 출현시켰다.

리츠는 소유와 경영의 분리를 통하여 전문성을 강조하고 프랜차이즈(Franchise)에 의한 체인화를 추진한 최초의 선구적 호텔경영자로서 근대의 호텔산업 발전에 큰 공헌을 하였다.

무엇보다도 "고객은 항상 옳다(Guest is always right)"라는 슬로건(Slogan)을 걸고 모든 서비스의 초점을 고객에게 맞추어 고객만족을 실현하였고, 서양요리 사상 가장 유명한 에스꼬피에(Escoffier)[11]와의 만남으로 호텔요리를 고급화시키는 데 공헌하였다.

Tip

세자르 리츠Cesar Ritz

리츠칼튼 전통의 창시자인 세자르 리츠(Cesar Ritz)는 1850년 2월 23일 스위스에서 목동의 13번째 아들로 태어났다. 그는 15세로 처음 Brieg에 있는 아버지의 친구가 경영하는 조그마한 호텔에서 근무한 경력이 있었으나, 그때의 지배인은 그를 가리켜 "자네는 호텔업계에서 결코 성공할 수가 없네, 호텔에서는 특별한 재능이 있어야 하는데, 솔직히 말해서 자네는 그러한 점이 없네" 하고 실망을 주며 해고하고 말았다. 이 말은 리츠에게 자극제가 되었다.

그 후 그는 맡은 일을 열심히 수행하여 19세의 젊은 나이에 식당지배인이 되어 1860년대에 파리에서

11 에스꼬피에(G.A. Escoffier : 1846~1935)는 이탈리아 태생으로 리츠의 동업자이면서, 요리전문가로서 "서양요리의 왕"으로 존재하였다. 사보이 호텔에서 리츠와 함께 일하면서 부가가치가 높은 Table d'Hôte(풀코스) 메뉴를 개발하여 더욱 유명해졌다.

대단한 성공을 거두었다. 리츠는 고객들에게 고객이 원하는 서비스 제공 때문에 고객들은 그의 서비스를 받기를 원했다. 리츠는 그곳에서 일하면서 부자들과 권력 있는 사람들을 자세히 관찰하여 그들이 좋아하는 것과 싫어하는 것, 그들의 습관, 허영심, 그리고 그들을 접대하는 방법을 열심히 배웠다. 이렇게 리츠는 귀족과 부자 등의 유명 인사들을 만나 서브하는 중 그들이 좋아하고 싫어하는 것, 습관, 자만심 등을 잘 이해하여 그들을 친절하게 대접하고 있었다.

1887년 37세 때 20세의 호텔사장의 딸과 결혼했으며, 그는 계속 유명해져갔다. 1889년 영국 런던 사보이호텔 관리인이 되면서 진가를 발휘하기 시작했다. 사보이호텔의 광고 내용은 당시로서는 너무 호사스러워 믿기 어려울 정도였다. “모든 곳에 가스등이 아닌 전등 설치. 매끄럽게 움직이는 호화 엘리베이터. 복도에도 24시간 난방. 총 욕실 수 70개.” 런던의 사보이 호텔이 개장된 지 6개월 후 경영이 어렵게 되자 사보이 호텔에서는 리츠가 제시하는 조건으로 경영권을 넘겼고, 리츠는 사보이 호텔을 맡아 경영하였다. 평론가들은 리츠가 런던의 외식사업을 개혁했고, 사회의 식사관습까지도 변경시켰다고 말하고 있다.

이러한 활동으로 인하여 리츠의 활동 능력은 40대에 절정기에 달하였고, 1898년 리츠는 프랑스 파리에 ‘리츠호텔’을 개관했다. 베르사유궁전을 옮겨 놓은 듯한 내부, 걸어 내려오는 여인의 드레스 자락이 가장 우아하게 보이게 설계했다는 로비 계단, 의자마다 정교하게 설치된 황동 핸드백 걸이. 호텔 역사상 최초로 각 객실에 욕실 전화기와 붙박이장 등이 설치됐다. 은은한 객실 분위기를 위해 전등에 복숭아 색깔 커버를 씌우는 간접조명도 도입됐다.

리츠는 “고객은 황제 같은 대우를 받아야 한다”며 직원들을 다그쳤으며 고객이 원하는 모든 것을 제공하려고 노력했다. 하지만 사치스러운 외식유행을 만들어 내어 가정생활을 파괴한다는 비난을 받기도 했다. 그러나 리츠는 클럽의 형태로 그의 식당을 바꾸어 예전에는 남자들만이 식사를 하던 것을 부인들도 남편과 함께 사보이에서 정찬을 하도록 유도하는 등 여성들의 영향력과 그들의 아름다워지고 싶어 하는 욕구를 잘 알기 때문에 그 점을 그의 고객 유치에 활용하였다.

호텔종사원들은 고객들에게 정중하며 조용하게 서비스하되, 그들이 부를 때를 대비하여 항상 가까이에 있어야 한다는 리츠의 원리는 호텔경영의 기초적 상식으로 되었으며, 리츠라는 이름은 영어 사용국가에서는 호텔경영에 있어서 기본원리를 의미하는 것으로 통용되었다.

리츠의 이름으로 뉴욕, 몬트리올, 리스본, 보스턴 등 많은 지역에 있는 호텔과 계약을 했다. 그리고 오늘날 그의 이름은 유명한 크랙커, 무도장, 식당, 스낵바 등의 이름에는 물론 유모차의 상표로도 사용될 만큼 널리 알려지게 되었다. 또한 ‘매우 사치스러운, 호사스러운’이라는 뜻의 영어 단어 ‘리치(ritzy)’의 어원이 됐다.

당시 ‘호텔업자의 왕이자 왕들을 위한 호텔업자’로 지칭될 만큼 명성이 있었던 리츠의 완벽주의는 끝내 죽음으로 이어졌다. 그는 16년간 극심한 신경쇠약에 시달리다 1919년 사망했다.

2) 독 일

1907년 독일의 온천지인 바덴바덴(Baden Baden)에 건립된 바디쉬 호프(Der Badischer Hof)는 유럽 근대호텔의 새로운 면으로 등장하였다. 이 호텔은 초기의 단순한 숙박시설인 여인숙의 형태에서 벗어나 호화로운 시설 및 발코니, 응접실, 식당, 침실과 욕실 등이 잘 구비되어 있었다. 1974년에는 베를린에 카이제르 호프(Der Kaiser Hof)가 건립되었으며, 1876년에 프랑크푸르트 시에 마인(Main)강을 배경으로 최고급 호텔인 프랑크푸르트 호프(Frankfurter Hof)가 건립되었다.

1909년 리하르트 쉬르만(Richard Shirrmann)에 의해 반더포겔(Wandervogel)[12] 운동의 일환으로 건전한 청소년 숙박시설로 발전되었는데, 이 시기에 유스호스텔(Youth Hostel)[13]이 등장하였다. 이후 유럽은 물론 미국까지 확대되었다.

3) 미 국

미국 최초의 호텔은 1974년 뉴욕시에 건립된 시티호텔(City Hotel)이다. 시티호텔이 탄생하기 전까지는 여관주인(Inkeeper)들이 그들의 숙박시설을 개선하여 자신의 숙소로서 혹은 가정(Home)으로 겸용하면서 여관을 운영하고 있었다. 그러나 시티호텔은 당시 거대한 시설로서 73실의 객실을 보유한 영업목적만을 위한 호텔이었다. 미국에서는 주류 판매를 금하는 금주기간이 있었지만, 시티호텔의 홀(City hall)에서는 주류 판매와 숙박을 겸하여 영업을 할 수가 있었다. 그 후 호텔은 일반적으로 자체에 주류를 판매하는 바(Bar)를 보유하게 되었다.

1829년에 보스턴에 170개의 객실을 갖춘 최초의 현대식 호텔인 트래몬트하우스(Tremont House)가 등장했다. 이 호텔을 가리켜 "근대 호텔산업의 원조(The Adam and Eve of the Modern Hotel Industry)"라고 부르면서, 호텔건축의 권위자인 아이

12 철새라는 뜻으로 독일청소년 도보여행 애호회의 명칭이다. 철새처럼 산과 들을 돌아다니며 심신을 다지는 일을 목적으로 한다. 독일에서는 청년들의 도보여행이 성행하는데, 낯선 지방을 순회하면서 견문과 체험을 쌓아 인간적인 성장을 꾀하려 했던 것임.

13 가정적 분위기를 느낄 수 있는 경제적으로 안전한 교육적인 청소년 수련시설.

세라 로저스(Isaiah Rodgers)에 의해 건립되었으며, 이전의 호텔과는 달리 차별적인 경영형태와 고가의 건축비용이 소요되었다. 이는 이후 50년간 유럽 호텔 건축양식에 절대적인 영향을 미쳤다. 트레몬트 하우스는 호텔경영에 많은 기술혁신을 이룩하였으며 최초로 싱글 룸(Single Room)과 더블 룸(Double Room)을 고객에게 제공하였고, 각 객실에 열쇠(Key)와 세면대(Bowl)를 설치하였으며 물주전자(Pitcher), 신문, 비누 등 객실비품을 무료로 제공하였다. 또한 처음으로 프랑스요리가 소개되었고, 200석 규모의 식당 홀을 구비하였다. 호텔 간부(지배인제도) 채용 및 직원교육 실시 및 벨보이(Bell boy)와 객실전화의 역할을 할 수 있는 호출기(Annunciator)를 도입하여 현대호텔 발전의 효시가 된 호텔이다.

20세기에 접어들면서 호텔업계는 증가하는 여행인구에 대한 새로운 서비스에 직면하면서, 고객이 원하는 숙박시설의 형태와 중산층 고객의 욕구에 맞는 숙박시설과 서비스, 호텔의 수익을 위한 객실요금 등이 호텔업자들에게 고민거리가 되고 있었다.

이 시기에 현대호텔의 아버지 미국의 스타틀러(Ellswdrth M. Statler)는 유럽의 왕족과 귀족을 대상으로 하는 호텔운영에서 과감히 탈피하여 새로운 서비스를 개발하고 합리적인 경영방식을 도입하였다. 1908년에 미국에 버팔로 스타틀러 호텔(Buffallo Hotel)을 300개의 객실과 욕실을 가진 거대한 호텔로 탄생시켜 적정한 객실요금으로 호텔 이용의 대중화를 유도하면서 경영향상을 지속하였다.

스타틀러 호텔은 "1.5달러로 욕실이 딸린 객실을(a room and a bath for a Dallar and a half), 25센트에 식사를(all you can eat for 25 Cents)"이라는 슬로건을 창시하여 중산층과 일반대중에 큰 호응을 얻었으며, 명실상부하게 호텔업계의 최고가 되었다.

스타틀러의 운영방식을 보면 다음과 같다.

- 화재의 위험을 벗어나기 위해 계단에 방화문을 설치함.
- 각 객실에 개인용 욕탕 설치, 전신크기의 거울, 객실 내 얼음물, 신문 등을

제공함.

- 어두운 곳에서도 쉽게 켤 수 있는 객실 내의 전등 스위치 설치함.
- 호화성과 고가성을 배제하면서 편리성, 쾌적성, 가격의 저렴성 등의 운영기술을 창안하여 능률주의의 기법[14]으로 작업은 물론 상품을 단순화 및 표준화시켜 서비스의 질적 향상을 도모함.
- "Don't Disturb"[15]라는 표지를 문고리에 걸 수 있도록 고안함.

1910년과 1920년 사이에는 미국 호텔건설의 절정을 이룬 시기라 할 수 있으며, 명성 있는 호텔이 많이 건축되었다. 뉴욕시에 있는 호텔뉴욕이 호텔 펜실베이니아보다 더 큰 호텔로 등장하였다. 또한 1972년에는 타의 추종을 불허하는 초대형 호텔인 스티븐스 호텔이 3,000개의 객실을 보유한 호텔로 시카고에서 개관하였다. 세계에서 가장 규모가 큰 호텔로서 그 효시의 자리를 확보하게 되었다.

1930년도에 미국의 경제 대 공황기를 맞아 호텔업계도 역사상 가장 심한 불행을 겪게 되었다. 당시 호텔산업은 다시 회복될 수 없는 산업으로 생각되면서, 전체 호텔의 85% 이상이 도산하기에 이르렀다. 이 영향으로 말미암아 공황이 끝나고 새로이 안정을 회복한 뒤에도 투자가들은 호텔을 흰코끼리(White Elephant : 누구에게나 귀찮은 존재라는 뜻)로 생각하면서 투자를 기피하였다. 1940년 안정을 회복함과 더불어 1942년 제2차 세계대전의 거센 물결이 미국 전역으로 하여금 대량 인구이동의 선풍을 불러일으켜 여행자들의 급격한 수요가 발생함으로써 호텔업계는 새로운 경지를 되찾았다. 이러한 요인이 1945년 종전 전과 더불어 미국에 있어서 전쟁경기로 부의 축적을 가져온 상태에서 왕성한 여행욕구 현상은 호텔업계를 다시없는 호경기로 돌려놓았다. 당시 1947년까지 객실 이용률(Room

14 식당의 서비스 능률을 올리기 위해 서비스 스탠드(Service Stand)를 설치하여 주방에서 홀까지의 노동거리를 단축시켰다.

15 호텔객실 바깥 문고리에 걸어놓는 Door Knob Card는 양면으로 되어 있는데, 한쪽 면에는 "청소해 주세요(Please make up room)"라는 문구가 있고, 다른 한쪽 면에는 "깨우지 마세요(Don't disturb)"라는 문구가 적혀 있다.

Occupancy)이 평균 90%선을 상회하였을 정도였다.

4. 현대호텔의 숙박업

1952년 이전의 여러 발전과정에 추가하여 미국 호텔업계의 경이적 발전 형태를 두 가지 관점에서 살펴볼 수 있다.

그 하나가 1952년 10월에 개관한 로스앤젤레스 스타틀러(The Los Angeles Statler)의 출현이다. 호텔의 한 동을 완전히 임대사무실(Rental office)로 내놓음으로써 호텔 수입의 안정성을 추구하는 경영방식을 확립한 것이다. 이것은 공황기의 쓰라린 경험에 비추어, 그리고 계절적 영향을 가장 심하게 받는 호텔 수입의 불안정을 극복하고자 하는 노력의 결정이었다. 이후 많은 호텔에 영향을 미치고 전후 미국 호텔산업계의 새로운 이정표를 마련하였다.

밀레니엄 서울힐튼호텔 전경

쉐라톤 그랜드 워커힐호텔 전경

다른 하나는 체인호텔제도(chain hotel system)의 발전이다. 오늘날 현대를 상징하는 여행의 대중화(mass tourism) 물결이 호텔업계의 발전과 더불어 새로운 경영형태인 체인호텔로 발전하게 된 것이다. 이의 최초의 출현이 노트 호텔체인(Kknott Hotels Corporation)이다. 상승하는 원가와 보다 나은 서비스를 제공하면서 원가요율을 높이지 않기 위해서는 호텔의 대량생산을 촉구하기에 이르렀다.

이 호텔 가운데서도 그 규모나 명성으로 보아 가장 널리 알려진 체인그룹으로는 쉐라톤 체인(The Sheraton Corporation of America) 과 힐튼 체인(The Hilton Hotels Corporation)그룹이다.

1928년 스타틀러가 사망한 후, 그의 사업이 부인인 아리스 스타틀러(Alice Statler)에 의해 계승되다가 1954년에는 Statler Hotel Chain들이 신흥 호텔체인업체인 힐튼(Hilton)에 인도되면서 스타틀러 시대의 막을 내리게 된 것이다. 힐튼의 창업자는 힐튼(Conrad H. Hilton : 1887~1979)으로, 이들은 기존호텔들을 헐값에 매입하여 세력을 확장시키고 있었다. 1938년 샌프란시스코의 서 프란시스 드레이크(The Sir Francis Drake), 1943년 뉴욕의 프라자 호텔(Plaza Hotel), 1945년 스티븐스(The Stevens)와 팔머하우스(The Palmer House), 1949년 뉴욕의 월돌프 아스토리아 호텔(The Waldolf Astoria Hotel) 등을 매입하였다. 1963년에는 뉴욕에 2,000개의 객실을 갖춘 미국 최초의 컨벤션 호텔인 뉴욕 힐튼(The New York Hilton)을 오픈하였다.

쉐라톤의 창업자인 헨더슨(Ernest Henderson : 1897~1967)은 호텔을 경영해 본 경험은 없었지만, 1914년부터 부동산 획득 차원에서 호텔을 매입하고 건물을 개보수하여 가치를 향상시켜 나갔다. 44세 때 호텔경영에 성공하면서 26년 후 그가 사망할 때까지 154개의 체인 쉐라톤을 탄생시켰다. 체인호텔경영이 단독경영호텔보다 경쟁사업에서 월등히 우월하다는 것이 그의 신념이었다. 쉐라톤 호텔은 현재 스타우드(Starwood Hotels & Resorts Worldwide)사에 인수되어 하나의 브랜드로 운영되고 있다.

Tip

스타우드Starwood Hotels & Resorts Worldwide

스타우드는 1998년 웨스틴 호텔 & 리조트 월드와이드 그룹과 ITT 코퍼레이션의 인수로 쉐라톤 홀딩 코퍼레이션이라는 이름으로 바꾼 후 비스타나 그룹의 인수로 1999년 10월 스타우드라고 개명하였다.

직영과 자회사 형태로 사업을 수행하며 스타우드 계열의 브랜드로는 세인트 레기스(St. Regis(r)), 럭셔리 콜렉션(The Luxury Collection(r)), 쉐라톤(Sheraton(r)), 웨스틴(Westin(r)), W호텔(W(r)), 그리고 포포인츠 by 쉐라톤(Four Points(r) by Sheraton)이 있다. 미국 뉴욕에 본사가 위치해 있으며 세계 95개의 나라에 약 900개가 넘는 호텔들이 있다.

하얏트호텔 전경

Holiday Inns 창업자 케몬스 윌슨(Kemmons Wilson)은 전세계 최대의 숙박산업 기업가로서 그는 쉐라톤과 힐튼을 합한 객실 숫자보다 더 많은 체인호텔을 형성하고 있다.

윌슨은 스타틀러 이래 일반 서민에게 값싸고 편안하며 쾌적한 숙박시설을 제공하면서 자동차 여행자들의 호텔이용에 일대 혁신을 가져다주면서 1976년에 25개국에 1,700개의 모텔과 호텔을 운영하였다. 그 중 1/5은 직영이며, 나머지는 프랜차이즈 경영 형태로 경영하였다.

1952년 모텔이 전국 각지에서 생겨났지만 대부분의 객실이 30실 미만의 작은 모텔이었으나, 윌슨의 모텔은 그 당시로서는 최초로 대형객실에 객실마다 2개의 더블베드(Double Bed), TV, 전화기, 수영장, 주차장 등을 확보하여 매력적인 큰 모텔을 건축하였다. 홀리데이 인 호텔은 현재 프랜차이즈 경영회사인 식스컨티넨츠 그룹사의 핵심브랜드로서 전세계에 걸쳐 1,500여 개의 호텔이 있다.

하얏트호텔은 1957년 프리커처(Jay Pritzker)가 로스앤젤레스 공항 부근의 소규모 호텔을 구입하여 개관했는데, 지금은 206개의 호텔이 전세계에 분포되어 있다.

하얏트호텔의 등급은 그랜드 하얏트(Grand Hyatt), 하얏트 리젠시(Hyatt Regency), 파크 하얏트(Park Hyatt), 하얏트 리조트(Hyatt Resort)의 4가지 형태이다.

메리어트(J, Willard Marriott : 1901~1985)는 1957년 360개의 객실을 가진 모텔을 워싱턴 D.C.에 개관하였다. 모텔의 디자인과 위치는 모텔업의 즉각적인 성공을 가져오게 되었다. 이후 호텔임대, 인수・합병 등을 통하여 오늘날 거대 호텔사업체로 부상하였는데, 숙박뿐만 아니라 외식산업, 숙박산업, 기내급식 및 레저

산업, 여행업 등의 다각경영체제로 미국 내 최대의 관광업체로 성장하였다. 1995년에는 세계적 브랜드 가치를 지닌 리츠칼튼을 인수하였고, 1997년에는 르네상스 호텔그룹을 인수하였다.

현재 메리어트호텔 그룹은 고객의 니즈(Needs)에 따라 시장을 세분화하여 5개 형태의 호텔을 운영 중이며, 세분화된 5개의 호텔 브랜드는 다음과 같다.

- Courtyard by Marriott : 일반 비즈니스 여행객에 적합
- Residence Hotel : 장기투숙객에 적합
- Fairfield Inns : 경제성을 중시하는 고객에 적합
- Suites by Marriott : 손님들을 초대하려는 여행객에 적합
- Marriott Hotel : 호화스러운 분위기에 완벽한 서비스를 원하는 고객에 적합

메리어트호텔 전경

제2절 국내호텔의 역사

1. 호텔의 등장

- 1889년 인천, 〈대불호텔〉: 우리나라 최초의 호텔
- 1902년 서울 정동, 〈손탁호텔〉: 최초의 근대적 호텔, 처음으로 프랑스 요리 제공

우리나라 최초의 호텔은 1888년에 인천 서린동에 설립된 대불호텔이다. 벽돌로 지어진 객실 11실의 3층 건물이었으며, 당시 가장 고급으로 지어진 건물로 우리나라를 찾는 외국인을 수용하기 위한 양식호텔이었다. 그러나 1906년 경의선이 개통되면서 서울과 인천 간의 여행시간이 단축되어 수지면에서 사양길을 면치 못하다가 1918년에 중국요리집으로 개조되었다.

1902년 서울에서는 독일 여인인 손탁(Sontag)[16]이 지금의 정동에 손탁호텔을 건립하였다. 손탁호텔은 우리나라에서 서구식 호텔의 건축과 그 운영으로 숙박시설이 여관형태에서 벗어나는 전환기를 가져왔다. 또한 이곳에 처음으로 서양식 식당(프랑스요리)이 출현하여 서양요리 발전사에도 선구적 역할을 하였다. 그러나 1909년에 이화학당으로 매각되어 대학의 교실과 기숙사로 전용되었다.

2. 철도호텔 등장

- 1912년 〈부산철도호텔〉: 최초의 철도호텔
- 1914년 〈조선호텔〉: 최초의 서구식 호텔

16 손탁은 독일의 알사스로렌 출신으로 혈통은 프랑스인이고, 국적은 독일, 활동무대는 제정 러시아로써, 1885년 5월에 부임한 러시아 공사 웨버(Waber)의 처형이었다.

경인선(1899년), 경의선(1905년), 경부선(1906년)의 개통과 아울러 여행자들의 편의를 위해 철도호텔들이 탄생하게 되었다.

경부선이 개통된 이후 1910년에 부산역사를 벽돌 2층 건물로 세우면서 1층은 대합실로, 2층은 호텔객실로 이용하게 된 것이 부산철도호텔이며 철도호텔의 효시가 되었다.

1914년에 서울에서도 일본 총독부 철도국 주관으로 조선호텔(69실)이 건립되었다. 외국고위관리 등에 대한 고급 숙박시설과 근대화로 가는 한국에서의 이권 때문에 전초기지로 생겨난 호텔이다. 조선호텔은 프랑스요리가 제공되고 국제회의장으로서의 역할과 함께 사교중심지로서 내외국인들에게 인기가 대단하였다.

이 시대의 호텔들은 철도호텔의 생성과 함께 온천 등지의 휴양지를 중심으로 휴양지호텔(Resort Hotel)이 생겨나기 시작하였다.

일제시대의 호텔들은 어차피 일본인들에 의해 건축되고 운영되었지만, 무엇보다 조선호텔의 등장은 선진외국의 호텔경영기법을 도입한 데 대한 의의가 크다고 할 수 있다.

3. 상용호텔과 민영호텔 등장

- 1936년 〈반도호텔〉: 최초의 상용호텔(이 시기는 우리 국민의 여행이 제한되어 일본인, 외국인을 위한 시설)
- 1952년, 대원호텔: 최초의 민영호텔
- 1955년, 금수장호텔: 지금의 그랜드 앰버서더 서울의 전신
- 1959년, M.O.T가 직영한 호텔(서울반도, 조선, 지방의 8개 호텔 등 10개)

우리나라에서는 1936년도에 상용호텔(Commercial Hotel)로써 반도호텔이 등장하였다. 이 호텔은 일본인 노구치에 의해 세워진 8층 콘크리트 건물로써 객실 111실을 보유하고 있었다. 반도호텔은 순수한 서구식 호텔로 미국의 Buffalo

Statler 호텔의 경영방식을 처음으로 도입하였고, 최초로 간부급 종사원들을 외국에 파견시켜 호텔전문교육 훈련을 받고 돌아와 근무케 하였다. 1953년 7월 휴전이 성립되고 많은 미군들과 군속 그리고 전후 UN한국부흥단 의원들이 한국을 방문하게 되자 점차 관광사업의 필요성을 인식하기 시작하게 되었으며, 이에 따라 정부조직에 관광과가 설치되었고 여행사와 민영호텔들이 생겨나기 시작하였다. 1954년 교통부 육운국에 관광산업 촉진을 위한 관광과가 설치되었으며, 1957년에 세계관광기구(WTO)의 전신인 국제관광가구에 정회원으로 가입하였으며, 1958년 3월에 중앙 및 지방관광위원회가 설립되어서 본격적인 호텔산업의 발전에 활력을 불어넣기 시작하였다. 한편, 국내 최초로 대한여행사가 개업하였고, 민영호텔로는 1952년 대원호텔, 1955년 현 소피텔 앰버서더호텔의 전신인 금수장호텔, 1957년 해운대관광호텔, 사보이호텔 등이 각각 개관하였다.

4. 1960~1970년대의 호텔업

- 1961. 8. 관광사업 진흥법 : 시설기준이 우수한 호텔을 관광호텔로 지정
- 1963. (워커힐) : 최초의 휴양지 호텔
- 1965. PATA 개최. 서울 : 호텔의 중요성 인식
- 1970. 조선호텔 : 국내에서는 처음으로 자본과 경영을 분리경영
- 1970. 관광호텔 등급제도, 관광호텔 지배인 자격시험제도 실시
- 1976. 서울 프라자 호텔
- 1978. Hyatt HTL, 부산조선비치호텔, 경주코롱호텔
- 1979. HTL 신라 개관을 시작으로 1979~1980년 사이에 HTL 롯데, 경주조선호텔, 경주도큐호텔, 부산서라벌호텔, 서울가든호텔 등 대형호텔 개관

1963년 4월에 개관한 워커힐호텔[17]은 당시 국제친선과 외화획득을 주목적으

17 워커힐의 命名은 6 · 25전쟁 때 전사한 미국의 장군 워커(Walton H. Walker)를 추모하기 위해

로 주한 UN군의 휴양(Recreation & leisure)을 위한 리조트호텔(254실)로서 당시 동양최대의 호텔로 개관하였다. 당시 워커힐은 국내에서는 가장 호화롭고 시설이 월등한 대식당, 실내수영장, 나이트클럽, 커피숍, 이·미용실, 바, 터키목욕탕, 연회장, 승마장, 사격장, 볼링장 등을 갖추고 국제관광공사에서 직영하고 있었으나 적자를 면치 못하고 있었다.

1965년 정부에서는 교통부가 상정한 "국제관광공사 산하 지방호텔의 불하 및 호텔 건설계획안"의 원안대로 공사 산하의 8개 호텔은 모두 민영화하기 시작하였다. 따라서 워커힐호텔은 1973년 3월에 선경그룹에서 인수하여, 미국의 Sheraton 회사와 프랜차이즈계약을 맺고 증축하여 1978년 7월에 신규호텔로써 쉐라톤워커힐(Sheraton Walker Hill)이 탄생하게 되었다. 1972년 하반기부터 국내기업의 경제활동 무대가 급속히 국제화되어 가는 가운데 외국인 관광객이 급격히 증가하게 되었다. 정부는 미국 보잉(Boeing)사에 용역을 의뢰하여 "한국관광종합개발 기본계획"을 수립하여 한국관광의 미래상을 제시하였고, 국제관광공사가 운영하던 워커힐호텔, 반도호텔, 대한항공사 등을 민영화하였다.

5. 1980년대의 호텔업

- 1983. Hilton HTL, 제53차 ASTA 개최
- 1986, '88 이후 외국 체인호텔 개관 : 스위스 그랜드호텔, 인터콘티넨탈, 라마다 호텔, 롯데월드호텔 등

1980년도에는 국민관광과 국제관광의 조화발전, 서비스수준의 향상, 국제회의의 국내유치, '86아시안게임과 '88서울올림픽 등을 통하여 우리나라 호텔산업도 일대 도약을 하게 된다. 특히 이 시기에 국내 대기업들의 호텔사업 진출이 본격

그의 이름으로 세워지면서, 그 부속호텔의 이름들도 당시 전사한 미국 장군들의 이름으로 命名하였다.

적으로 시작되었고, 국제적인 체인호텔들이 대거 들어와 스위스 그랜드호텔, 인터콘티넨탈, 라마다호텔, 롯데월드호텔 등이 개관되었다.

6. 1990년대 이후의 호텔업

- 임패리얼 팰리스 특1급 승격
- 그랜드 앰배서더 서울 특1급 승격
- Hyatt Regency 인천 2003년 9월 개관
- W 서울 2004년 4월 개관
- Park Hyatt 서울 2005년 4월 개관

제3절 호텔의 어원과 개념

1. 호텔의 어원

호텔의 어원은 라틴어의 Hospitale에서 찾을 수 있으며, 이 Hospitale에서 현재의 Hotel, Hospital, Hostel이라는 단어가 생겨났다고 한다.

호텔을 역사적으로 살펴보면 Hospitale에서 그 어원을 찾고 Hospital, Inn, Hotel의 순으로 발전되어 온 것으로 사료된다.

Hospital은 병원의 개념으로 사용되고 있으나 옛날에는 여행하는 사람의 간이 숙박장소의 의미로, 그 기원은 *Webster Dictionary*에서 찾아볼 수 있겠는데, 여행객의 숙소와 휴식장소(a place of shelter and rest of travelers)로 설명된다. 그리고 이런 시설의 목적은 여행객의 위험으로부터 몸을 보호하고 또한 여행객의 피곤함을 풀어주고 쉬게 하는 역할을 하였다. 결국 노인이나 병자 등을 수용하는 자선시설로서의 의미가 오늘날의 Hospital, 병원으로 발전된 것으로 생각된다.

호텔과 병원이 같은 어원에서 발전된 것으로 이해하지 않을 수 없는 것은 호텔과 병원의 구조를 보더라도 호텔의 구조와 병원의 구조가 비슷한 것을 많이 찾아 볼 수 있는데, 호텔의 로비와 병원의 현관, 호텔의 프런트 데스크와 병원의 접수창구, 호텔의 객실과 병원의 객실, 호텔의 식음료와 병원음식, 의사, 간호사의 의료서비스와 호텔종사원의 서비스 등 매우 유사한 건물구조와 비슷한 시스템을 많이 찾아볼 수 있다는 사실이다.

오늘날 Hostel은 학생들의 기숙사, 청소년 호텔(Youth Hostel)로서의 의미로 사용되고 있으나, 어원에서 본 바와 같이 Hospital에서 Hospital, Inn, Hotel로 발전하는 하나의 중요한 형태였다고 할 수 있다.

환대(Hospitality)의 어원(語源)도 라틴어의 Hospitalis에서 얻을 수 있다. 이 Hospitalis는 ① 손님과 주인과 사이에 관계가 있다. ② 객실(Guest Chamber)은 물론, 고객의 생명보호물(Protector of Guest)과 함께 친절함(Friendly), 따듯하게 대함(Hospitable) 등의 의미가 포함되어 있다.

Hospitale(호스피탈레 : 순례 또는 참배자, 나그네를 위한 숙소)→Hospital→Hostel→Hotel로 발전하였다는 것을 알 수 있다(호텔의 등장 : 17C, 영국, 페더즈 호텔(Faethers Hotel)에서 유래).

〈표 1-1〉 호텔의 변천과정

변천과정	의 미	파생개념
라틴어 Hospitale	"순례자, 나그네"를 위한 숙소	Hospital Industry
Hospital	현대의 병원을 의미하는 말	
Hostel	중세불어 "대저택, 기숙사"	Youth Hostel
Hotel	자음 's'가 탈락	

2. 호텔의 개념

일반적으로 호텔은 대표적인 숙박업(Lodging Industry)이라고 말한다. 숙박업이란 숙박시설의 운영뿐만 아니라 건설하는 분야까지 포함시켜 사업의 수행을 목표로 하는 것이다. 그리고 숙박시설이란 여행자에게 숙박과 음식에 관련된 서비스를 제공하는 시설을 의미한다.

호텔이라는 개념은 『웹스터사전』(*Webster Dictionary*)에서 다음과 같이 정의하고 있다. "a place or shelter and rest for travelers", 즉 "여행자의 숙박과 휴식의 장소"이며, 현대적 의미에서는 "a building or institution providing lodging, meals and services for the public", 즉 "일반대중에게 숙박시설과 식사, 그에 따른 서비스를 제공하는 건물이나 시설"이라고 정의하고 있다. 『옥스퍼드사전』(*Oxford Dictionary*)에서는 "a building where meals and rooms are provided for travelers", 즉 "여행자를 위해 객실과 식사를 제공하는 건물"이라고 하고 있다.

이러한 호텔의 본질은 첫째, 지불능력이 있는 사람을 대상으로 영리를 목적으로 하며, 둘째, 숙식을 제공할 수 있는 시설을 갖추고 종사원의 서비스를 상품으로 판매하는 기업이라고 할 수 있다.

호텔업에 대한 정의가 각국에 따라 조금씩 달리 정의되고 있다. 일본에서는 '국제관광호텔정비법'에서 호텔이란 "외래객의 숙박에 적합하도록 양식의 구조 및 설비로 만들어진 시설"을 말하며, 호텔업이란 "호텔에 의하여 사람으로 하여금 숙박 및 식사를 하게 하는 영역"을 의미한다고 정의하고 있다. 싱가포르에서는 '호텔법'에 의해, 이탈리아에서는 '관광법'에 의해 정의하고 있으며, 미국에서는 '뉴욕주 판례문'에서 호텔이란 "예의바르게 행동하고, 접대에 대하여 지불능력이 있으며, 또한 지불할 용의가 있는 자에게 설비의 여유가 있는 한 누구라도 접대를 받으며, 체재기간동안은 성문화된 계약 없이 그에 타당한 요금을 지불하고 식사, 숙박, 그리고 임시의 Home(가정)으로서 House(집)를 사용함에 있어서 필연적으로 수반되는 각종의 서비스와 요구 등이 제공되는 장소"로 정의하고 있다. 즉 지불의사와 지불능력이 있는 자에게 'Home away Home'을 제공하는 곳이 호텔이라고 할 수 있다.

오늘날 호텔이란 "일정한 지불능력이 있는 사람에게 객실과 식사를 제공할 수 있는 시설을 갖추고, 잘 훈련되고 예절바른 종사원이 조직적으로 서비스하여 그 대가를 받는 기업"이라고 볼 수 있다.

호텔을 과거에는 하나의 사기업으로 숙박과 식사를 제공하는 시설로만 이해하였다면, 오늘날에는 사기업이 아닌 영리를 목적으로 하면서 사회공공(社會公共)에 기여하는 하나의 '공익사업으로서의 성격'을 강조한다. 어떤 정해진 특정한 계층만을 고객으로 하는 하나의 복합사업체적 성격을 갖는 대규모의 기업으로 변모하고 있다. 즉 운영하는 관리자의 경영능력과 지분시설을 바탕으로 객실, 식음료 부대시설, 그리고 호텔 건물과 시설 등의 '물적 서비스'와 종사원의 '인적 서비스'를 조화시켜 '상품으로 만들어 판매하는 하나의 종합기업'으로 성장하였다.

우리나라의 관광진흥법(2010년 6월 15일 대통령령 제22209호) 제2조에서는 관광사업의 종류를 ① 여행업, ② 호텔업, ③ 관광객 이용시설업, ④ 국제회의업, ⑤ 유원시설업, ⑥ 관광 편의시설업으로 분류하고 있다.

호텔업의 종류로서는 ① 관광호텔업, ② 수상관광호텔업, ③ 한국전통호텔업, ④ 가족호텔업 ⑤ 호스텔업으로 분류하고 있다. 이들의 정의를 살펴보면 다음과 같다.

① 관광호텔업 : 관광객의 숙박에 적합한 시설을 갖추어 관광객에게 이용하게 하고 숙박에 딸린 음식, 운동, 오락, 휴양, 공연 또는 연수에 적합한 시설 등(이하 부대시설이라 한다)을 함께 갖추어 관광객에게 이용하게 하는 업
② 수상관광호텔업 : 수상에 구조물 또는 선박을 고정하거나 메어 놓고 관광객의 숙박에 적합한 시설을 갖추거나 부대시설을 함께 갖추어 이용하게 하는 업
③ 한국전통호텔업 : 한국전통의 건축물에 관광객의 숙박에 적합한 시설을 갖추거나 부대시설을 함께 갖추어 관광객에게 이용하게 하는 업
④ 가족호텔업 : 가족단위 관광객의 숙박에 적합한 시설 및 취사도구를 갖추어 관광객에게 이용하게 하거나 숙박에 딸린 음식, 운동, 휴양 또는 연수에 적

합한 시설을 함께 갖추어 관광객에게 이용하게 하는 업

⑤ 호스텔업 : 배낭여행객 등 개별 관광객의 숙박에 적합한 시설로서 샤워장, 취사장 등의 편의시설과 외국인 및 내국인 관광객을 위한 문화, 정보 교류 시설 등을 함께 갖추어 이용하게 하는 업

즉 호텔사업은 다른 사업과는 달리 친절하고 예의바른 종사원이 고객을 접대하고 물적 상품과 인적 서비스상품을 동시에 제공하며 각종의 정보와 편의를 제고해야 되는 등 특수한 성격을 가진 사업이다.

오늘날 일반적으로 호텔이라고 하면 훌륭한 하나의 복합기업이며 단순하게 숙박과 음식만을 제공하는 시설로 정의해서는 안 된다. 기업으로서의 호텔은 이익을 목적으로 객실과 음식물을 생산하여 판매하는 것으로서 사적 시설만이 아닌 사회공공에 기여하는 사회적 시설인 동시에 정해진 특정인들만을 고객으로 하는 것이 아닌 불특정 다수의 일반대중을 대상으로 하는 사업체인 것이다. 관리자의 경영능력과 자본, 시설을 바탕으로 객실, 식음료, 서비스를 상품으로 하여 성장하는 기업으로 변모해 가고 있다. 이러한 호텔을 일반적으로 정의하면 호텔이란 “일정한 지불 능력이 있는 사람에게 객실과 식사를 제공할 수 있는 시설을 갖추고 잘 훈련되고 예절바른 종사원이 조직적으로 봉사하여 그 대가를 받는 기업”이라고 말할 수 있다.

〈표 1-2〉 호텔의 개념

출 처	내 용
Webster Dictionary	· A place or shelter and rest for travelers(여행자의 숙박과 휴식의 장소) · A building or institution providing lodging, meals and services for the public(일반대중에게 숙박시설과 식사, 그에 따른 서비스를 제공하는 건물이나 시설)
Oxford Dictionary	· A building where meals and rooms are provided for travelers(여행자를 위해 객실과 식사를 제공하는 건물)

↓ ↓

호 텔	· 일정한 지불능력이 있는 사람에게 객실과 식사를 제공할 수 있는 시설을 갖춤 · 잘 훈련되고 예절바른 종사원이 조직적으로 서비스하여 그 대가를 받는 기업

〈표 1-3〉 호텔의 기능

기 능	해당 부서 및 공간	내 용
잠자리	객실영업 및 관리부서 : 객실	수면, 휴식, 위생
먹거리	식음료부서 : 각 식음료업장	식사, 음료(주료 및 비주류)
모임 및 문화	연회장 및 컨벤션 홀	모임, 전시 및 예술, 정보전달
건강관리	피트니스센터, 스파 및 사우나	건강, 단련, 놀이, 미용 등
업 무	비즈니스센터	비서대리, 정보교환, 회의, 상담 등
상 업	각종 쇼핑센터 및 선물점	쇼 핑

〈표 1-4〉 관광진흥법에 명시된 호텔업

호텔 분류	내　　　용
관광호텔업	관광객의 숙박에 적합한 시설을 갖추어 관광객에게 이용하게 하고 숙박에 딸린 음식, 운동, 오락, 휴양, 공연 또는 연수에 적합한 시설 등(이하 부대시설이라 한다)을 함께 갖추어 관광객에게 이용하게 하는 업
수상관광호텔업	수상에 구조물 또는 선박을 고정하거나 메어 놓고 관광객의 숙박에 적합한 시설을 갖추거나 부대시설을 함께 갖추어 이용하게 하는 업
한국전통호텔업	한국전통의 건축물에 관광객의 숙박에 적합한 시설을 갖추거나 부대시설을 함께 갖추어 관광객에게 이용하게 하는 업
가족호텔업	가족단위 관광객의 숙박에 적합한 시설 및 취사도구를 갖추어 관광객에게 이용하게 하거나 숙박에 딸린 음식, 운동, 휴양 또는 연수에 적합한 시설을 함께 갖추어 관광객에게 이용하게 하는 업
호스텔업	배낭여행객 등 개별 관광객의 숙박에 적합한 시설로서 샤워장, 취사장 등의 편의시설과 외국인 및 내국인 관광객을 위한 문화, 정보 교류시설 등을 함께 갖추어 이용하게 하는 업

호 텔 업	관광객의 숙박에 적합한 시설을 갖추어 이를 관광객에게 제공하거나 숙박에 부수되는 음식·운동·오락·오락·휴양·공연 또는 연수에 적합한 시설 등을 갖추어 이를 이용하게 하는 업

제4절 호텔의 등급 / 우수숙박시설(2010. 6. 15 대통령령 제22209호)

호텔의 등급제도란 호텔들을 특정한 기준에 의거하여 각 호텔들을 등급화하는 시스템을 말한다. 일반적으로 우리나라의 호텔업은 여러 가지 평정기준에 따라 등급을 나누는데, 그 차이에 따라 등급표시를 하게 된다. 이 때 소재는 놋쇠로 하고, 바탕색은 특1등급은 금색, 특2등급 이하는 녹색으로 하게 되어 있다. 또한 2009년도에 신설된 우수숙박시설은 문화체육부장관이 지정할 수 있으며 별도의 지정기준에 의거하여 결정할 수 있다.

1. 등급의 종류

관광진흥법 제22조에 의하면, 문화체육관광부장관은 관광숙박시설 이용자의 편의를 도모하고 관광숙박시설 및 서비스의 수준을 효율적으로 유지·관리하기 결하여 관광숙박업에 대한 등급을 정할 수 있으며, 관광숙박업의 등급에 관한 필요한 사항은 대통령령으로 정한다고 규정하고 있다.

등급을 결정해야 할 대상 업종은 호텔업에 한한다. 호텔업의 등급은 특1등급, 특2등급, 1등급, 2등급 및 3등급으로 구분한다.

호텔업의 등급결정(제66조)은 문화체육관광부장관의 권한이나, 호텔업의 자율성을 제고하기 위하여 일정한 요건을 갖춘 법인 중 문화체육관광부장관에게 등록한 법인에게 위탁하고 있다. 즉 문화관광부장관은 관광호텔 등급결정에 관한 사항을 대통령령이 정하는 바에 의하여 한국관광공사, 협회, 지역별, 업종별 관광 협회 및 전문연구, 검사기관에 위탁할 수 있다고 규정하고 있다. 이 경우 문화체육관광부장관은 등급결정권을 위탁한 법인의 명칭, 주소 및 대표자 등을 고시하여야 한다.

2. 등급평가의 기준

관광진흥법 시행규칙 제22조 제3항의 규정에서 호텔업 세부등급 평가기준에 의하며 세부평가 기준항목 및 평가점수는 부문별로 세부적으로 나누어 평가한다.

각 부문별로 시설과 서비스항목을 세분하여 총 1,070점 만점으로 하고 있고 이 중에서 호텔시설과 관련이 있는 부문의 점수가 총 583점으로 집계되었다.

호텔등급평가 기준의 약 54.9%가 호텔의 시설에 관한사항이므로 호텔건축에 대한 사전 계획이 향후 호텔영업에 있어서 얼마나 중요한 것인가를 잘 나타내 주고 있는 것이다.

각 부문별 평가점수를 보면 다음과 같다.

① 현관, 로비, 복도부문 150점(14%)
② 객실부문 총 230점(21.5%)
③ 식당 및 주방부문 총 160점(15%)
④ 부대시설의 관리운영
⑤ 종사원 복지 및 관광산업 기여부문 100점(9.4%)
⑥ 주차시설부문 총 60점(5.6%)
⑦ 건축 및 설비부문 총 80점(7.5%)
⑧ 전기 및 통신부문 총 40점(3.7%)
⑨ 소방 및 안전부문 총 70점(6.6%)
⑩ 부가점수 가산점 항목 70점(6.6%)
⑪ 감정항목 30점

〈표 1-5〉 관광호텔 등급평가기준 중 시설관련사항

부문별	평가배점	시설배분관련항목	해당점수
현관, 로비, 복도	150	현관 로비면적	10
		안락감 및 품위유지상태	15
		종사원 서비스상태	20
		화장실 유지관리상태	7
		국제공중전화 상태	5
		관광안내 서비스	5
		호텔시설물 안내표지판 상태	5
		동선의 편의성	8
		ATM 설치	5
		프런트 데스크 기능	10
		Cashier Information Reception	10

		프런트 근무자 능력/근무자세	20
		교통 및 문화행사 예약서비스	5
		프런트 데스크의 전산화	10
		복도 및 계단 관리상태	15
객 실	230	객실수	20
		객실종류	10
		객실면적	15
		욕실면적	10
		객실보안 관리상태	10
		객실안락도	45
		객실/욕실 편의용품 관리상태	35
		객실/욕실 청결상태	20
		호텔시설물 및 관광안내 상태	15
		룸서비스 상태	15
		TV 및 통신상태	10
		인터넷 연결상태	17
		Wake-up Calls 등의 기능	8
식당 및 주방	160	식당 다양성	25
		식당구조 및 품위	18
		종사원 서비스상태	27
		식당 내부관리 및 청결상태	10
		메뉴종류 및 메뉴판 상태	5
		주방의 업장에 대한 면적점유율	10
		주방의 설비 및 환경상태	20
		주방근무자 복장 및 근무태도	20
		조리음식 전달체계	10
		쓰레기 분리수거상태	10
		조리법의 비치상태	5

부문별	평가배점	시설배분관련항목	해당점수
부대시설의 관리운영	110	부대시설 품위 및 서비스 상태	20
		국제회의장 수용능력	10
		동시통역시설 및 시청각시설	15
		예약시스템 전산화	5
		예약실 운영 및 서비스상태	15
		비즈니스센터 운영상태	5
		비즈니스센터 지원시설 비치	10
		비즈니스센터 서비스 가능시간	5
		장애인 이용시설	10
		신체장애인의 객실이동 가능	5
		세탁서비스 가능시간	5
종사원복지 및 관광산업 기여	100	종사원 후생복지시설	15
		후생복지제도운영	10
		관광산업기여도	15
		종사원 교육방법	7
		교육시스템	5
		교육충실도	5
		특수교육 이수	8
		종사원비율	5
		이직률	5
		유자격자 고용상태	20
		고객불편처리 시스템	5
주차시설	60	현관 주차공간	5
		보안시설 설치 및 관리	10
		방송 수신상태	5
		주차시설 편리성	20
		주차요원 서비스	10
		유지관리 상태	10

건축 및 설비	80	건축물 외관	10
		건축물 구조 적합성	10
		비 영업장 기능	5
		객실(냉난방 및 환기시설)	10
		식당(냉난방 및 환기시설)	10
		주방(냉난방 및 환기시설)	10
		위생시설	10
		시설유지관리	10
		객실 온도조절시설	5
전기 및 통신	40	서비스통신 설비	5
		비상전력 설비	15
		객실 내 비상호출설비	5
		승강기 설비	15
소방 및 안전	70	비상시 안내지침서 구비여부	10
		고객접점 안내시설물 관리상태	10
		종사원 소압안전 훈련여부	20
		종사원 응급조치요령	5
		폐쇄회로 설치여부	5
		폐쇄회로 시설의 효율성	5
		고객 보험혜택 여부	5
		지적사항 개선상태	10
부가점수	70	국제회의시설 규모	10
		Receiver보유상태	5
		전문 직원보유	5
		2년간 유치실적	5
		운동오락시설	15
	-30	화재 및 범죄발생	-10
		경영주, 종사원의 불법행위	-5
		3년간 영업상 행정조치	-5
		고객 불편신고 처리상태	-10
합 계	1,070		1,070

3. 등급의 구분

관광호텔업의 등급결정기준은 문화체육관광부부령으로 정하고 있는데 등급결정에 있어서 평가요소는 서비스상태, 건축, 설비, 주차시설, 전기 통신시설, 소방 안전상태, 소비자 만족도이며 그 세부적 기준 및 절차는 문화체육관광부장관이 정한다. 등급결정은 특1등급은 90% 이상, 특2등급은 80% 이상, 1등급은 70% 이상, 2등급은 60% 이상, 3등급은 60% 미만의 경우이다. 등급표지는 한국은 무궁화로 표시하며, 특급은 무궁화 5개, 1급은 무궁화 4개, 2급은 무궁화 3개, 3급은 무궁화 2개를 표시한다. 모든 호텔 표지판의 바탕색은 초록색으로 하고, 무궁화는 금색으로 한다. 단, 특급의 경우, 특1급은 표지판의 바탕색도 금색으로 하여 특2급과 구분하고 있다. 대만의 경우, 대만의 국화인 매화로 표시하고 있으며, 영국은 왕관(Crown)으로 표시하고 있다. 대부분의 나라에서는 별(Star)로 표시하고 있다.

〈표 1-6〉 관광호텔업의 등급

구 분	특1등급	특2등급	1등급	2등급	3등급
결정기준 (만점기준)	90% 이상	80% 이상	70% 이상	60% 이상	60% 미만
바탕색	금색	녹색	녹색	녹색	녹색
무궁화수	5개	5개	4개	3개	2개

4. 우수숙박시설의 지정

관광진흥법 제22조의 2 제1항에 의하면 관광객이 숙박시설을 편리하게 이용하고, 우수한 숙박시설이 늘어나도록 하기 위하여 공중위생관리법이 따른 숙박업의 시설 중 대통령령 또는 조례로 정하는 기준에 맞는 숙박시설을 우수 숙박시설로 지정할 수 있다. 우수숙박시설로 지정된 숙박시설에 대하여 문화체육관광부장관은 대통령으로 정하는 바에 따라 관광진흥개발기금을 대여, 국외에서의 홍보를 지원할 수 있다. 우수숙박시설의 지정기준은 다음과 같다.

① 외국인에게 서비스(숙박요금, 이용 정보안내 등)를 제공할 수 있는 체제를 갖추고 있을 것
② 안내 데스트에 요금표를 게시하고 신용카드 결제가 가능할 것
③ 조명, 소방 및 안전 관리 등은 관련 법령으로 정한 기분에 적합하게 유지하고 정기적으로 관리할 것
④ 관광객을 맞이하는 프런트 등의 접객공간이 개방형 구조일 것
⑤ 주차장에 차단막 증 폐쇄형 구조물이 없을 것
⑥ 건물 내부 및 외부에 대실 영업에 대한 공지를 하지 아니할 것
⑦ 성인방송을 제공하는 경우에는 청소영의 이용을 제한할 수 있는 등의 제어 기능 장치를 갖추고 있을 것

또한 문화체육관광부장관은 거짓이나 그밖에 부정한 방법으로 지정을 받은 경우와 지정기준에 충족하지 목한 경우에는 지정을 취소할 수 있다.

Tip

버즈 알 아랍Burj Al Arab

1994년 착공해 1999년 12월 1일 문을 열었다. 페르시아만 해안으로부터 280m 떨어진 인공 섬 위에 아라비아의 전통 목선인 다우(dhow)의 돛 모양을 형상화해 지었다. 버즈 알 아랍은 아랍의 탑이라는 의미이다.

총 38개 층, 높이 321m로 세계에서 가장 높은 호텔이다. 밤이면 여러 가지 색상의 외부조명이 30분에 한 번씩 바뀌는 장관을 연출한다. 200m 상공에 떠 있는 듯한 느낌을 주는 알 문타하(Al

Muntaha) 레스토랑과 바다 속에 위치한 알 마하라(Al Mahara) 레스토랑은 버즈 알 아랍의 명물이다. 28층에 위치한 헬기 착륙장에서는 타이거 우즈가 골프공을 날리고, 테니스 선수 로저 페더러와 안드레 아가시가 비공식 경기를 가져 세계의 이목을 끌었다.

202개의 객실은 모두 해변을 바라보는 전망에 복층구조다. 가장 작은 객실이 169m², 가장 큰 객실은 780m²에 이른다. 1박 숙박료가 1천 달러에서 최고 1만5천 달러로 세계에서 가장 비싼 호텔 중 하나다. 흔히 7성 호텔로 불리지만, 세계 여행 가이드와 호텔 등급 시스템에서는 5성이 최고 기준이다. 호텔 측의 공식 설명 역시 5성 '호화' 호텔이다.

【참고 : 두산백과사전】

제2장

{호텔의 특성과 형태}

Flow Chart

호텔의 개요

↓

호텔의 특성과 형태

↓

호텔객실 조직 및 각 부서별 업무

↓

호텔객실의 이해

↓

호텔객실 예약서비스 업무

↓

호텔객실 현관서비스

↓

호텔객실 프런트 데스크

↓

호텔객실 고객서비스

↓

부 록

- 서울지역의 특1급 호텔 소개
- 호텔리어의 자세

제1절 호텔사업의 특성

1. 경영상(Management)의 특성

1) 높은 초기투자비

호텔은 일반기업을 시작할 때 필요한 초기투자비와는 비교할 수 없을 정도로 많은 투자비가 필요하다. 이는 호텔을 건축하기 위해 토지매입과 건축물을 지어야 하는 기초 자금이 필요하기 때문이다. 특히 호텔의 경우는 위치가 매우 중요하기 때문에 토지매입에 드는 투자비의 비중이 매우 크다고 할 수 있다. 그리고 호텔이란 단순히 건물만 짓는 것이 아니라, 호텔 내의 인테리어 · 비품 · 소모품 등 최고의 상품을 이용하는 경우가 많기 때문에 사업을 시작할 당시의 초기투자비가 여타의 일반사업을 하는 경우와는 기본적으로 다르다고 할 수 있다. 이러한 높은 초기투자비로 인해 투자회수기간이 길어질 수밖에 없다.

2) 높은 고정자산의 의존성

호텔은 건물 · 토지 · 비품 · 집기 등과 같은 고정자산의 시설투자가 총자본에 비해 많은 부분을 차지한다. 일반적으로 호텔사업은 총자본금 중 70~80%가 고정자본화로 분류된다. 이처럼 최초의 투자비가 많이 투입되는데 비해, 자본의 회전속도는 타 기업에 비해 느리다. 일반기업과는 달리 호텔은 토지의 위치와 건물 자체가 하나의 상품으로서의 역할을 하기 때문이다. 따라서 고정자산의 구성비가 제조업의 평균보다도 더 많이 차지하고 있다.

3) 낮은 자본회전율(매출액 / 자본)

호텔사업은 최초에 과다하게 투자된 자본에 비해 매출액이 상대적으로 매우 낮다. 그러므로 자본회전율도 매우 낮게 나타난다. 특히 고정비용인 인건비 · 전기료 · 연료비 · 상하수도료 등의 비율이 높다. 이는 특히 호텔상품 중 객실의 경우 더욱 그 비중이 높아 자본회전율을 더욱 낮추게 되는 것이다. 따라서 지속적인 관리와 다양한 변화에 대응하는 과정들이 차차 매출액으로 나타날 것이다.

4) 성 · 비수기의 한계성

호텔은 계절에 따라 변화가 있는데, 이는 위치와 관련하여 생각할 수 있다. 예를 들면, 리조트호텔의 경우 여름이나 겨울에만 고객이 몰리고, 그 외의 계절은 거의 고객이 없는 비수기라고 할 수 있다. 또한 스키 리조트의 경우는 겨울이 성수기이고, 이외의 모든 계절에는 비수기이다. 스포츠 리조트의 경우 여름 외의 계절에는 모두 비수기이다.

위치에 관련해서는 도심에 위치한 비즈니스 호텔은 주말에는 거의 고객이 없다가 주중에 몰리는 경우가 있는가 하면, 교외에 있는 호텔들은 주중에는 거의 고객이 없다가 주말에만 몰리는 경우가 있다. 이와 같이 호텔사업은 계절과 위치의 다양한 변화에 따라 매출에 많은 영향을 받는다. 이와 같은 특징을 극복하기 위해 여러 가지 전략적인 방안을 마련해 놓아야 한다.

2. 운영상(Operation)의 특성

1) 인적 요소의 중요성

호텔의 상품은 객실 · 식음료 이외에 기타 부대시설 등과 같은 유형적인 상품에 종사원의 서비스가 포함되어 하나의 상품으로 판매되기 때문에 고객의 태도를 결정하는 것은 고객이 받는 서비스만족의 여부로 결정된다. 호텔사업은 노동집약적인 성격이 강하므로 인적 자원에 대한 의존도가 타 기업에 비해 크다고 말할 수 있다. 또한 기계문명의 발달은 모든 산업을 기계화하고 자동화하였지만, 호텔사업은 제공하는 상품에 있어서 자동화나 규격화하는 데는 한계가 있다. 따라서 잘 훈련되고 교육받은 종사원에 의해 상품이 판매될 때 고객의 태도가 결정되므로, 호텔 내부에서는 종사원들을 조직적인 훈련과 교육으로 숙련됨을 키우고 기업의 의사결정에 참여하게 함으로써 종사원들의 애사심과 소속감을 증진시켜 종사원들의 근로환경까지도 신경을 써야 한다. 종사원들이 자신이 일하고 있는 호텔에 만족감을 느낄 때 자연스럽게 나오는 좋은 서비스로 고객에게 답하며, 이것은 곧 고객만족으로 이어진다.

리츠칼튼 호텔에는 "Ladies and Gentlemen serve Ladies and Gentlemen"이라는 신조어가 있다. 즉 경영자들은 종사원들을 자신들의 소비자로 생각해야 한다. 경영자들이 종사원들을 신사 · 숙녀로 대접해야 종사원들 스스로 자부심을 느끼고 보람을 느끼게 되어 그러한 자신감과 만족감이 고객들에게 보다 나은 서비스를 베풀게 된다.

2) 부서 간 커뮤니케이션(Communication)의 중요성

조직 내 부서별 · 직무별 '협력과 통합 · 조정'이 긴밀히 이루어져야 하는 특성을 지닌다. 이는 객실판촉을 담당하는 마케팅부서와 실질적인 고객을 접객하고 서비스하는 객실부서 간에 긴밀한 협조가 없이는 고객에게 일관된 서비스를 제공할 수 없게 된다. 또한 프런트 오피스와 객실관리부서(Housekeeping)는 매우 긴밀한 유대로 업무를 진행하여야 한다. 즉 객실관리부서 소속의 객실정비원이 객실을 청소하고 객실상황을 신속히 바꿔 놓아야 프런트 데스크에서 고객을 등록시키고 객실을 신속히 배정할 수 있게 되는 것이다. 이 밖에도 호텔의 모든 업무는 부서 간에 업무에 대한 신속하고 긴밀한 협조가 없이는 고객서비스 질이 낮아질 수밖에 없는 특성을 지니고 있다.

3) 연중무휴 운영

호텔사업은 고객에게 휴식과 식음료 및 종합적인 엔터테인먼트를 제공하는 서비스업이다. 그러므로 365일 24시간 영업으로 고객이 필요할 때 항상 대기하는 자세로 임해야 한다. 따라서 호텔에서는 종사원의 3교대를 실시하고 있다. 국내의 노동법상 1일 8시간의 노동을 기본으로 하고 있기 때문에 3교대를 기준으로 운영하게 된다. 따라서 해당부서의 팀장은 필요종사원의 수나 종사원별 스케줄을 작성하여 운영하게 된다.

3. 시설상(Facilities)의 특성

1) 시설 조기노후화

호텔은 건물의 설계・규모와 각종 부대시설의 수준이 호텔의 가치・경영에 있어서 결정적인 영향을 미친다. 또한 시시각각으로 변하는 고객의 요구・욕구에 발맞추기 위해서는 항상 시설을 개선하여 국제적 수준으로 유지하여야 한다. 다양한 고객들이 호텔시설을 이용하기 때문에 일반기업과는 달리 건물과 다른 시설들이 빨리 구형화되고 조기노후화되기 때문에 경제적 효용가치를 상실하지 않도록 항상 개・보수(Renovation)에 대한 부담을 안고 있다. 또한 최근 같이 인테리어 유행의 변화가 급속히 이루어진다면 경영자의 입장에서는 매우 부담감이 커진다고 볼 수 있다.

2) 비생산적 공공장소(Public Space / Area)의 확보가 필요

호텔은 일반건축물과는 달리 건물의 외향도 중요할 뿐만 아니라, 고객을 위한 서비스공간이 많이 필요하다. 따라서 모든 공간을 영업 및 수익을 내는 공간으로 가득 채울 수 있는 공간이 아니라, 고객에게 서비스하는 여분의 공간에 대한 확보가 반드시 필요하다는 것이다. 예를 들어, 호텔 로비(Lobby)의 경우 넓은 로비의 공간에 영업장을 만들게 되면 공간의 활용도 측면에서 매우 호텔기업에 도움을 줄 수 있겠지만, 고객의 서비스차원에서 필요한 공간이다.

〈표 2-1〉 고정자산의 내구년한(년)

구　분	호텔시설물	일반시설물
철근 콘크리트 건물	40	60
냉난방시설	23	25
객실용품	5	10
일반가구	5	10
전화설비	8	10

자료 : 법인세법 시행규칙

4. 상품상(Product)의 특성

1) 무형성(Intangibility)

호텔의 상품은 유형의 상품과 무형의 상품으로 구별되고 있는데, 고객이 구매하는 핵심 상품은 대부분 무형상품에 대한 부분들이 많다. 고객은 종사원들의 서비스에 호텔상품에 대한 품질을 평가하는 부분이 크기 때문이다. 또한 호텔이 지니고 있는 이미지를 구매하는 경우도 많다.

2) 기계화의 한계성

호텔은 인적서비스에 의한 판매가 매우 중요하다. 고객에게 미소로 인사하고 고객 각자의 취향을 파악하며 그에 맞은 서비스를 제공하는 것은 그 시점마다의 고객의 상태를 파악하여야 제공할 수 있는 서비스이다. 물론 객실전산화시스템과 회계 부서와의 전산화시스템의 통합과 공유는 고객에게 신속하고 정확한 서비스를 제공하는 데 많은 도움을 주고 있지만, 인간 대 인간으로 이루어지는 서비스를 모두 기계화할 수 없는 것이다. 이는 동일한 서비스라도 종사원이 고객에게 주는 이미지와 감정의 교류에 의해 서비스의 질이 달라질 수 있기 때문이다. 이와 같이 미묘한 개인차에 따른 서비스를 모두 기계로 대치할 수 없는 것이다.

3) 표준화의 한계성

국제적인 체인호텔에서는 전 세계 고객에게 제공하는 서비스의 질과 상품의 질을 일정수준으로 맞추기 위해 모든 업무에 대해 표준화를 실시하고 있다. 하지만 서비스란 고객 개개인의 특성에 따라 동일한 서비스도 달리 느끼게 되기 때문에 모든 고객에게 동일하게 접객할 수는 없다. 이는 고객들의 국적, 문화적 배경, 교육 정도, 직위 등에 따라 그에 따른 서비스도 달라져야 하기 때문에 모든 것을 표준화하기는 어렵다.

4) 상품의 이동불가능성

호텔은 다른 제조업과는 달리 이동이 불가능하여 고객에게 상품이 옮겨지는 것이 아니라 상품이 있는 곳으로 고객이 직접 찾아와야 한다. 고객이 호텔의 입지나 위치가 맘에 들지 않는다고 하여 호텔을 다른 곳으로 이동시킬 수 없다. 따라서 신규호텔을 계획할 경우 가장 중요시되는 것이 호텔의 위치이다. 이를 위해서 환경조사 분석을 철저히 하여야 한다.

5) 상품의 비 저장성·소멸성

호텔의 대표적인 상품 중의 하나인 서비스는 종사원들에 의해 이루어지는 부분이 많기 때문에, 어느 한 종사원이 대고객 서비스가 매우 좋다고 하여 그 종사원의 대고객 서비스를 저장해 두었다가 다른 종사원이 조금씩 이용할 수 있는 것이 아니다. 또한 객실의 경우, 오늘 판매되지 않는 객실을 일반공장에서 만들어지는 상품처럼 보관창고에 저장해 두었다가 다음 날 판매할 수 있는 것이 아니다. 즉 그 날 판매되지 못하면 그 상품은 사라지는 것이다. 이러한 의미에서 호텔상품은 비저장성 · 소멸성 · 부패성 상품이라 불린다.

6) 상품의 복합성

호텔상품은 단일의 상품만을 판매하는 곳이 아니라, 객실에서는 고객에게 잠자리와 휴식을, 레스토랑에서는 음식을, 휘트니스센터(Fitness Center)에서는 운동과 엔터테인먼트를 제공한다. 뿐만 아니라 각종의 부대업장에서는 쇼핑몰도 제공할 수 있고, 여러 공연장에서는 문화적 공간으로도 이용된다. 이와 같이 호텔은 단일상품을 판매하는 곳이 아닌 여러 가지 특성을 지닌 상품을 복합적으로 판매한다는 특성을 갖고 있다.

7) 입지성

호텔의 아버지인 스타틀러(Statler)는 "호텔은 위치, 위치, 위치"라고 말했을 정도로 호텔의 위치는 상품성을 결정하는 주요한 요인이다. 이는 호텔상품의 비이동성의 특성과는 긴밀하게 연관되는 특성이다. 일반적으로 호텔들의 위치가 전시장, 백화점과 같은 쇼핑몰, 공항 등과 같은 교통의 편리성, 비즈니스호텔의 경우 그 지역의 비즈니스가(街, Street)에 근접해 있다면 그만큼 고객의 선택을 받을 확률이 높다.

8) 환경성

호텔사업은 정치 · 경제적인 외부환경의 변화에 매우 민감하게 반응한다. 정치적으로 불안하거나 경제적으로 상황이 어려울 때는 관광객의 이동이 감소하게 된다. 이는 바로 호텔 사용 고객수의 하락과 연계된다. 또한 호텔정책에 대한 법률적 지원 및 규정 등에 매우 민감한 영향을 받는다. 예를 들어, 외국인 영세율 적용에 대한 특별법은 호텔매출에 많은 영향을 미치게 된다. 이와 같이 호텔은 외부환경에 매우 민감하다고 볼 수 있다.

제2절 호텔의 구분

호텔은 위치한 장소, 경영의 형태 및 일반적으로 이용되는 특성 등 여러 가지 주어진 조건에 따라 각기 상이한 명칭이 부여된다. 호텔은 편의상 주어진 특성을 바탕으로 경영의 유형이 결정되는 것 뿐, 그에 적합한 고객만을 소비자로 분류하지는 않는다. 호텔의 종류를 보면 다음과 같이 분류할 수 있다.

1. 호텔 규모를 기준으로 한 분류

호텔이 여행자에게 제공할 수 있는 객실수, 즉 호텔의 규모를 기준으로 하여 나눌 수 있는데 일반적으로 다음과 같다. 학자에 따라 다소 차이는 있으나 대체로 다음과 같이 분류하고 있다.

1) 소형호텔(Small Hotel)

객실수가 50실 미만인 호텔을 말한다.

2) 중형호텔(Average Hotel)

객실수가 50실 이상 150실 미만의 호텔을 말한다.

3) 중형 이상의 호텔(Above Average Hotel)

객실수가 150실 이상 300실 미만을 말한다.

4) 대형호텔(Large Hotel)

객실수가 300실 이상 500실 미만의 호텔을 말한다.

5) 초대형호텔(Extra Large Hotel)

객실수가 500실 이상의 호텔을 말한다.

2. 호텔 장소(위치)에 의한 분류

1) 메트로폴리탄 호텔(Metropoitan Hotel)

대도시에 위치하면서 수천 개의 객실을 보유하고 있는 호텔을 말한다. 이 호텔은 동시에 많은 숙박객을 수용할 수 있고 대연회장과 전시장, 그리고 주차장 등을 모두 갖춘 컨벤션호텔(Conventional Hotel)이라고 칭할 수 있는 것이다. 그러므로 이 호텔은 회의와 비즈니스 상에 필요한 시설 및 서비스가 철저히 구비되어 있어야 한다. 대표적인 매트로폴리탄 호텔들로는 미국 라스베이거스의 호텔들이라 할 수 있다. 권투, 레슬링, 등 각종 실내 스포츠와 패션쇼의 개최장소로 유명한 MGM호텔이나 시저스 팰리스 같은 호텔들은 수천 실에 달하는 객실규모를 자랑하고 있고 연회장이나 회의장 규모가 상상을 초월한다.

〈표 2-2〉 미국 내(Las vegas) 최대 10개 호텔의 객실규모 현황

순 위	호 텔	객실수
1	MGM Grand Hotel & Casino	5,034
2	Luxor Las Vegas	4,407
3	Excalibur Hotel & Casino	4,008
4	Circus Hotel & Casino	3,770
5	Flamingo Las Vegas	3,642
6	Mandalay Bay Resort & Casino	3,221
7	Las Vegas Hilton	3,174
8	The Mirage	3,044
9	The Venetion Resort Hotel Casino	3,036
10	Bellagio	3,005

자료 : 최병호 유도재, 호텔경영의 이해, 백산출판사, p. 43

2) 도심지 호텔(Down Town Hotel)

이 호텔은 도시의 비즈니스센터와 쇼핑센터 등의 중심가에 존재하는 호텔로 시티호텔이라고도 할 수 있다. 번화한 도심에 위치한 호텔로 고객은 비즈니스, 회의, 쇼핑과 사교목적으로 투숙하는 고객들이 대부분이다. 지금에 와서는 도시 중심의 교통의 불편과 공해, 지가의 상승과 주차장의 문제 등으로 이런 호텔들의 발전에 많은 장애요소가 되고 있다. 우리나라에서는 인터컨티넨탈호텔, 르네상스호텔, 조선호텔, 힐튼호텔, JW 메이엇호텔 등이 있다.

3) 교외 호텔(Suburban Hotel)

복잡한 도시를 벗어나 한산한 도시근교에 건립된 호텔이다. 시티호텔과 다운타운호텔은 자동차의 공해와 주차장의 문제 등으로 많은 어려움이 존재하지만, 자동차 여행자들이 급격히 증가하고 있는 요즈음은 공기 좋고 주차가 편리한 교외 호텔의 이용도가 가족단위로 많아지고 있다. 이 호텔은 전원의 분위기를 만끽할 수 있어서 호평을 받고 있는 것이다. 우리나라에는 쉐라톤 그랜드 워커힐호텔이 대표적이다.

4) 컨트리 호텔(Contry Hotel)

이 호텔은 교외라기보다 산간에 세워지는 호텔로 마운틴호텔(Mountain Hotel)이라고 부를 수 있는 시티호텔과 반대되는 개념의 호텔이다. 특히 골프, 스키, 등산 등의 레크리에이션 기능을 다할 수 있는 호텔을 말할 수 있으나 일반적으로 해안에 있는 호텔은 이에 속하지 않는다. 우리나라의 설악산의 캔싱톤호텔 등이 이에 속한다고 할 수 있다.

5) 휴양지 호텔(Resort Hotel)

조용한 호수나 산악지대 혹은 바닷가에 위치하여 휴양을 목적으로 하는 고객을 위한 호텔이다. 해운대의 조선호텔, 노보텔호텔, 파라다이스호텔과 제주도의 하얏트호텔, 신라호텔과 롯데호텔, 그리고 설악산의 캔싱톤호텔이 대표적이다.

6) 에어포트 호텔(Air Port Hotel)

공항 근처에 위치하면서 비행기 사정으로 출발 및 도착이 지연되어 탑승을 기다리는 손님과 승무원들이 이용하기에 편리한 호텔을 말한다. 최근에는 이를 에어텔(Airtel)이라는 약칭으로 부르기도 한다. 미국 뉴욕의 아일드 위트 공항 부근에 힐튼 에어포트 인(Hilton Airport Inn) 등이 그 전형적인 호텔로 등장하여 요즈음에는 세계적인 공항 호텔로 발전하고 있다. 최대한 시간을 활용하는 국제 비즈니스 고객이나 항공사 직원을 위한 호텔이라고 할 수 있다. 교통의 불편과 왕복의 시간, 소비, 혹은 비행기 사고로 인한 숙박의 연장, 출발의 지연, 한밤중의 도착, 환송객 등의 숙박으로 그 이용도가 확대되어가고 있는 실정이다. 우리나라에는 인천공항에 위치한 하얏트 리젠시호텔과 베스트웨스틴 인턴 에어포트호텔 그리고 김포공항에 위치한 메이필드호텔이 대표적이다.

7) 씨포트 호텔(Sea Port Hotel)

공항 호텔과는 달리 그리 성행되지 않고 있지만 항구 부근에 위치하고 있으면서 여객선의 출입으로 인한 승객과 선원들이 이용하기에 편리한 호텔이다. 지금은 교통이 편리하여 항구에 하선하는 사람은 곧 여행 목적지로 급행하게 되지만, 배로 여행하는 1등 선객은 오히려 비행기의 일반객보다 더 부유하여 항구마다 씨포트 호텔을 찾는 사람의 수요가 많아지고 있다.

8) 터미널 호텔(Terminal Hotel)

철도역이나 공항터미널 또는 버스터미널 근처에 위치하는 호텔을 말한다. 유럽에서는 국제철도(Eurail Pass)가 운용되고 있어 각국의 주요 도시역마다 이 호텔들이 애용되고 있음을 볼 수 있다. 미국에서도 뉴욕의 펜실베이니아 스테이션과 지하도로 연결되는 곳에 뉴욕 힐튼호텔이라는 웅장한 터미널 호텔을 볼 수 있다.

3. 요금 지불방식에 의한 분류

1) 미국식 요금제도(American Plan)

미국의 서부개척시대에 숙박과 식사 또는 음료를 제공해주는 장소가 없었기 때문에 생겨난 제도로서 호텔요금의 계산 시 투숙객의 객실요금에 식사(조·중·석식)를 포함하여 총 숙박요금으로 계산하는 방법을 사용하는데, 이는 일명 Full Plan, Full Pension이라고도 한다. 객실료에 2식대(조식과 석식)를 포함시키는 변형된 방식을 Half-Pension이라 부르기도 하고, 이를 흔히 Modified American Plan이라고 한다. 주로 휴양지호텔(Resort Hotel) 등 호텔의 지역적인 입지조건상 다른 일반호텔의 식당시설이 없는 경우와는 달리 호텔 주변지역에 식당시설이 없는 경우에 이 방식을 채택한다.

2) 유럽식 요금제도(European Plan)

대부분의 많은 호텔들은 객실요금과 식사요금을 분리하여 별도로 계산하고 있는데, 이 경우를 소위 European Plan(E.P)이라 한다. 국내 대부분의 호텔들도 이 방식을 이용하고 있다. 특히 도심지에 위치한 City Hotel이나 Downtown Hotel 그리고 Business Hotel 등에 투숙하는 고객들은 대부분 사업가나 회사원들이므로 이 경우 European Plan이 적합하다고 볼 수 있다.

3) 혼합식 요금제도(Dual Plan)

한 호텔에서 미국식과 유럽식의 두 가지 요금제도를 다 적용하는 호텔로서 미국 및 유럽식 요금제도를 혼용해서 운영하며 고객의 희망에 따라 요금을 선택하게 하는 제도를 말한다.

- AP and EP 혼합채택 경영
- 고객이 원하는 대로

4) 대륙식 요금제도(Continental Plan)

객실요금에 아침식사(Continental Breakfast)를 포함시키는 것으로 유럽에서는 일반적인 요금제도이다. 여기에 제공되는 아침식사란 주스류 및 커피, 홍차, 코코아 중 한 가지 음료와 빵, 버터, 잼 등이 제공되는 간단한 식사이다.

- 객실에 아침식사(Continental Breakfast) 포함
- 조식은 계란요리, Oatmeal, Cornflakes 없이 Roll bread, Toast, 커피, 홍차, 우유 제공

5) 버뮤다 요금제도(Bermuda Plan)

객실요금에 미국식 아침식사(American Breakfast)를 포함하고 석식을 포함하여 요금을 계산하는 제도로 아침식사는 커피, 주스 등의 음료와 달걀요리, 토스트 등을 제공한다.

4. 체재기간에 의한 분류

1) 상용 / 단기 체류형 호텔(Commercial or Transient Hotel)

교통이 편리한 장소에 위치하고 보통 1~2일 간의 단기체재의 고객을 주 대상으로 한다. 경우에 따라서는 장기체재도 가능하지만 경영형태와 시설 등이 단기체재 고객을 위주로 되어 있다. 교통이 매우 편리한 곳에 위치해야 됨이 강하게 요구되며 커피숍이나 카페테리아 같은 부대시설도 갖추고 있다.

2) 장기체류형 호텔(Residential Hotel)

레지덴셜 호텔은 주로 미국에서 발전한 호텔로 미국인의 전통적인 생활양식, 즉 호텔 습관에 기인하여 발전한 호텔 형태이다. 이 호텔은 장기투숙객에게 호텔식 서비스나 편의를 제공하면서 장기간 동안 집(Home)의 역할을 해주는 호텔을 말한다. 그러므로 이 호텔의 특성은 경영면에 있어서 객실수입을 위주로 영업을 하는데 있다. 물론 식음료수입도 있지만, 이것은 어디까지나 투숙객의 편의를 위하는데 불과한 것이다.

5. 관광진흥법에 의한 분류

관광진흥법에서는 운영형태, 이용방법 또는 시설구조에 따라 호텔업과 휴양콘도미니엄업으로 분류하고, 다시 호텔업을 관광호텔업, 수상관광호텔업, 한국전통호텔업, 가족호텔업, 호스텔업으로 세분하고 있다(관광사업의 등록기준 제5조 관련).

1) 관광호텔업

관광호텔업은 관광숙박업 중에서 가장 주된 업종으로서 등록기준은 욕실 또는 샤워시설을 갖춘 객실이 30실 이상이어야 하고 외국인에게 서비스제공이 가능한 체제를 갖추고 있어야 하며, 부동산의 소유권 또는 사용권을 확보하고 있어야 하며, 다만 회원을 모집하는 경우에는 소유권이 있어야 한다. 관광호텔업은 관광객의 숙박에 적합한 시설을 갖추어 이를 관광객에게 이용하게 하고 숙박에 부수되는 음식 · 운동 · 오락 · 휴양 · 공연 또는 연수에 적합한 시설 등(이하 "부대시설"이라 한다)을 함께 갖추어 이를 관광객에게 이용하게 하는 업이다.

2) 수상관광호텔업

수상관광호텔업은 수상에 구조물 또는 선박을 고정하거나 계류시켜 놓고 관광객의 숙박에 적합한 시설을 갖추거나 부대시설을 함께 갖추어 이를 관광객에게 이용하게 하는 업이다. 해상경관을 볼 수 있도록 해상에 구조물이나 선박을 개조하여 설치한 숙박시설을 말한다. 수상관광호텔은 노후선박을 개조하여 이용하여야 한다. 따라서 숙박에 적합한 시설을 갖추고 있더라도 동력을 이용하여 이동을 하게 되면 선박에 해당한다.

등록기준으로는 수상관광호텔이 위치하는 수면은 공유수면관리법 또는 하천법에 의하여 관리청으로부터 점용허가를 받아야 한다. 그리고 욕실 또는 샤워시설을 갖춘 객실이 30실 이상이어야 한다. 외국인에게 서비스제공이 가능한 체제를 갖추고 있어야 하고, 수상오염을 방지하기 위한 오수저장 · 처리시설 및 폐기물 처리시설을 갖추어야 하고 구조물 및 선박의 소유권 또는 사용권을 확보하고 있어야 하며 다만 회원을 모집하는 경우에는 소유권이 있어야 한다.

3) 한국전통호텔업

한국전통호텔업이란 한국전통의 건축물에 관광객의 숙박에 적합한 시설을 갖추거나 부대시설을 함께 갖추어 이를 관광객에게 이용하게 하는 업이다. 즉 한국고유의 전통양식에 한국적 분위기를 풍길 수 있는 객실과 정원을 갖추고 한국전통요리를 제공하도록 하는 것이다. 등록기준으로는 건축물의 외관은 전통가옥의 형태를 갖추고 있어야 하며, 이용자의 불편이 없도록 욕실 또는 샤워시설을 갖추어야 한다. 그리고 외국인에게 서비스 제공이 가능한 체제를 갖추어야 하고, 부동산의 소유권 또는 사용권이 있어야 하며 다만 회원을 모집하는 경우에는 소유권이 있어야 한다.

4) 가족호텔업

가족호텔업이란 가족단위 관광객의 박에 적합하도록 숙박시설 및 취사도구를 갖추어 이를 관광객에게 이용하게 하거나 숙박에 부수되는 음식 · 운동 · 휴양 또는 연수에 적합한 시설을 갖추어 이를 관광객에게 이용하게 하는 업을 말한다. 정부는 국민복지관광의 차원에서 저렴한 비용으로 건전한 가족관광을 영위할 수 있도록 가족호텔 내에 취사장, 운동 · 오락시설 및 위생설비를 겸비토록 하고 있다.

등록기준으로는 가족단위의 관광객이 이용할 수 있는 취사시설이 객실별로 설치되어 있거나 층별로 공동취사장이 설치되어 있어야 하고, 욕실 또는 샤워시설을 갖춘 객실이 30실 이상이어야 한다. 객실별 면적이 19m^2 이상이어야 하고, 외국인에게 서비스 제공이 가능한 체제를 갖춰야 한다. 부동산의 소유권 또는 사용권이 있어야 하나, 회원을 모집하는 경우에는 소유권이 있어야 한다.

5) 호스텔업

호스텔업이란 배낭여행객 등 개별 관광객의 숙박에 적합한 시설로서 샤워장, 취사장 등의 편의시설과 외국인 및 내국인 관광객을 위한 문화, 정보 교류시설 등을 함께 갖추어 이용하게 하는 업을 말한다. 등록기준으로는 배낭 여행객 등 개별 관광객의 숙박에 적합한 객실을 갖추고 이용자의 불편이 없도록 화장실, 샤워장, 취사장 등의 편의시설을 갖추고 있어야 하며 편의시설은 공동으로 이용하게 할 수 있다. 그리고 외국인 및 내국인 관광객에게 서비스를 제공할 수 있는 문화, 정보교류시설을 갖추고 있어야 하며 부동산의 소유권 또는 사용권이 있어야 한다.

6. 경영방식에 의한 분류

1) 독립(단독)경영 호텔(Independent Hotel)

독립경영 호텔이란 개인이 호텔 하나만 운영하는 경우나, 그룹사의 경우 호텔업에 투자하여 관리인을 두고 경영하는 방식으로 독립적으로 운영하는 형태이다. 즉 독자적 경영형태로 체인(Chain)에 가입하는 것도 아니고 경영위탁을 하는 것도 아니므로 호텔소유주(Owner)는 일반적으로 전문지식을 가진 직원과 총지배인(General Manager)을 고용한다.

이 형태는 경영에 간섭을 받지 않기 때문에 신속하고 자유롭게 의사결정을 할 수 있기 때문에 고유의 경영기법을 개발할 수 있어 독창성을 개발할 수 있다. 또한 위탁경영 수수료 및 상표 수수료와 같은 비용이 들지 않는 장점이 있으나 해외광고 및 판촉의 제한, 호텔건설 및 운영에 대한 경험 부족, 경쟁력 제고를 위한 마케팅 비용이 지출되는 단점이 있다. 우리나라의 신라호텔, 세종호텔, 임피리얼 팰리스와 메이필드 호텔이 대표적인 호텔이다.

- 장점
  - 독자적인 경영
  - 경영간섭 없음, 의사결정 신속처리
  - 독창성 개발
  - 위탁경영비, 상표사용 등의 수수료 부담 없음
- 단점
  - 해외광고 및 판촉의 제한(해외 마케팅 한계)
  - 호텔건설 및 경영 노하우의 부족
  - 경쟁력 제고를 위한 마케팅 비용이 지출

2) 체인경영 호텔(Chain Hotel)

본사와 가맹호텔의 계약을 통해서 경영하는 호텔 또는 하나의 소유주가 2개 이상의 호텔을 경영하는 것을 말한다. 2개 이상의 호텔이 그룹을 형성하여 본사로부터 경영의 노하우를 전수받고 높은 브랜드의 인지도를 통하여 조기에 영업력을 확보할 수 있다. 해외의 많은 선진 호텔들은 대부분 이 방식을 도입하여 운영하고 있다. 체인본사로부터 호텔전문 경영자가 직접 경영을 해주고 시장조사, 입지선정, 건축기술지원, 전산시스템, 사원교육, 각종 매뉴얼 등을 지원받을 수 있어 호텔사업의 진출이 비교적 용이한 장점을 가지고 있다.

체인 경영형태는 하나의 소유주가 2개 이상의 호텔을 운영하는 소유직영방식

호텔(Chain-owned Hotel)과 본사와 가맹호텔의 계약을 통해서 경영하는 호텔인 프랜차이즈호텔(Franchise Hotel)과 위탁경영호텔(Management Contract Hotel)로 분류할 수 있다.

(1) 소유(본사)직영방식 호텔(Chain-owned Hotel)

호텔기업 자체의 자본으로 본사를 구성해서 확장해가는 형태로서 하나의 소유주가 2개 이상의 호텔을 체인화한 형태이다. 즉 단독 브랜드로 여러 지역에 영업망을 확보해 기존의 체인호텔의 장점을 활용할 수 있다. 우리나라에는 롯데호텔, 신라호텔, 현대호텔과 파라다이스 호텔이 대표적이다.

〈표 2-3〉 국내 본사직영 체인호텔 현황

호텔명	본사직영 체인호텔	개관년도	객실수(실)
롯 데	롯데호텔서울	1979	1,479
	롯데호텔서울 · 잠실	1988	533
	롯데호텔부산	1998	900
	롯데호텔제주	2000	500
	롯데호텔울산	2002	211
신 라	신라호텔	1979	505
	제주신라호텔	1988	300
현 대	호텔현대경포대	1971	96
	호텔현대울산	1983	280
	호텔현대경주	1992	449
	호텔현대블라디보스톡	1997	130
파라다이스	파라다이스호텔부산	1981	500
	파라다이스호텔제주	1990	40
	파라디이스호텔도고	1998	112
	파라다이스호텔인천	2000	176

자료 : 최병호 · 유도재, 호텔경영의 이해, 백산출판사, p. 59

(2) 프랜차이즈 호텔(Franchise Hotel)

모회사(Franchisor)가 자회사(Franchisee)에게 일정기간, 특정 장소에 모회사의 상호와 Trade Mark, 제품, 마케팅기법, 인테리어 디자인, 영업시스템, 지역적 권리(Zoning, Area Right) 등을 이용하여 사업을 영위할 수 있도록 허용해 주는 계약 혹은 특허를 의미한다.

프랜차이징이란 특정지역에서 일정기간 동안 규정된 계약에 의해 사업을 할 수 있도록 권리 또는 특허권을 인정하는 마케팅 또는 유통의 한 형태이다. 이때 모회사를 프랜차이저(Franchiser), 특권의 인수자를 프랜차이지(Franchisee), 권리 또는 특권 그 자체를 프랜차이즈(Franchise)라고 한다. 위탁경영과 비교할 때 Franchise의 약점은 경영통제가 약하다는 것이다. 모회사의 경영에 대한 권한과 통제가 약하기 때문에 자회사의 잘못된 경영으로 인하여 브랜드 가치에 손상을 줄 수 있다. 따라서 Franchise 계약은 특급호텔보다는 중저가 호텔에서 많이 이루어지고 있다. 기본적인 수수료의 형태는 최초 가입비, 객실매출액에 대한 4~5% 정도의 로열티, 예약 건당 수수료 등이 있고 마케팅 비용, 교육과 훈련, 경영자문 등의 수수료가 추가되기도 한다.

우리나라에서는 Sheraton Grande Walkerhill Hotel이다. 1970년 개관시 위탁경영으로 시작하였으나 계약이 종료되었고, 브랜드는 유지하면서 수수료의 부담을 낮춘 Franchise 계약을 맺었다.

① 장점

- 프랜차이지(Franchisee) 입장
  - 호텔사업 진출 용이
  - 인지도 높은 브랜드 사용으로 단기간 내에 신뢰성 확보
  - 체인예약망을 통한 객실판매 증가
  - 공동광고 효과
  - 대량구매에 의한 원가절감

- 인지도에 따른 금융권으로부터 자금조달 용이

• 프랜차이저(Franchiser) 입장
  - 회사 자체의 인지도 확보에 용이
  - 추가적인 광고 홍보비 절감
  - 공동체인시스템에 따른 활용 용이
  - 체인화에 따른 시스템 교류

② 단점

• 프랜차이지(Franchisee) 입장
  - 과다한 로열티 지불
  - 브랜드가 약해지거나 부정적 이미지로 변하면 영업력 하락
  - 지역특성을 고려한 독자상품 개발 및 판매의 제한
  - 동일지역 가맹점 남발 우려
  - 본사의 지나친 통제
  - 계약 종료 후 이미지 저하

• 프랜차이저(Franchiser) 입장
  - 보장되지 못한 수익
  - 일괄적인 경영에 따른 비세분화
  - 각 지역적 특징 파악 및 특색 사라짐
  - 가맹점 남발에 따른 이미지 저하
  - 일괄적 본사의 통제에 따른 획일화

〈표 2-4〉 세계 유명 호텔의 Franchise 계약 내용

호텔 체인명	기본 수수료	운영 수수료	광고·마케팅 수수료	예약 수수료
Ramada	객실 당 350불 (3만5천불이 최저)	객실 매출의 4%	객실 매출의 4.5%	
Days Inn of America	객실 당 350불 (3만5천불이 최저)	객실매출의 6.5%	객실 매출의 2.3%+기본 수수료 객실당 100불 혹은 만불	
Holiday inn Worldwide (현재 IHG)	객실 100실당 3만불, Crowne Plaza는 7만5천불	총 매출의 5%	총 매출의 1.5%, Crowne Plaza는 2%	총 매출의 1%
Best Western International	객실 100실당 2만5천불	객실 100실당 2만2천불	객실 100실당 3,000불	객실당 하루 5센트(첫해)+전년 실적에 의해 다시 조정
Chioce Hotels International	객실당 300불(4만불이 최저. suite의 경우 5만불이 최저)	객실 매출의 5%	객실 매출의 1.3%+객실당 하루 28센트	객실 매출의 1%+예약된 객실당 1불
Embassy Suites	suitefna 한 실당 500불(10만불이 최저)	객실 매출의 4%	없음	없음
Fairfield Inns By Marriott	객실당 375불+증축시 중축 객실당 200불 추가	객실매출의 4%	객실 매출의 2.5%	객실 매출의 1%+예약된 객실당 2불

자료 : 정규엽, Hotel Hospitality Marketing, 연경문화사, p. 547

〈표 2-5〉 세계 20대 체인호텔 그룹 현황

순 서	회 사 명	객실수(실)	체인 호텔수
1	Cendant Corp.	552,528	6,654
2	Six Continents Hotels	515,082	3,312
3	Marriott International	448,004	2,463
4	Choice Hotels International	361,674	4,426
5	Hilton Hotels Corp.	333,897	2,037
6	Best Western International	304,664	4,008
7	Starwood Hotel & Resort Worldwide	225,208	745
8	VIP International	176,400	1,470
9	Carlson Hospitality Worlwide	136,654	813

자료 : 정규엽, Hotel Hospitality Marketing, 연경문화사, p. 547

(3) 위탁경영호텔(Management Contract Hotel)

위탁경영이란 두 소유주 간의 계약경영으로서, 투자를 하여 소유권을 갖고 있는 기업이 타기업에게 경영을 의뢰하며 계약이 성립되게 된다. 경영협약에 의해 호텔의 모든 경영을 책임지는 것으로 계약자는 호텔의 경영을 감독하고 실제로 운영하게 되어 있으나, 경영회사는 자본 또는 운영 자본까지는 투자하지 않으며 위험이나 손실에 대해서도 책임을 지지 않는다. 그 효시는 1946년 Inter Continental 호텔이며, 이후 1969년 Hyatt International 호텔이 800객실의 홍콩의 호텔과 계약한 것이 국제적 위탁경영의 시초로 알려져 있다.

경영호텔과 호텔 소유주가 계약을 맺어 상표사용권과 위탁경영을 제공하고 호텔소유주는 그에 따른 수수료를 지불하는 형태이다. 호텔의 소유주의 경영권이 상실된다는 점에서 프랜차이즈 호텔과 차이점이 있다. 호텔 소유회사는 인사권과 같은 경영권이 상실되며 총지배인 등 호텔의 간부들은 경영호텔에서 파견되어 위탁경영을 하는 것이다.

계약조건에 의하여 본사는 체인 고유의 시스템을 통해 전문화된 경영기법 및 판촉의 전문적 패턴을 사용하여 계약된 호텔을 효과적으로 운영하여 이윤을 얻도록 하고 일정 조건, 목표를 달성했을 때 일정 이익에 대해 지분을 받는다. 지분을 소유한 본사는 이윤의 달성 조건에 의해 이윤 배당액과 수수료를 받음으로써 호텔을 위한 마케팅의 노력은 소유자 측의 마케팅 노력의 중요성과 같다. 이런 점에서 단독경영 호텔보다 비용 및 경영기법에서 효과적이다. 수수료의 형태는 마케팅비와 손익에 상관없이 고정적으로 총 매출액의 1~3% 정도를 경영수수료(Management Fee)와 영업이익(GOP : Gross Operating Profit)을 올렸을 경우 인센티브 형식으로 10~15% 정도를 받는 경영성과 수수료(Incentive Fee)가 있는데, 프랜차이즈의 수수료 비용보다 높다.

① 장점

• 회사 : 자본지출 필요 없고, 위험부담도 적음

- 소유주 : 호텔경영의 전문성 확보
  - 품질관리를 통한 사업성공
  - 체인 예약망 활용
  - 공동광고 효과
  - 경영 노하우 습득
  - 인지도에 따른 금융권으로부터 자금조달 용이
  - 인지도 높은 브랜드 사용으로 단기간 내에 신뢰성 확보

② 단점

- 회사 : 호텔 가치가 상승해도 보상을 받을 수 없다.
  - 소유주의 재정적 문제로 계약이 파기되는 경우도 회사 수입에 영향이 따른다.
- 소유주 : 계약기간 동안은 경영권 독립성 상실
  - 경영회사의 운영결과 생긴 손실을 부담해야 한다.
  - 계약 종료 후 이미지 저하
  - 본사의 브랜드가 약해지거나 부정적 이미지로 전환되면 손실발생

〈표 2-6〉 세계 10대 위탁경영 그룹

순 위	호 텔 그 룹	위탁경영 호텔수	총 호텔수
1	Marriott International Inc.	759	1,880
2	Societe du Louvre	565	990
3	Accor	456	3,234
4	Tharldson Enterprises	314	314
5	Westmont Hospitality Group Inc.	296	296
6	Starwood Hotels & Resort	204	716
7	Hyatt Hotels / Hyatt Inernational	191	195
8	Marcus Hotels & Resorts	185	185
9	Bass Hotel & Resorts	175	2,886
10	Hilton Hotels Corp.	173	1,700

자료 : 정규엽, Hotel Hospitality Marketing, 연경문화사, p. 544

〈표 2-7〉 서울지역 특1급 호텔의 위탁경영 현황

호텔	Inter-continental	Grand Hyatt	Millennium Hilton	Ritz Carlton	Renaissance	Westin Chosun	Grand Hilton
계약 본사	INTER-CONTINENTAL HOTELS CORPORATIONS	Hyatt International의 자회사인 Hyatt Technical(Hong Kong)	Hilton International Co. (USA)	Ritz-Carlton International (USA)	미국 Ramada Inc. 자회사인 Ramada Pacific.Ltd	Westin Hotel Company (USA)	Swissotel Ltd. (Swiss)
기간	1997~2010	1993~2012	1983~2002	1983~2006	1999~2005	1996~2006	1987~2003
계약 내용	- IHC는 호텔 영업을 전담 - 호텔 브랜드 사용 - IHC의 판매 예약막 사용	- 관리 용역 - 고객관리/예약망판촉 프로그램 사용 - 차장급 이상 한국인 직원의 인사는 합의	- 관리용역 - 한국인 직원의 인사는 소유주와 협의 - Hilton의 호텔 운영에 대한 자율성 인정	- Ritz는 영업. 소유주는 호텔 운영 총괄 - 인사는 소유주의 승인을 득함 - 판촉/예약망 사용	- 경영 관리 용역 및 독점적인 지배권 보장 - 마케팅 및 예약 지원 - 광고/판촉 활동	- 영업부문을 총괄하되 소유주의 사전 승인을 득함	- 관리계약 - 노무 정책은 소유주의 사전협의 및 승인 - 월 1회 1사 소유주와 회합
경영 수수료	- 상표 및 시스템 용역 대가는 총 매출액 대비(Grand : 2.75%, COEX: 1.5%) - 관리운영용역 대가: 조정 후 고정비 전 영업이익의 2.5~7%)	- 경영관리수수료 G.O.P.의 14% - 로고 및 시스템 사용료 G.O.P의 1%	GOP의 15% - 그룹서비스의 수수료는 245,000불 (연간) - 예약수수료 55,000불(연간)	경영관리비 - 총매출 2.5% - 수수료 총매출 1%	- 199. 1. 1~2000. 12. 31 경영수수료 : GOP의 14%, 객실 매출 2% - 2001. 1. 1~2005. 12. 31 경영수수료 : GOP의 15% 객실 매출의 2.25%	- 마케팅수수료 : 조정 후 매출액 1.9% - 경영지원수수료 : 조정 후 매출액 1.3%	- 개업준비금 220,000불 - 수수료 : 총매출의 3%+영업이익의 9%

자료 : 정규엽, Hotel Hospitality Marketing, 연경문화사, 544

3) 리퍼럴 방식 호텔(Referral Association Hotel)

동업자 결합에 의한 경영방식으로 이미 존재하고 있는 호텔의 독립성은 유지되면서 상호 협력하기 위해 조직적으로 연합하는 형태이다. 모회사가 없는 대신에 연합체 회원들의 객실수에 비례한 기본 수수료와 예약, 광고 등의 수수료를 공동으로 모아 공공마케팅 전략을 수행한다.

4) 임차경영 호텔(Leased Hotel)

임차경영방식은 호텔건물을 지을만한 자금이 부족하여 호텔경영회사에서 임대하는 형태이다. 호텔의 소유회사는 호텔의 내부와 외부시설, 비품 및 가구 등 호텔을 제공하고 호텔경영회사는 그에 대한 임차료를 지불하는 것이다. 보통 영업실적에 상관없이 임차료를 지불하는 경우, 영업실적에 따라 일정비율로 내는 경우, 그리고 두 가지를 혼합하여 최소액의 임차료와 영업실적에 따른 일정비율을 내는 경우 등 3가지의 방법이 있다.

제3장

{호텔객실 조직 및 각 부서별 업무}

Flow Chart

호텔의 개요

↓

호텔의 특성과 형태

↓

호텔객실 조직 및 각 부서별 업무

↓

호텔객실의 이해

↓

호텔객실 예약서비스 업무

↓

호텔객실 현관서비스

↓

호텔객실 프런트 데스크

↓

호텔객실 고객서비스

↓

부 록

- 서울지역의 특1급 호텔 소개
- 호텔리어의 자세

제1절 호텔의 조직

호텔부서는 업무영역에 따라 여러 가지 방법으로 구분되어질 수 있으나, 가장 큰 분류방법은 고객접점에서 고객에게 서비스를 제공하는 영업부서(Front of The House)와 영업부서를 지원해 주는 관리부서(Back of The House)로 나눌 수 있다.

영업부서는 고객에게 상품을 제공하고 판매하는 부서로 객실부서(Rooms Division)와 식음료부서(Food & Beverage Division)로 구분되며 매출이 발생하는 부서이다. 지원부서는 호텔경영관리에 필요한 총무, 인사, 마케팅 / 홍보, 구매관리 같은 지원업무를 담당하는 부서를 말한다.

1. 조직 구성

호텔의 경영조직은 확고한 서비스 마인드를 가진 현장경험이 풍부한 전문경영인(총지배인)을 중심으로 객실부서(Rooms Division), 식음료부서(Food & Beverage Division), 마케팅부서(Marketing Division), 관리부서(Administration & General Division)로 3개 부문으로 구분되어 발전하여 왔다.

1) 객실부서

객실부서는 크게 프런트 데스크(Front Desk)와 하우스키핑(Housekeeping)으로 구성된다.

프런트 데스크는 호텔을 이용하는 모든 고객과 접하는 최초의 부서이며 또한 마지막 부서이다. 즉 객실예약, 객실배정, 객실투숙절차, 지급관계 등이 성립되는 곳으로 호텔의 얼굴인 동시에 호텔의 중심이 되는 중요한 부서이다.

하우스키핑은 객실정비와 보수 및 청결상태를 유지하며 판매할 수 있도록 상품화하는 부서이다. 따라서 프런트 데스크는 객실을 판매하는 부서이며, 하우스키핑은 객실을 생산하는 부서이다.

호텔의 객실부서에서 좋은 상품을 생산해서 효율적으로 판매하기 위해서는 이 두 부서 간의 원활한 업무협조가 가장 중요하다. 세부적인 내용은 제2절에서 살펴보기로 한다.

2) 식음료부서

식음료부서는 주로 음식과 음료를 판매하는 부서이다. 과거에는 식음료부서의 주된 이용고객이 투숙고객이었지만, 최근에는 투숙은 하지 않고 단지 식당에서 식사를 하는 고객의 비중도 높아졌다.

식음료부서는 음식과 음료를 생산하고 판매하는데 직·간접적으로 참여하는 생산부서(주방)와 판매부서(서비스)로 구성되어 있으며, 호텔에 따라 식음료부문을 구성하는 생산부서와 판매부서를 조직도상 통합하여 식음료부서 책임자의 관리 하에 두기도 하고, 규모가 큰 호텔일수록 주방은 주방부서의 책임자가, 식음료는 식음료부서의 책임자가 각각 관리할 수 있도록 조직을 구성한다.

〈표 3-1〉 식음료부서의 조직도

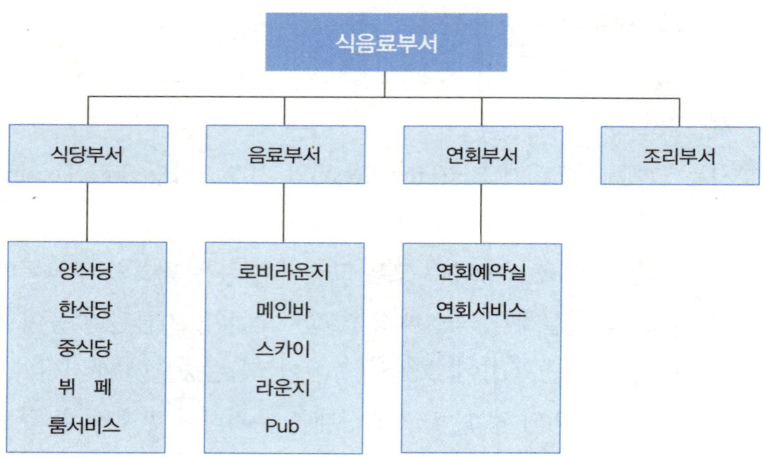

3) 관리부서(Administration & General Division)

호텔사업은 인적 · 물적 · 부가적 서비스를 결합하여 하나의 상품으로 판매하는 기업으로서 운영해 나가는 것이다. 따라서 호텔의 전후방 종사원은 종합적인 불가분의 관계를 맺고 있는 것이다.

호텔종업원은 대부분 일선 근무자와 후방 근무자로 분류되며, 후방부서인 관리부문은 일선부문의 지원부서로서 대(對)고객 서비스에 조금의 불편도 없도록 지원해야 하며, 전 · 후방이 상호 협력하여 완벽한 호텔상품이 생산되는 것이다.

총무부는 호텔에서의 등급심사, 위생검사, 인허가 등 관공서를 대상으로 하는 업무가 많으며 분쟁 시 변호사 선입 등 지역사회 본사업무까지 담당한다. 인사부는 채용, 직무, 고과, 교육, 급여관리까지 관리하는 업무를 담당한다. 경리부는 호텔에서의 재정을 담당하는 부서로서 기업의 회계부문을 담당한다. 대차대조표, 손익계산서, 현금흐름표등 재무제표를 작성하고 내부적으로는 매출, 비용, 기타 업무를 담당한다. 마케팅 부서는 호텔의 상품을 기획해서 판매하고 호텔의 이미지를 적극적으로 홍보하는 부서이다. 구매부서는 객실 내의 비품, 식음료부서내의 식자재 등 호텔 내의 원자재 및 비품에서 구매를 담당하는 부서이다. 철저한 검수작업으로 품질 좋은 식자재와 비품을 공급받아야 한다.

기술부서는 종사원에게는 안전한 작업환경을 만들어주고 고객에게는 안전하고 쾌적한 장소를 제공하기 위해서 관리하는 부서이다.

〈표 3-2〉 관리부서의 조직도

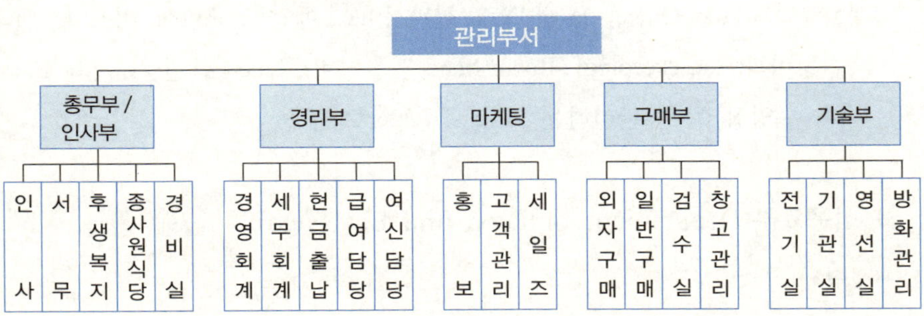

2. 호텔의 부문별 직무내용

1) 총지배인(General manager : GM)

- 경영의 최고 책임자, 경영전반의 지휘, 통제
- 주주에게는 투자에 대한 이익 확보

2) 부총지배인(Executive Assistant Manager)

- 총지배인 보좌 및 대행, 영업이사가 겸직

3) 당직지배인(Duty manager)

- 총지배인 직속으로 총지배인을 대신하여 고객을 접대, 순찰업무 및 불평처리

4) 기획심사부(Department of Planning and Audit)

- 총지배인 또는 대표이사의 직속 별도 부서
- 기획과와 심사과로 구분
- 영업기획과 경영기획
- 심사과는 영업전반 심사

5) 객실부(Room Divison)

- 객실영업과(Front Office) : Front Desk, 현관서비스, 예약실, 교환실, 비즈니스센터
- 객실정비과(Housekeeping) : Room Maid(객실정비), Linen(린넨실), 세탁실, 사우나, 수영장 등을 관리하는 Fitness Center로 구성

6) 식음료부(Department of Food and Beverage)

- 식당과

- 음료과
- 연회과

7) 조리부(Department of Food Production)

- Main Kitchen
- Cold Kitchen
- Hot Kitchen
- Outlet Kitchen
- Butcher Kitchen : Steward

8) 판촉부(Department of Sales and Marketing)

- 객실판촉–연회 판촉–홍보과–마케팅실

9) 인사 / 총무부(Department of Human Resources / General Affairs)

- 인사과 : 직원채용, 배치, 관리, 교육
- 총무과 : 경비(안전관리, 옥외관리, 주차장 관리), 후생복지
- 전산실 : 전산업무

10) 경리부(Department of Accounting)

- 경리과 : 회계, 수납, 출납, 여신업무, 영업회계 검사, 자금, 결산

11) 시설부(Department of Engineering)

- 기계과 : 기계, 냉동, 열관리
- 전기과 : 전기와 음향, 조명
- 영선과 : 목공, 도장, 미장

12) 구매부

- 식음료자재, 객실, 영선자재 구입, 영선용역 계약, 창고관리

13) 부대시설부

- 점포임대계약 및 청구서 발송, 헬스클럽, 수영장, 테니스장, 실내체육장, 사우나 등의 부대시설 업무의 관리

〈표 3-3〉 대규모호텔의 경영조직 사례

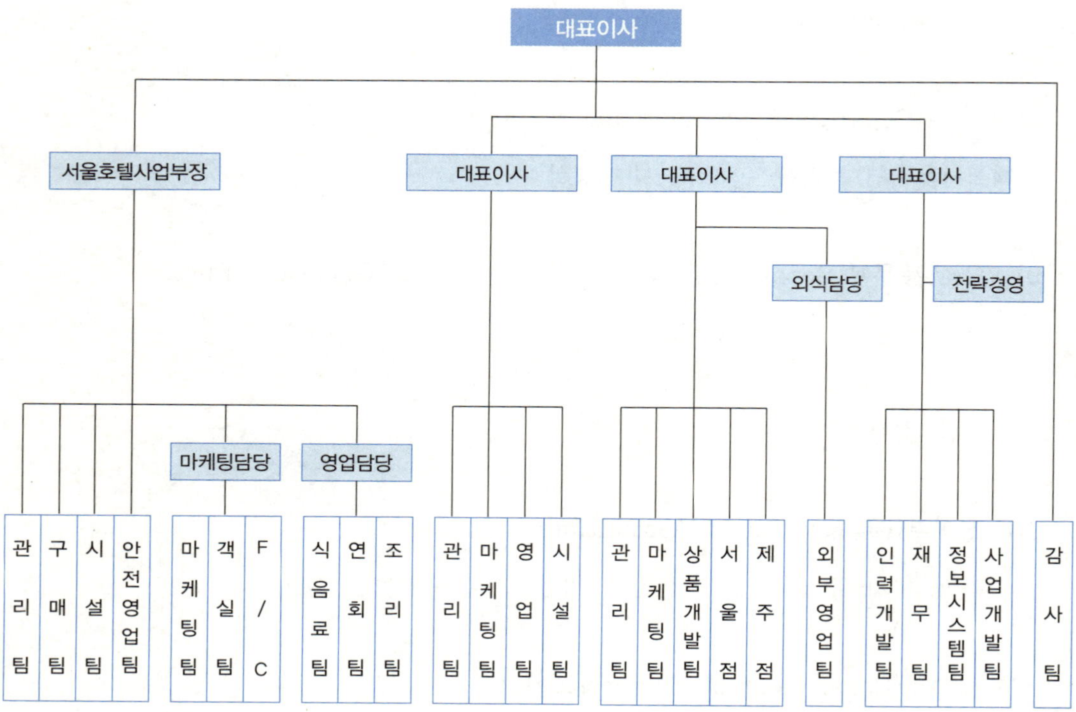

제2절 호텔객실의 조직 및 업무

객실부서는 객실담당지배인을 중심으로 크게 두 부서, Front Office와 Housekeeping으로 나뉘어져 있으며, Front Office는 다시 Reservation, Bell Service, Front Desk로 분류할 수 있으며, Housekeeping은 cleaning(객실정비, 일반정비)과 Linen으로 분류된다.

〈표 3-4〉 Rooms Team의 조직도

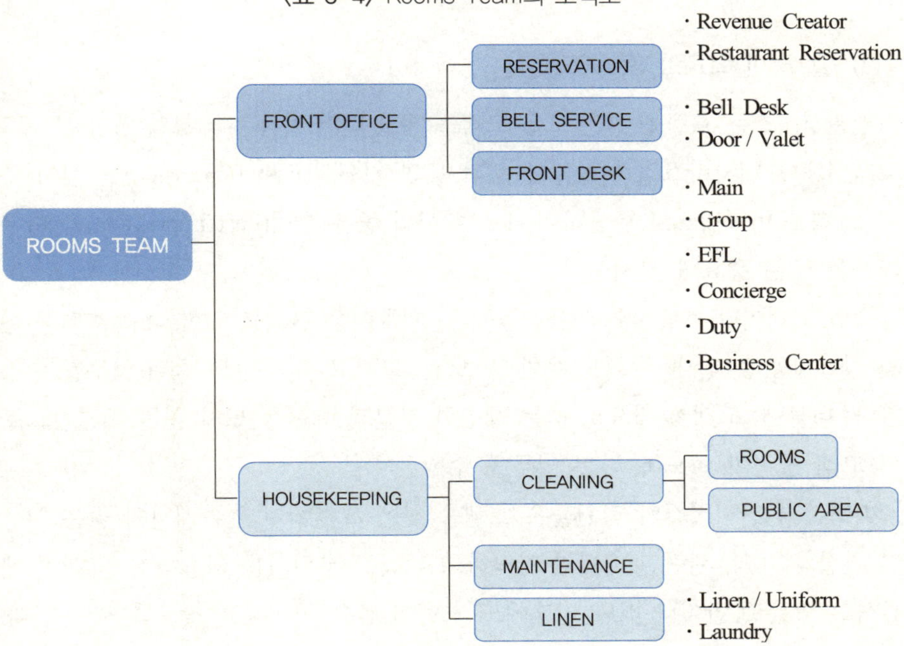

1. 객실 영업부서(Front Office)

1) 예약(Reservation)

고객이 호텔의 객실상품을 구매할 수 있도록 유도하는 첫 단계를 담당하는 부서이다. 고객의 예약접수 및 변경, 초과예약조절, No-Show의 통제, 고객이력관리, 타부서와의 정보공유 및 업무현조, Forecasting 관리 및 보고서 작성 등의 업무를 수행한다. 호텔에서의 예약 업무는 객실뿐만 아니라 식음료부서의 예약도 담당하고 있다. 그렇기 때문에 예약부서의 직원들은 호텔의 매출을 발생시키고 향상시키는 Revenue Creator라고 할 수 있다.

2) 벨 서비스(Bell Service)

현관서비스는 호텔을 찾은 모든 고객을 제일 먼저 접하는 최초의 영접 부서로, 고객에게 호텔서비스의 이미지와 품격 등의 첫인상(First Impression)을 심어 주며, 고객을 마지막으로 환송하여 Hotel에서의 좋은 추억(Last Impression)을 마무리하여 주는 중요한 부서이다.

숙박 고객이나 호텔시설 이용객들에게 호텔 이용 편의를 위한 각종 호텔 시설의 정보제공 및 안내, 수화물 운반 및 보관, 그리고 관리 등의 주된 업무를 수행한다. 더불어, 고객이 필요로 하는 세심한 부분과 요구를 도와 이를 해결함으로써 고객 불편이 없도록 하는 업무를 수행한다.

따라서 현관서비스의 직원들은 호텔을 찾은 고객에게 현관에서의 좋은 인상인 친절과 예의, 세련된 매너와 안락하고 편안한 분위기를 제공하여, 고객이 체류하고 있는 동안이나 떠난 이후에도 호텔의 좋은 이미지를 갖도록 해야 한다.

(1) Door Man

현관에서 고객의 영접 및 송접, Valet Service, 교통정리, 호텔 내의 잡상인 출입통제, 현관문 개폐관리 등 주로 호텔의 첫인상을 좌우하는 중요한 역할을 수행한다.

(2) Bell Man

현관서비스의 핵심적인 역할을 하는 부서로서 고객이 호텔에 도착해서 떠날 때까지의 모든 과정에 대해 영접 및 송접을 담당하고 Luggage Handling, Room Change, 로비정돈, Paging Service, Message전달, 신문제공 등 고객의 접점에서 서비스를 수행한다.

3) 프런트 데스크(Front Desk)

프런트 데스크를 호텔의 얼굴로 비유하는데, 그 이유는 고객을 최초로 영접하고 고객이 체크아웃 할 때 마지막으로 환송하는 장소이기 때문일 것이다. 즉 프런트 데스크는 호텔과 고객을 이어주는 접점(Contact Point)이라 할 수 있다. 또한 프런트 데스크는 객실상품의 판매를 통해 호텔수입을 발생시키며 객실 판매의 성공 여부에 따라 다른 상품의 판매에도 크게 영향을 미치기 때문에 판매를 촉진시킬 수 있는 자질을 갖춘 종업원이 배치되어 고객의 마음을 사로잡을 수 있어야 한다.

(1) Main / Group Office

- Room Clerk : 객실배정(Check-In)
- Information Clerk : 호텔의 내 외부 안내
- Front Cashier : 정산Check-Out), 환전
- Night Auditor : 객실에 대한 요금을 최종적으로 정리하여 영업매출 자료를 분석해 보고하는 역할을 담당하며 익일 영업 준비를 위한 각종 고객 사용내역의 정리를 담당한다.

(2) EFL

VIP 영업 및 송접, VIP Check-In, VIP Check-Out, Lounge Service, Butler Service[1]

1 본래 주류관리자의 뜻을 가지고 있지만, 현대의 호텔에서는 룸서비스 부문과 관련해서 귀빈층에서 고객에게 아침식사, 음료 등을 제공하는 서비스를 뜻함.

(3) Business Center

팩스, 복사, 타이핑 업무, PC서비스, 번역 · 통역서비스, 회의실 관리

(4) Concierge

Information Service, In Room Check In Service, VIP Handling Service, In House Information Service

(5) Duty Manager

고객의 불평관리, 야간 G/M역할 수행(EM Key/GM Key관리)

2. 객실 관리부서(House Keeping)

호텔의 시설유지 및 관리, 안전과 청결 등의 각종 분야에서 생산적인 시설을 유지한다. 즉 호텔 건물의 주된 시설인 객실뿐만 아니라 식음료업장 · 연회장 · 기타부대시설 · 공공장소와 같은 호텔의 내부와 정원 · 주차장 · 외벽 · 조경 등 호텔의 외부까지를 포함하여 최상의 상태로 관리하는 것을 말한다. 이외에도 고객 및 호텔 내부의 모든 종류의 린넨류를 관리하고, 세탁업무를 이행하여야 한다.

호텔 객실관리업무는 고객이 호텔에 머무는 동안 발생할 수 있는 모든 경우를 대비하여 보다 쾌적하고 청결하며 안락하고 안전한 환경을 위해 준비하고 해결하는 업무를 이행하는 것이라고 볼 수 있다.

호텔 객실관리부서는 호텔의 영업이 원활히 진행될 수 있도록 하기 위해 첫째, 고객의 편의와 만족을 위해 노력해야 한다. 이를 위해 고객서비스의 가장 중요부분이라 할 수 있는 숙박환경의 청결과 편안함을 위해 고객의 동선을 배려한 가구 · 기물의 배치와 청결상태 유지에 많은 관심을 가져야 한다.

둘째, 호텔의 수익을 위해 매출뿐만 아니라 비용측면에서의 관리가 무엇보다 중요하다. 호텔은 자본중심적인 산업의 특징을 갖고 있기 때문에 고정자산(건

물 · 시설 등)에 대한 막대한 투자를 하고 있다. 따라서 매출증대를 위한 노력과 더불어 고정비용에 대한 효율적인 관리개념이 강조된다.

셋째, 호텔의 상품에 대한 생산관리를 위한 인력 · 시간 등을 효율적으로 관리해야 한다. 호텔 객실관리업무는 대부분을 기계화하기보다는 인적자원에 의존해야 하며, 많은 종사원이 필요하기 때문에 효율적인 인적자원의 관리가 필요하다.

넷째, 각종 장비운영을 기능적으로 관리하여야 한다. 청소와 세탁이 중심이 되어 그에 필요한 다양한 장비 중에는 일년에 많은 횟수 사용되지는 않지만, 반드시 필요한 장비들이 많이 있다. 따라서 모든 장비를 보유할 것인지의 여부와 보유하지 않을 경우 효율적 · 효과적으로 운영하는 방안을 반드시 사전에 준비하여 운영하여야 한다.

다섯째, 고객의 안전을 위해 화재 · 위생 · 도난 등에 대한 각별한 주의와 노력이 필요하다. 고객은 호텔에 도착하여 출발하기까지 호텔에 머무는 동안 최대한 집과 같은 편안함과 안락감을 얻고자 한다. 따라서 고객이 집을 떠났지만 집과 같은 편안함을 느낄 수 있도록(home away from home) 배려하고 준비해야 한다.

제4장

{호텔객실의 이해}

Flow Chart

호텔의 개요

↓

호텔의 특성과 형태

↓

호텔객실 조직 및 각 부서별 업무

↓

호텔객실의 이해

↓

호텔객실 예약서비스 업무

↓

호텔객실 현관서비스

↓

호텔객실 프런트 데스크

↓

호텔객실 고객서비스

↓

부 록

- 서울지역의 특1급 호텔 소개
- 호텔리어의 자세

제1절 호텔객실의 개념

호텔이란 호텔을 방문하는 고객에게 식사와 객실을 제공하는 곳이며, 특히 '숙박'은 호텔에 있어서 가장 대표적인 상품이다. 그러므로 대부분의 호텔에서의 객실매출은 가장 큰 단일소득원이며, 다른 모든 서비스의 매출액을 합한 것보다 객실매출이 더 많다. 특히 객실은 높은 이익마진(Profit Margin)을 주기 때문에 호텔경영이익의 주요부분을 차지한다. 또한 숙박의 주요영향 요소인 객실은 고객이 호텔에 투숙하여 퇴숙할 때까지 전과정에 걸쳐 관련되는 종합적인 부문이다.

이렇게 호텔 내에서 주요한 부분을 차지하고 있는 호텔객실에 대한 개념을 살펴보면, 우선 객실(客室)은 문자 그대로 '고객을 위한 방'이다. 이러한 객실이란 단어는 여객선 및 크루즈상품과 항공기 · 열차 등에서는 '손님이 타는 방'이란 뜻으로 사용된다. 그러나 호텔객실이란 '고객을 거처(居處)하게 하거나 접대하는 방'이란 뜻으로 사용된다. 이와 같이 객실이란 의미가 갖고 있는 그 기능은 비슷하다고 볼 수 있다. 다만 호텔객실의 경우 '숙박' 기능이 주요목적이라고 본다면, 여객선 및 크루즈상품과 항공기 · 열차의 객실은 '이동'이 주요목적이라고 볼 수 있다.

『웹스터』(*Webste*r) 사전에서는 객실을 "벽에 의해 분리된 건축물 내의 공간 또는 유사한 공간의 벽 등에 의해 분리된 공간"으로 정의하고 있다. 현대적 의미에서의 객실은 "고객에게 편안한 휴식과 조용하고 안락한 잠자리 장소로 제공하는 건축물 공간의 일부"라고 할 수 있다.

제2절 호텔객실의 특성

호텔객실은 호텔경영의 측면에서 다양한 특성을 지니고 있지만, 다음과 같은 특성을 지니고 있다.

첫째, 비저장성이다. 호텔객실은 당일 판매되지 않으면 저장해 두었다가 다음 날 다른 고객에게 다시 팔 수 없는 시한성(時限性) 상품이다.

둘째, 생산과 소비의 동시성이다. 호텔의 고객이 호텔객실 상품을 구매하기 위해 다른 곳에서 배달시킬 수 있는 것도 아니고, 택배를 받아 사용할 수 있는 것이 아니다. 반드시 호텔객실을 사용하고자 하는 고객이 상품(객실)이 있는 곳으로 이동해야 하는 특성을 갖고 있다. 따라서 소비되는 곳이 바로 생산이 되는 곳이다.

셋째, 고정비의 비율이 높다. 호텔객실 중 판매되지 못한 객실이 존재하더라도 호텔경영의 측면에서는 일정의 인건비와 최소의 광열비 등 고정비는 지속적으로 지불해야 한다. 따라서 호텔객실운영에 대한 고정비 비중이 크기 때문에, 판매되지 않은 경우 객실수익률은 이중으로 저하(수익↓, 비용↑)된다고 볼 수 있다. 따라서 호텔객실의 경우는 경영적 측면에서 객실가격・점유율・시장점유율 등을 고려하여 최대의 수익을 얻고자 하는 수익률관리(Yield Management)가 필요하다.

제3절 호텔객실의 기능

1. 호텔객실의 기본조건

호텔객실은 다양한 기능 중 숙박기능을 감당하는 주거공간이다. 숙박의 기능을 중심으로 보았을 때, 호텔객실은 고객지향적인 측면에서 다음과 같은 기본조건을 갖추어야 한다.

첫째, 안정성이다. 고객이 호텔객실에 투숙하여 있는 동안 보안적인 측면에서의 안정성이 반드시 필요하다.

둘째, 쾌적성이다. 호텔객실 내의 온도나 맑은 공기·환기·햇볕·햇빛이 적절하여 고객이 머무는 동안 쾌적함을 느낄 수 있어야 한다.

셋째, 청결성이다. 다양한 고객이 호텔객실을 사용하기 때문에 항상 고객이 머물고 간 자리를 청결하게 유지하여, 다음 고객이 호텔객실을 사용하더라도 새것처럼 청결해야 한다. 그래서 호텔에서는 청결성에 대한 무형성을 유형화하는 작업의 일환으로 욕실의 변기를 청소한 후 종이띠를 씌워 깨끗이 청소한 후 호텔객실에 체크인(Check-In)한 고객이 처음으로 사용함을 알려 주고, 휴지 등은 삼각형(Hospitality Triangle)으로 접어 두어 고객으로 하여금 깨끗함을 인식토록 제공한다. 또한 호텔객실 내에서 나는 냄새도 말끔히 제거하여 상쾌하고 깔끔한 객실을 제공하여야 한다. 또한 침구류도 청결하게 준비하여야 한다.

넷째, 편리성이다. 호텔객실 내에서 움직이는 고객의 동선이 편리하도록 가구·소모품을 비치하여야 한다. 또한 다양한 소모품을 비치하고 항상 점검하고, 여러 가지 사용부분에 대한 안내서·설명서 등을 비치하여 다른 사람의 도움 없이도 편안하게 호텔객실 용품 및 시설을 이용할 수 있도록 해야 한다.

다섯째, 개인생활의 보호이다. 호텔객실에 투숙한 고객에 대해서는 철저히 고객의 생활을 보호해 주어야 한다. 투숙시 기록한 등록카드상에 나와 있는 고객의 정보도 누출되지 않도록 보호해야 한다.

여섯째, 정숙이다. 호텔객실 외부, 즉 옆 객실이나 복도에서 들려오는 소음을 모두 제거될 수 있도록 객실을 설계하여야 하며, 호텔객실 내부에서 발생하는 소음도 최소화하여야 한다. 특히 최근에는 호텔객실 내에 설치되어 있는 냉장고의 소음에도 민감한 고객들이 많이 있기 때문에 냉장고·냉난방·환기시설로부터 들리는 작은 소음도 제거하여야 한다.

2. 호텔객실의 다양한 기능

호텔객실을 숙박고객의 활동적 측면에서 살펴 볼 때 다음과 같이 세 가지 기능으로 분류해 볼 수 있다.

1) 수면공간 : 휴식공간
2) 자유공간 : 거실기능, 다목적공간
3) 위생공간 : 욕실(Bathroom)공간

첫째, 수면・휴식공간의 기능이다. 따라서 호텔객실은 편안하고 안락한 침대와 침구류를 고객에게 제공하게 된다. 따라서 고급호텔에서는 고객의 특성에 맞는 베개와 다양한 종류의 이불을 준비하는 경우도 많다. 예를 들어, 민감한 고객을 위해 거위털・오리털・양모의 이불을 준비한다든지, 베개의 높이를 다양하게 준비해 갖고 있기도 하다. 이외에도 편히 휴식을 취할 수 있도록 소파 등을 제공하기도 한다. 고객만의 휴식시간을 위해 외부에 나가서 식사하는 것이 귀찮거나 불편한 고객을 위해 룸서비스를 제공하여 보다 안락한 시간을 보낼 수 있도록 돕고 있다. 또한 편안히 휴식을 취할 수 있도록 조명에도 신경을 써서 나이트 테이블과 스탠드 램프 등을 이용하여 객실 내의 분위기를 고객 스스로 편안하게 조절할 수 있도록 제공하고 있다.

둘째, 자유공간으로의 기능이다. 호텔객실은 집의 거실의 기능을 갖고 있어 TV나 영화를 시청할 수도 있고 음악을 들을 수도 있으며, 경우에 따라서는 워킹 테이블(Working Table) 및 다양한 비즈니스업무를 볼 수 있는 인터넷과 팩스 등을 갖추고 있어 업무도 볼 수 있는 다목적의 공간으로 자유롭게 이용되기도 한다. 이외에도 손님접대를 하는 공간으로 이용되기도 한다.

셋째, 위생공간으로의 기능이다. 객실 내의 욕실공간은 유일하게 배수설비를 하는 공간이다. 고객이 세면・목욕・세척・배설 등 생리적 행위를 할 수 있도록 제공되는 공간이다. 특히 욕실은 실수로 인해 넘어지거나 다칠 수 있는 부분이 많기 때문에 욕실 내 고무매트 등 다양한 안전장치를 하게 된다. 여성들을 위해 비데를 설치하는 호텔들도 많이 있다.

이상과 같이 호텔객실은 하나의 공간 내에 복합적 기능을 갖고 있다. 따라서 공간사용을 위한 고객동선을 고려한 평면구성이 반드시 필요한 곳이다.

제4절 호텔객실의 분류

1. 침대의 종류에 따른 분류

일반적으로 침대의 크기를 구분하면, 1인용 침대(Single Bed)는 90cm 이상이고, 2인용 침대(Double Bed)는 138×195cm 이상으로 되어 있다.

1) 싱글 룸(Single Bed)

1인용 침대를 갖춘 객실을 말하며, 우리나라의 싱글 룸의 크기는 13m^2 이상으로 하고 있는 것이 일반적이다. 싱글 룸(SWB : single bed room with bath, SB : single bed room)이라 불리기도 하며, 객실에 1인용 침대 1개가 준비되어 있다. 따라서 객실 내에는 1인 사용용도로 꾸며져 있다.

Sheraton Grande Walkerhill Hotel

2) 더블 룸(Double Bed)

한 객실에 두 사람이 숙박할 수 있도록 2인용 침대 또는 킹사이즈(King Size) 침대를 갖춘 객실을 말한다. 더블 룸(DWB : double bed room with bath, DB : double bed room)으로 불리우며, 2인용 침대 1개가 비치되어 있어 2인이 사용가능한 객실이다. 일반적으로 부부가 아니면 더블 침대에 2인이 이용하지 않는다. 따라서 외국인구성비가 높거나, 내국인 신혼여행객이 많은 지역의 호텔에서 많이 준비하고 있다.

Sheraton Grande Walkerhill Hotel

3) 트윈 룸(Twin Room)

한 객실에 1인용 침대를 2개 넣어서 주로 단체 여행객이나 국제회의를 할 때와 같이 많은 참석자들이 오는 경우에 이 객실을 사용한다. 일반적으로 객실의 크기는 $19m^2$ 이상으로 규정하고 있다. 트윈 룸(TWB : twin bed room with bath, TB : twin bed room)으로 불리우며, 이는 1인용 침대가 2개 비치되어 있어 2인이 사용가능하다.

Sheraton Grande Walkerhill Hotel

4) 트리플 룸(Triple Room)

트윈 룸에 한 사람이 더 추가하여 합숙할 수 있도록 3인용의 객실로서 침대를 하나 더 추가한 객실이다. 트리플 룸(TPL / B : triple with bath, TPWB : triple room with beth, TPB : triple with bath)으로 불리우며, 트윈 베드 룸에 보조침대(Extra Bed)를 추가로 제공한다. 따라서 3인이 사용 가능하다. 보통 단체고객이나 가족을 동반한 고객의 요청에 의해 준비된다. 이와 같이 객실에 따로 추가되는 침대에는 이동이 편리하도록 밑 바퀴를 단 롤어웨이 침대(Rollaway Bed), 어린이용 침대(crib or cot) 등이 있다.

5) 스튜디오 룸(Studio Room)

상용 호텔(Business Hotel)에서 흔히 볼 수 있는 객실로, 고정된 침대와는 달리 낮에는 소파로 사용하고, 밤에는 침대로 활용할 수 있는 다목적 침대이다. 주로 벽에 밀어 넣어 접힐 수 있고, 끄집어내어 쉽게 펼 수 있도록 설계되었다. 이러한 침대는 객실의 넓은 공간을 활용할 수 있는 이점이 있기 때문에 낮에는 고객들이 사무실로 사용한다. 스튜디오 룸(STWB : studio bed room with bath, STB : studio bed room, ST / B : studio room)으로 불리우며, 변형시킬 수 있는 침대 1개(낮 : 소파(sofa), 저녁 : 침대로 사용)가 비치되어 있다. 2인이 사용할 수 있다. 이는 주간에는 침대를 벽쪽으로 붙이고 사무실로 객실을 이용할 수 있다.

6) 싱글-더블 룸(Single-Double)

싱글-더블 베드룸(Single-double bed room)은 하나의 변형된 객실의 형태이며 1인용 침대인 Single Bed와 2인용 침대인 Double Bed를 설치하여 3명이 숙박할 수 있도록 하였으며, 트리플 베드와는 다르게 보조침대를 설치하지 않고 처음부터 싱글침대를 설치하는 것이 차이점이다.

최근에 호텔에서는 단체나 가족을 동반한 고객을 적극적으로 유치하기 위해서 이러한 형태의 객실을 선호하고 있으며 2인이 투숙 시에도 편리하게 판매할 수 있는 장점이 있다.

Sheraton Grande Walkerhill Hotel

7) 더블-더블 룸(Double-Double)

더블-더블 베드룸(Double-Double Ded Roon)도 변형된 객실 형태이며, 2인용 침대인 Double Bed를 2개 설치하여 4명이 투숙할 수 있도록 하였으며 보통 딜럭스 트윈(Deluxe Twin) 또는 훼밀리 트윈(Family Twin)으로 칭하여 판매하고 있으며 단체나 2명의 자녀를 동반한 가족에게 판매하기에 적합한 객실이다.

8) 스위트 룸(Suite Room)

스위트 룸(Sut / R : suite room, Sut / B : suite with bath)으로 불리우며, 보통 객실의 2배로 침실(Bed Room)과 응접실(Living Room)이 별도로 있는 객실이다. 주로 전망이 좋은 장소(바닷가 · 호수가 · 강가 등)에 위치하게 된다. 일반객실 No.를 사용하지 않고, 특별 이름을 붙인다. 예를 들어, 왕실(Royal), 왕자(Prince), 공주(Princess), 대통령(President), 대사(Ambassador), 황제(Emperor) 또는 황제의 룸(Imperial Room)이나 꽃 이름을 주로 사용한다. 객실의 크기는 26m^2 이상으로 규정하고 있다.

Sheraton Grande Walkerhill Hotel

9) 한실(온돌룸)

우리나라의 전통객실(Traditional Korean Style Room or Korean Style Room)로 바닥에서 수면을 취할 수 있는 객실의 형태이다. 온돌방의 장식은 보료, 이불, 한국의 전통가구 등으로 꾸며져 있어 한국적인 정취를 풍기게 한다. 대부분의 이용자는 한국인이라고 할 수 있고, 특히 노년층에서 많이 이용하는 경향이 있다. 온돌방의 구성비율은 도심지 호텔이냐 리조트 호텔이냐에 따라 큰 차이를 보이고 있다. 대도시에 위치한 호텔들은 시설기준에 필요한 최소한의 온돌방만을 보유하고 있으나, 지방호텔이나 휴양지호텔에서는 온돌객실의 구성비가 높은 편인데, 그 이유는 온돌을 선호하는 노인층의 관광객과 세미나, 컨벤션 등과 같은 대규모 단체 관광객을 유치하기 위해 다수의 온돌방을 확보하고 있는 호텔들이 많다. 이러한 온돌방은 고정된 서양방보다 많은 인원을 유치할 수 있는 장점이 있다.

Mayfield Hotel 온돌룸

10) 헐리우드(Hollywood Room)

최근 한국 내 일부 특급호텔에서 사용하는 베드의 형태로 헤드보드(Headboard)는 하나이나 싱글 또는 더블베드를 두 개 붙여 설치하는 베드의 형태를 말한다.

이는 함께 붙어서 잠을 자기는 하되, 옆사람의 움직임으로 잠을 깊이 들지 못하는 경우를 방지하기 위해 침대를 두 개 설치하여 붙여 놓고, 하나의 침대처럼 여겨지도록 하는 형태이다.

헐리우드 베드

Tip

엑스트라 베드Extra Bed

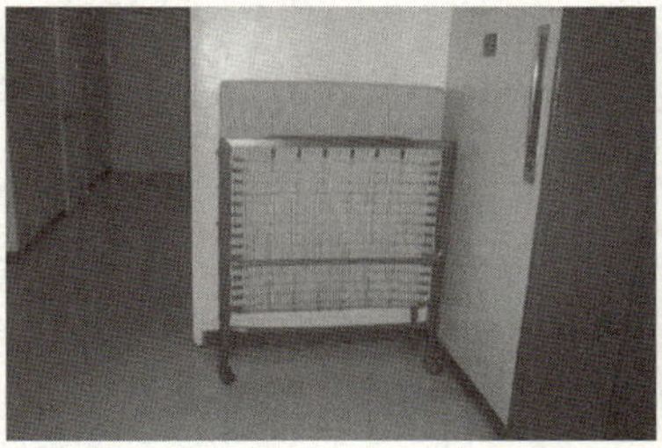

싱글 침대와 비슷한 크기이나 보조침대로서 롤어웨이 베드(rollaway bed)라고도 한다. 이동하기 편하도록 접을 수 있다.

베이비 크립(Baby Crib)
베이비 코트(Baby Cot)라고도 한다. 유아용 침대로 크기는 다양하다.

2. 이용목적에 의한 분류

침대 수에 의한 분류는 객실의 기본적인 분류방법이지만, 이용고객의 변화하는 기호에 맞는 객실제공은 새로운 서비스 상품개발로서 고객의 욕구와 요구(Wants & Needs)에 바탕을 둔 고객지향적 경영방법이라 할 수 있다.

1) 스탠더드 룸(Standard Room)

스탠더드 룸(Standard Room)은 호텔객실 중 가장 일반적인 객실로서 호텔에서 가장 많은 객실수를 보유하고 있으며 가격대가 상대적으로 저렴한 보통객실이라고 볼 수 있다. 그러나 최근 들어 특급호텔에서는 일반객실의 내부시설 및 서비스를 고급화시켜 전객실의 디럭스(Deluxe)화가 이루어지고 있는 추세이다.

2) 이그젝큐티브 룸(Executive Room) 또는 이그젝큐티브 플로어 룸(Executive Floor Room)

주로 비즈니스맨(Businessman)들이 이용하는 객실로 객실에서 업무를 하면서 휴식을 취할 수 있도록 꾸며져 있다. 이그제큐티브 룸(Executive Floor Room)은 '호텔 속의 호텔'이라고 불려지는 귀빈층 객실로서 특실과 보통객실의 중간이다.

일반객실에 비해 고가로 책정된 이그제큐티브 플로어는 각 호텔들이 평균객실가를 올리는 주요 요인으로 작용할 뿐만 아니라, 재방문 고객이 많기 때문에 객실 점유율을 높임으로서 안정적인 객실 운영전략상 중요한 역할을 담당하고 있다이그제큐티브 플로어는 안정적인 수익을 기대할 수 있는 장점 외에 정중함으로 대변되는 호텔 본연의 서비스에 부합된다는 특성 때문에 각 특급호텔에서 점차 그 중요성이 커지고 있다. 특급호텔들은 이 중요성 때문에 대부분이 이그제큐티브 플로어를 가장 전망이 좋은 높은 층에 배치함으로서 고객들에게 편안함을 주는 정책을 구사하고 있다.

특징으로는 첫째, EFL(Executive Floor)의 구성요소는 사무용 책상 · 의자, 팩스라인 설치 또는 임대 등이다. 둘째, EFL 라운지 층에 투숙하는 고객에게 아침식사 · 음료 · 칵테일 등을 무료로 제공한다. 셋째, 회의실로 상담을 하기 위한 회의용 탁자 · 의자, 비디오, OHP, 휴대용 스크린, 컴퓨터, 화이트보드(White Board) 및 필기도구가 준비되어 있다. 넷째, 소규모 회의실로 일반 사무실과 동일한 개념으로 사무용 책상과 전화 및 업무에 필요한 각종 집기가 제공된다. 다섯째, 서비스인원(Service Staff)이 오전 6시부터 저녁 10시까지 비서업무 및 정보제공의 업무를 제공한다.

Sheraton Grande Walkerhill Hotel, EFL DESK

Lotte Hotel, EFL Lounge

3) 금연층 객실(Non-smoking Floor Room)

최근 들어, 금연층의 인구가 확대되고 각 기업에서도 금연에 대한 홍보가 활발해지면서 호텔 내의 객실 역시 금연층 및 금연객실의 확대가 두드러지고 있다. 금연객실의 경우 객실 내에 재떨이와 성냥을 비치하지 않는다. 이로 인해 담배연기로 인해 객실 내부가 쉽게 더러워지거나 담뱃재 및 불씨 등으로 카펫이 타는 경우가 줄어들어 객실을 보다 청결하게 유지할 수 있어 도움이 되고 있다.

4) 여성전용 객실(Woman Floor Room)

여성의 사회활동참가가 활발해짐에 따라 여성층을 별도로 마련하여 운영한다. 주로 휘메일 프로그램(Female Program)이라고 하여 객실 내 헤어 드라이어와 다림질 서비스 등을 제공하게 된다. 또한 최근 들어 여성들에게 관심이 되고 있는 미용관련 소모품 및 시설의 이용을 서비스에 포함하기도 한다. 예를 들어, 욕실 내에 허브를 준비해 놓거나 목욕용 소금을 준비하기도 하고, 테라피 시설 등을 이용할 시 할인해 주는 서비스도 실시하고 있다. 종종 이벤트 서비스로 여성전용 객실의 이용시 여성화장품류 및 아로마상품 등을 서비스로 제공하기도 한다.

Sheraton Grande Walkerhill Hotel

5) 장기투숙전용 객실(Long-term Staying Room)

장기체류자를 위한 객실로, 객실 내에는 취사기능 · 사무기능 등이 첨가된다. 주로 2개의 유니트(Unit)로 구성되어 있는데, 하나는 침실, 하나는 사무실 겸 응접실로 사용하며, 전자레인지 · 싱크대 등이 제공되기도 한다. 대표적인 예로 스위스 그랜드 호텔을 들 수 있다.

6) 장애인전용 객실(Handicap Room)

장애자전용 객실로 모든 문이 여닫이식으로 설치되어 있고, 벽에는 손잡이 바(Bar)가 낮게 설치되어 있으며, 스위치 등도 모두 낮게 설치되어 있다. 또한 욕실에는 고객의 안전을 위해 손잡이가 설치되어 있고, 비상호출 버튼이 설치되어 있다. 침대 등의 높이를 휠체어로 이동하기 쉽도록 마련하고 있다.

3. 객실위치에 의한 분류

1) 아웃사이드 룸(Out Side Room)

호텔 건물의 바깥쪽에 위치하는 객실로, 외부의 경관을 내다볼 수 있는 전망 좋은 객실을 말한다. 하버뷰(Harbor View), 오션뷰(Ocean View), 비치 사이드(Beach Side), 마운틴 사이드(Maountain Side) 등으로 불리워지고, 전망에 따라 가격도 약간 높게 책정된다.

최근 유명 휴양지 호텔에서는 고객의 선호도를 고려하여 전객실이 전망이 좋은 외향객실로 만드는 곳이 증가하고 있다. 그 예로 경주 현대호텔의 경우, 보문 호수를 볼 수 있는 객실수를 늘리기 위해 가능한 한 S자형으로 건물을 건축하였다.

2) 인사이드 룸(Inside Room)

호텔건물의 내부 또는 뒤쪽에 위치하는 객실로, 외부의 경관을 볼 수 없는 객실을 의미한다. 저렴한 가격으로 판매되거나 단체관광객 또는 가이드객실로 배정하는 경우가 많다.

3) 커넥팅 룸(Connecting Room)

객실이 맞붙어 있으며, 객실과 객실 사이에 통하는 문이 있어 출입이 가능하도록 연결된 방을 의미한다. 객실은 주로 한쪽은 더블베드 룸(Double Bed Room)과 다른 한쪽은 트윈베드 룸(Twin Bed Room)으로 구성되어 있다.

4) 어드조이닝 룸(Adjoining Room)

인접된 객실, 즉 나란히 위치하는 객실을 의미하는데, 이 측면에서는 커넥팅 룸과 일치하나, 객실과 객실 사이에 문이 없다. 단체고객의 객실 배정시 가장 먼저 고려되는 객실의 형태이다.

제5절 호텔객실 수의 계산방법

1. 객실수에 의한 호텔의 규모

우리나라에서는 소규모 호텔, 중규모 호텔, 대규모 호텔로 구분하고 있으나, 일반적으로 100실 이하를 소규모 호텔이라고 하고, 100~300실 정도의 규모를 중규모 호텔이라고 하며, 300실 이상의 호텔을 대규모 호텔이라고 부른다. 미국의 경우, 50실 이하의 호텔을 소규모(Small Hotel)라 하고, 50~150실 정도 규모의 호텔을 중형 규모 호텔(Average Hotel)이라고 한다. 150~300실 규모의 호텔을 중형 이상 규모의 호텔(Above Average Hotel)이라 하고, 300~500실 정도 규모의 호텔을 대형 호텔(Large Hotel)이라 한다. 500실 이상의 호텔을 초대형 호텔(Mammoth Hotel)이라고 한다.

2. 유니트 객실수

호텔기업이 보유하고 있는 객실수를 대외적으로 공표하는 경우, 즉 호텔을 정부기관에 등록하거나 호텔의 판매촉진을 위한 광고를 하게 될 경우, 유니트 객실수(Number Of Rooms Unit)를 공표하게 된다. 이유는 호텔의 객실수가 호텔의 규모를 결정짓기 때문이다. 즉 유니트 객실수는 공칭(公稱) 색실수를 의미한다. 호텔의 전체객실에 대해 하나하나의 칸수를 한 단위객실로 계산하는 방법이다. 이는 대외적으로 공표된 호텔 전체객실이 아닌, 건축시 구성된 기본객실형태의 객실의 하나하나를 의미한다. 예를 들어, 한 층의 객실수가 16객실이나 총유니트객실수는 20객실이 될 수 있다. 이는 한 층에 2개의 유니트(Unit)로 구성된 하나의 스위트 룸(Suite Room)이 4개가 있다는 것을 의미한다. 스위트 룸은 2개의 보통객실로 판매하는 경우도 있다. 호텔의 임원숙소나 창고 등으로 사용되는 하우스

유스 룸(House Use Room)까지도 포함되는 객실수이다.

1) 총객실수

두 개의 객실로 구성된 스위트 룸을 단일객실로 간주하여 총객실수(Number Of Rooms Total)를 계산하는 것이다. 이 방법으로 계산된 객실수가 진정한 의미의 총객실수가 된다. 총객실수에도 임원의 숙소나 린넨 룸(Linen Room) 및 창고 등으로 쓰이는 하우스 유스(House Use) 룸을 포함하게 된다.

2) 판매가능 객실수

언제라도 원하는 고객에게 객실을 배정할 수 있는 판매가능한 객실수의 합계이다. 총객실수는 하우스 유스 룸을 포함한 객실수를 말한다. 판매가능 객실수는 하우스 유스 룸을 제외한 객실로 언제라도 판매할 수 있는 객실수를 의미한다. 아웃 어브 오더(Out Of Order)라는 고장난 객실이나 수리 중인 객실은 지금 당장 판매가 불가능한 객실일지라도 수리가 완료되면, 바로 판매가능한 객실이 된다. 그러므로 일반적인 영업에 있어서의 수익의 계산에 있어서는 판매가능 객실수로 계산하는 것이 일반적이다.

제6절 호텔객실요금의 종류

1. 공표요금(Rack Rate, Tariff)

공표요금(Tariff)이란 정규요금으로서 할인되지 않은 정상 또는 정찰요금이다. 공표요금은 호텔측에서 경쟁호텔의 요금, 판매성장률, 인건비, 물가상승 등 여러 가지 요인을 참고하여 공시하는 공표요금이며 풀 차지(Full charge) 혹은 풀 레이트(Full rate)라고 한다.

객실요금이 기재된 호텔 브로셔(brochure)를 룸 테리프(room tarieff)[1] 라고 하며, 테리프란 말은 본래는 수입한 물품에 붙게 된 관세율을 표기한 리스트(list)였으나, 지금은 호텔의 요금표를 의미하고 있다.

2. 특별요금(Special Rate)

호텔에서는 원칙적으로 공표요금을 적용하고 있으나 정책상 특별요금을 적용하는 경우가 많다. 특별요금(special rate)이란 객실요금을 무료로 제공하거나 혹은 할인해 주는 요금을 말한다.

특별요금은 총지배인이나 객실담당 임원에게 보고한 후 적용한다.

1) 무료요금(Complimentary)

호텔에서 경영상, 영업상의 정책으로서 특별히 접대해야 할 고객이나 호텔의 판매촉진을 목적으로 요금을 받지 않고 무료로 제공하는 경우를 컴프리멘트리(complimentary)라고 하며 특히, 컴프(comp)라고 표현하는 경우가 많다. 주로 컴프리멘트리를 적용받는 경우는 다음과 같다.

① 객실 무료숙박권 소지자(경품이나 프로모션용으로 호텔에서 제공)

② 여행사의 단체인솔 가이드 및 운전기사

③ 단체행사를 주관하는 행사담당자

④ 총지배인이 승인한 자 등이 이에 속한다.

1 미국에서 수입품에 부과시키는 관세율로 사용되던 것이 현재는 철도의 운임표, 호텔의 요금표로 사용하고 있음.

2) 할인요금(Discount Rate)

(1) 싱글 레이트(Single Discount Rate)

싱글 할인요금이란 고객이 싱글룸(single room)을 예약하고 예약확인까지 받은 상태에서 고객이 숙박당일 호텔에 도착했을 때, 호텔 측의 사정에 의해서 싱글룸 제공이 불가능할 경우 싱글룸보다 객실가격이 높은 더블룸(double room)이나 트윈룸(twin room)을 배정한 후 가격은 싱글룸을 적용하는 경우를 말한다.

(2) 비수기 요금(Season-Off Rate)

호텔은 연중 영업기간을 성수기(on season)와 비수기(off season)로 나누어 성수・비수기에 따라 객실판매 전략을 다르게 적용하게 된다.

국내의 호텔들은 봄・가을이 성수기에 속하며, 여름・겨울이 비수기에 속한다. 호텔은 비수기 영업활성화의 대책으로 정상요금에서 할인된 가격으로 고객을 유인하는 요금정책이며 간혹 경쟁호텔 사이에 지나친 과당경쟁을 불러일으키는 경우도 있다. 그러나 도심지에 위치한 호텔과 달리 휴양지 호텔은 여름피서철인 7~8월에 성수기를 이루고 스키장이나 레저시설을 갖춘 리조트호텔 역시 도심지 호텔과 반대적으로 가장 성수기를 맞이한다.

(3) 커머셜 요금 또는 코퍼레이트 요금(Commercial Rate or Corporate Rate)

호텔은 객실매출의 증대를 위해 특정기업체나 공공단체 또는 비즈니스 목적의 장기숙박객에게 정상요금에서 일정한 할인요금을 적용하여 판매하는 방식이다. 이것은 고객유치 전략의 일환으로 호텔 측에서 실시하는 할인요금정책으로서 일반적으로 객실수와 체재일수에 따라 10~30%의 할인율이 적용되는 경우가 많다.

공항근처에 위치한 호텔들은 항공사 직원을 대상으로 커머셜 요금을 실시하기도 하는데, 객실료, 세탁비, 각종 부대서비스 요금에까지 할인요금을 적용하며, 대신에 호텔측에서는 비수기에도 일정량의 객실을 지속적으로 판매하게 되는 장점이 있다.

(4) 단체할인요금(Group Discount Rate)

국제예행사, 국내여행사에서 송객하는 단체관광객이나 정무기관, 협회, 학회 등의 공공단체에서 개최하는 컨벤션 혹은 세미나에 참석하는 단체객에 대하여 할인되는 요금이다.

객실가격이나 객실의 현태에 관계없이 균일요금제도(Uniform Rate System)라 할 수 있는 표준객실요금이 적용되는 것으로 균일요금(Flat Rate)이라고 한다.

(5) 호텔 종업원 요금(Hotel Employee Rate)

체인호텔의 경우, 계열사 호텔에 근무하는 종사원에게 적용하는 요금이다. 할인을 받기 위해서는 사전에 예약이 필수이다. 주로 비수기에 활용하는 제도이며 이를 통해 호텔측에서는 비수기에 매출을 높일 수 있는 장점을 가지고 있고, 종사원들은 호텔체인에 대한 소속감과 애사심을 갖게 된다.

3) 추가요금

(1) 야간도착 요금(Midnight Charge)

미드나이트 차지(Midnight Charge)란 예약을 신청한 고객이 당일 영업을 마감한 이후 한밤중에 도착하거나 다음날 새벽에 도착했을 경우, 호텔측은 그 고객을 위하여 전날부터 객실을 판매하지 않고 기다렸으므로 야간요금을 징수하게 된다. 이러한 제도는 호텔의 퇴숙시간(Check-out Time)이 정오이므로 전날의 정오부터 다음날의 정오까지를 1일 객실요금으로 계산하기 때문이다.

(2) 홀드룸 차지(Hold Room Charge)

홀드룸 차지(Hold room Charge)란 숙박을 하고 있는 고객이 단기간의 여행을 떠나면서 수하물을 객실에 남겨두고 떠나게 되면 고객이 그 객실을 계속해서 사용하는 것이 되므로 객실료는 고객의 청구서에 계산되고 봉사료와 세금도 동일하게 가산되는 요금이다.

(3) 보장예약 요금(Guaranteed Reservation)

고객이 보장예약으로 객실을 예약하고, 고객이 항공기나 개인의 사정으로 호텔도착이 늦어져 그 객실을 다른 사람에게 판매하지 않고 보류시킨 경우 요금을 부과하는 형태이다.

(4) 초과요금(Over Charge)

초과요금(Over Charge)이란 호텔이 정하고 있는 퇴숙시간(Check Out)을 넘겨 객실을 사용할 때 부과되는 요금으로서 시간을 기준으로 요금이 부과된다. 호텔의 판매정책에 따라 체크아웃 시간을 2~3시간 정도 연장해 주거나 특별한 고객들에게 초과요금을 부과하지 않는 경우도 있다.

(5) 3인요금(Third Person Charge)

일반객실은 2인용이나 가족이나 동료가 함께 투숙하고자 할 때 보조침대(Exter Bed)를 비치하여 고객에게 제공되는데, 이때 보조침대 사용에 따른 요금을 말한다.

4) 취소요금(Cancellation Charge)

개인이나 단체가 객실예약을 한 후, 사정에 의해 당일 혹은 하루 전에 객실예약을 취소할 경우 호텔에서는 취소요금을 징수하게 된다.

	개인고객	단체고객(15인 이상)
3일전 취소	객실요금의 20% 부과	객실요금의 10% 부과
2일전 취소	객실요금의 40% 부과	객실요금의 30% 부과
1일전 취소	객실요금의 60% 부과	객실요금의 50% 부과
당일 오후 6시 이전 취소	객실요금의 80% 부과	객실요금의 80% 부과

이러한 규정은 호텔마다 차이가 있겠으나, 호텔의 숙박약관에서 정하고 있다. 단체예약의 경우 30실을 예약했으나 도착 당일 5실을 취소하고 25실만 사용하더라도 5실에 대한 객실요금을 징수하게 된다. 취소요금부과의 경우에는 호텔마다 다르지만 한달 전, 일주일 전, 하루 전, 당일의 취소에 따라 다르게 적용한다. 호텔에서는 캔슬차지(Cancel Charge)라고 표현하기도 한다.

5) 기타 객실요금

(1) 주간(분할)요금(Part Day Charge)

주간(분할)요금이란, Part Day Use 또는 Day Use로 표현되며 낮시간을 중심으로 객실을 이용하고자 하는 고객에게 부과시키는 요금인데, 일반적으로 1시간에서 6시간 동안 낮시간에 이용되는 대실요금을 말한다. 기업체들의 회의를 위하여 분할적으로 객실을 대여하여서 객실수익에 공헌하기도 한다.

일반적으로 6시간 이상 사용할 때에는 풀차지(Full Charge)가 적용된다. Day Use는 일반적으로 객실 정상가격의 50%선에서 요금을 책정하고 있는 추세이며, 오후 6시까지만 판매 된다.

(2) 가족 투숙객 혜택요금(Family Plan)

패밀리 플랜(Family Plan)이란, 부모와 함께 동행한 13세 미만의 어린이에게 엑스트라 베드(Extra Bed)를 추가로 넣어주되, 추가요금을 적용하지 않는 요금제도이다.

(3) 옵셔널 요금(Optional Rate)

옵셔널 요금(Optional Rate)이란, 고객이 호텔에 예약을 하는 시점에서 호텔의 내부사정으로 정확한 요금을 결정할 수 없을 때 사용되는 용어이다.

예를 들면, 다음해의 객실예약을 고객이 요청했으나 호텔에서는 다음해의 객실요금이 인상될 수 있는 경우를 대비해 객실요금의 결정을 미루게 되는 경우나,

예약신청자가 할인요금을 요구했지만 결정권자가 부재중이어서 요구사항을 결정할 수 없을 때의 미결정 요금을 의미한다.

(4) Up-Grading

업그레이딩(Up-Grading)은 업그레이드(Up-Grade)로 표현되기도 하는데 싱글할인 요금과 비슷한 의미를 가진다. 호텔이 고객과의 약속을 이행하지 못할 경우 고객을 예우하는 차원에서 예약한 객실보다 가격이 높은 객실을 제공하되, 객실요금은 당초 예약했던 객실요금을 적용하는 경우에 사용되는 용어이다.

(5) Down-Grading

업그레이드와 상반되는 개념으로 고객이 예약 신청한 객실보다 가격이 낮은 객실을 제공하는 경우이다. 고객의 기분이 상하지 않도록 호텔의 사정을 충분히 설명하며 객실을 배정한다. 당연히 객실요금은 사용하는 객실의 요금을 징수하게 되며 객실 내의 비품 등을 강화시키고 어메니티를 제공함으로써 고객의 불만을 해결해야 한다.

(6) House Use Room

하우스유스 룸(House Use Room)이란 임원의 객실로 사용되거나 호텔 내 사무실이 부족하여 객실을 사무실로 사용하는 경우, 또는 침구류 등을 저장하는 리넨룸이나 객실비품을 저장하는 스토어 룸을 의미한다. 호텔 자체에서 사용하기 때문에 객실요금은 계산되지 않는다.

제5장

{호텔객실 예약서비스 업무}

Flow Chart

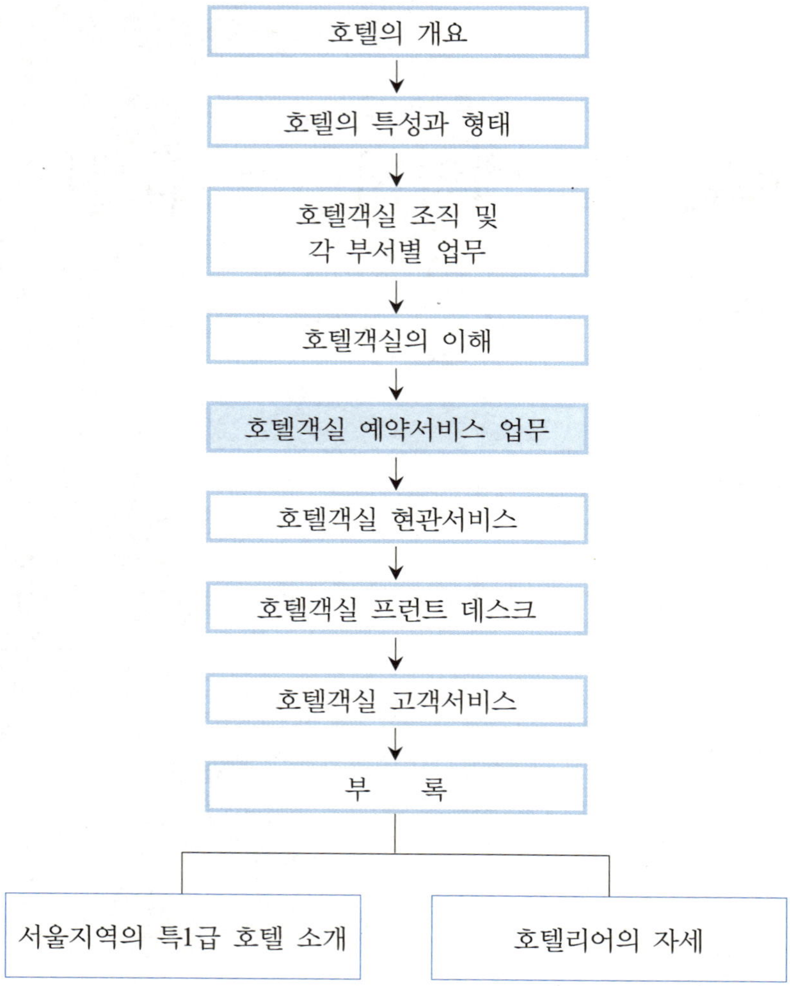
호텔의 개요
호텔의 특성과 형태
호텔객실 조직 및
각 부서별 업무
호텔객실의 이해
호텔객실 예약서비스 업무
호텔객실 현관서비스
호텔객실 프런트 데스크
호텔객실 고객서비스
부 록
서울지역의 특1급 호텔 소개
호텔리어의 자세

예약(Reservation)은 고객과 호텔 간의 숙박시설 사용에 대한 상호약속을 의미한다. 호텔객실 부서의 가장 중요한 업무는 고객이 객실예약을 원할 경우 이의 요구조건에 부합하는 최적의 객실을 제공하는 것이다.

호텔상품은 일반제품과는 달리 비저장성의 특성으로 인해 재고가 없으므로 예약을 하지 않으면 거래가 성립되기 어렵다. 호텔기업의 특성 중 하나는 연중무휴로 운영되어야 되며, 장기적으로 지속적인 영업운영을 위하여서는 책임 있고 정확한 예약 처리가 필요한 것이다.

예약은 숙박 희망자의 요청을 받아들여 숙박예약을 성립시키는 첫 번째 거래이다. 그리고 객실 판매는 호텔에서 전반적인 영업실적을 크게 좌우하고, 식음료 및 부대서비스 상품판매와 밀접한 관계를 맺고 있어 호텔에서 매우 중요한 부분이다. 또한 등록은 고객이 예약을 한 다음 호텔에서 숙박을 하는 약속을 이행하는 것이므로 호텔이 고객과 처음으로 접촉하는 것으로 호텔 업무에서 매우 중요하다.

예약은 여러 경로에 의해 이루어진다. 그러기 때문에 정확한 접수와 기록, 정리 및 보관이 필요하며 이런 과정을 통해 고객에게 불이익이나 불편함이 없도록 세심한 주의가 필요하다. 고객에게 호텔의 이용은 예약을 신청한 시점에서부터 고객이 호텔에 투숙하여 모든 비용이 지급하고 떠날 때까지이다. 따라서 정확한 업무처리능력이 요구된다.

컴퓨터 예약시스템(Computer Reservation System)이 도입되기 전에는 객실예약부서의 업무는 단순히 판매가능한 객실의 정보제공에 불과하고 예약을 받는데 급급했지만, 컴퓨터시스템의 도입으로 객실판매에 대한 대부분의 권한이 객실예약실로 넘어갔다.

최근 인터넷과 국제적인 예약망의 도입과 확충, 그리고 인터넷의 보급과 발전 등으로 객실예약 업무의 중요성은 더욱 커져가고 있다. 이러한 이유로 최근의 호텔들은 객실예약부서를 호텔 내 마케팅 또는 판촉부서에 귀속시키는 추세에 있다. 객실예약에 있어서는 일단 일별, 요일별, 월별, 계절별 성수기, 비수기 등에 관한 예약 사이클과 자료를 기준으로 고객예약을 예측할 수 있어야 하며, 최근의

시장 동향과 주변 환경을 기준으로 한 객실예약을 잠재적으로 예측할 수 있어야 한다.

제1절 호텔객실 예약업무

객실예약의 사전적 정의로는 '호텔을 이용하고자 하는 고객들이 몇 개월에서 하루 이틀 전까지 고객들이 실제로 호텔에 도착하기 전에 통신이나 여행사 또는 직접 객실이용을 약속하는 것'을 말한다. 호텔과 고객 간의 계약을 형성하며, 예약을 의뢰한 시점에서 고객이 호텔을 떠날 때까지, 즉 지불관계를 완전히 해결할 때까지 지속된다고 볼 수 있다. 따라서 항상 고객에게 호감이 가는 언어와 정확한 업무처리능력이 요구되며, 외국인 고객에 대비하여 외국어에도 능통하고 다양한 호텔 내 · 외적인 정보를 제공할 수 있도록 하여야 한다.

예약서비스의 주요업무를 요약하면 다음과 같다.

- 예약의 접수 및 변경
- 예약 확인서 발송
- Over Booking(초과예약)[1]의 조절 및 통제
- No-Show[2]관리
- 고객이력관리
- Forecasting관리
- 마케팅활동을 위한 기초자료 작성

1 객실점유율(Room Occupancy)을 높이기 위하여 No Show, Cancellation을 대비하여 객실수보다 초과하여 예약을 받는 것으로서 호텔예약부서에서는 매우 중요한 업무 중의 하나이다. 호텔마다 다르지만 일반적으로 10~15% 정도를 초과해서 받는다.

2 예약을 해놓고 예약취소도 하지 않고 나타나지 않는 고객.

제2절 객실 예약의 이해

1. 객실 예약의 형태

호텔객실 예약은 크게 보증예약과 비보증예약으로 구분된다.

1) 보증예약(Guaranteed Reservation)

호텔의 정당한 예약취소(Cancellation)[3] 절차에 따라 취소된 예약을 제외하고 고객이 호텔투숙에 관계없이 예약된 객실에 대해서는 객실요금을 지불하고 대신 호텔에서는 객실을 보장하는 예약의 형태를 의미한다. 보증예약의 수단은 요금선불[4], 신용카드[5], 보증금[6], 여행사 지급보증, 계약회사 지급보증 등이 있다.

2) 비보증예약(Non Guaranteed Reservation)

호텔에서 제시한 도착 예정시간 또는 체크인 시간에 고객이 도착하지 못할 경우 예약은 자동적으로 취소가 된다. 그렇기 때문에 고객에게 정해진 시간에 도착하지 않으면 자동적으로 취소가 된다는 사실을 인지시켜 주어야 한다. 통상적으로 도착 당일 18시 이후에는 호텔이 임의로 자동취소할 수 있다.

2. 객실예약의 신청경로

호텔 객실예약은 크게 온라인 객실유형과 오프라인 객실예약 유형으로 구분

3 예약을 하였는데 고객의 사정으로 예약을 취소 통보한 고객.

4 Prepayment. Paid-In-Advance : PIA : 요금전액을 미리 현금으로 지불.

5 예약시 고객의 신용정보를 미리 획득하여 No-Show 발생시 카드회사에 청구.

6 객실예약 기타 부대시설의 예약을 위해 일부금액을 고객이 미리 지급하는 선수금으로 호텔에서는 선수보증금(Advance Deposit)이라고도 한다.

할 수 있으며, 온라인 객실유형에는 글로벌 유통시스템(GDS : Global Distribution System), 호텔 중앙 예약시스템(CRS : Central Reservation System), 호텔예약대행회사, 온라인 여행사, 인터넷을 통한 객실예약전문회사 등이 있으며 오프라인 객실 유형에는 여행사, 판촉부 그리고 호텔 객실 예약부를 통한 예약이며 객실 예약부서에서 담당하는 수단은 전화/팩스, 편지와 방문 등을 통한 예약방법이다.

1) 온라인 예약

신속한 예약과정을 통한 비용을 절감할 수 있고 실시간 확인이 가능하며, 사람을 통해 발생될 수 있는 실수를 줄일 수 있으며 정확하고 세부적인 제품정보가 예약초기에 제공되기 때문에 온라인을 통한 예약방법은 꾸준히 늘어가고 있는 추세이다.

(1) 글로벌 유통시스템(GDS : Global Distribution System)

세계적인 4개의 예약시스템은 갈릴레오(Galileo)/아폴로(Apollo), 월드스팬(Worldspan), 세이버(Sabre), 아마데우스(Amadeus)가 있다. GDS는 인터넷이 발전하면서 전 세계 관련정보를 공유하는 형태로 발전하면서 여행사의 상품 판매에 매우 효과적이고 중요한 유통수단으로 자리잡게 되었다. 또한 지속적인 발전을 통해 여행사에서 항공권의 예약 및 판매와 호텔객실 예약, 렌터카 등을 보다 용이하게 이용할 수 있다.

(2) 호텔 중앙 예약시스템(CRS : Central Reservation System)

CRS란 컴퓨터화된 예약시스템으로 판매와 경영을 목적으로 하는 호텔 예약시스템을 말한다. 최초의 등장은 미국항공사인 American Airlines에서 개발한 자사의 중앙 집중 예약시스템인 세이버(Sabre)였다. 호텔의 시초는 홀리데이 인(Holiday Inn)에서 개발한 홀리덱스(Holidex)시스템이다. 호텔 체인마다 자사고유의 CRS 개발에 많은 투자를 하였으나 호환성이 없어 불편함을 겪게 되었다. 정보기술의 발달과 함께 1980년대 말부터 다양한 기능을 갖추었지만 한 차원 승격시켜 GDS로 명칭을 변경하였다.

(3) 인터넷

호텔 웹 예약시스템은 호텔 자체에서 제작한 홈페이지를 이용하여 사용할 수 있는 예약시스템이며 고객들은 예약시스템을 통해 예약확인이 가능하다. 많은 호텔들이 이미 웹사이트를 구축하여 온라인 예약에 필요한 정보를 제공하고 있다. 인터넷을 통한 판매는 중간매개체에 불필요한 수수료를 없애 비용의 절감효과를 가지고 있으며, 또한 고객입장에서는 전세계에 인터넷이 가능한 곳 어디서나 또한 언제든지 웹사이트에 접속하여 호텔의 부대시설, 식음료시설 뿐만 아니라 객실을 미리 사진으로 볼 수 있는 장점이 있다.

2) 오프라인 예약

(1) 전화 예약

전화를 통한 예약은 예약접수 수단으로 가장 많이 이용되고 있다. 전화는 무엇보다 원하는 정보에 대하여 신속하게 문의하여 커뮤니케이션을 할 수 있는 장점을 가지고 있다. 하지만 시차, 전화비용, 의사소통의 문제 등의 단점도 가지고 있다.

(2) 팩스 예약

전화보다 정확하고 해외예약의 경우 더욱 많이 사용된다. 이는 해외에서 전화를 할 경우, 언어의 소통이라든지, 혹시 잘못되게 되는 오류를 방지할 수 있어서 널리 사용되고 있다. 또한 단체고객의 예약의 경우 구체적인 내용을 한꺼번에 정확히 전달할 수 있다는 장점이 있다.

(3) 방문 예약

고객이 직접 호텔을 방문하여 예약하는 경우인데, 이러한 경우에는 고객이 직접 객실시설을 확인하고자 하는 경우가 많다. Room Show[7]를 통하여 호텔객실의 시설과 호텔의 전반적 분위기를 고객에게 충분히 인지시킬 수 있다는 장점을 가지고 있다.

(4) 편 지

과거의 투숙한 경험이 있는 고객이 호텔에 비치되어 있는 엽서나 편지를 통해 예약을 하는 경우로 충성도 높은 고객의 확보에 도움을 준다.

(5) 여행사

여행사를 통한 예약은 호텔과 여행사 간의 사전 계약에 의해 예약이 이루어지는데, 비수기의 경우 여분의 객실을 처분할 수 있는 장점이 있으나 수수료, 지급방식 등의 문제가 발생될 수 있다.

(6) 판촉부서

호텔 판촉부서에 의한 예약으로 호텔을 많이 이용하는 기업이나 관공서와 계약을 맺고 일정에 할인이나 특별 서비스를 제공하여 예약을 받는다.

3. 객실 예약의 종류

(1) 일반 예약

호텔과 아무런 계약의 없는 기업이나 개별고객(FIT)[8]의 예약으로서 실제로 일반고객의 예약은 객실판매에 대한 평균요금을 향상시켜주지만 예약률은 그렇게 많지 않다. 일반적으로 공표요금(Rack Rate)[9]을 기준으로 객실요금을 받는다. 호

7 호텔의 객실시설을 직접 고객에게 보여주는 서비스.

8 Free Independent Tour의 약어로 개별고객.

9 호텔에서 책정한 할인되지 않은 공식화된 객실요금.

텔객실 상황에 따라 일정부분 할인을 해주는 경우도 있다. 일반적인 개인고객(FIT) 예약시 예약방법으로는 ① 고객이 객실예약을 원할 경우, 가장 먼저 투숙날짜의 객실상황을 체크한다. ② 예약슬립에 의하여 예약사항을 기입한다. ③ 객실할인은 호텔 내부규정에 의하여 적용한다. ④ 예약날짜에 객실이 만실에 가까우면 예약선수금(Deposit)[10]을 받아 노쇼 게스트(No Show Guest)를 막아야 한다.

(2) 회원제 예약

호텔에 회원으로 등록한 고객의 예약으로 할인율도 높고 특별한 일이 아니라면 그 호텔에 꾸준하게 예약을 하게 된다. 회원은 크게 유료회원과 무료회원으로 나뉜다. 유료회원은 할인율도 높고 투숙 시 일정한 접대물이 제공되며, VIP로 취급받는다.

무료회원은 호텔을 자주 이용함으로서 지배인의 추천으로 회원이 되며 최근에는 호텔 간의 과당경쟁으로 이러한 회원등록에 일정한 기준 없이 남발되어 진정한 충성도를 갖는 고객과 구분 없이 마구 발급해주는 경우도 있어 이에 대한 자제가 필요하다.

(3) 계약 기업체간의 예약

호텔은 주변의 개별기업과의 지속적인 관계유지와 서로의 이익과 편의를 위해서 양자 간의 계약을 체결하고 기업의 이용 빈도와 실적에 따라 할인과 우선적인 객실예약 배당을 해주는 혜택을 제공해주고 있다. 특히 서울이나 대도시 주변의 호텔은 대부분이 상용호텔의 고객으로서 이들이 차지하는 비중이 매우 크기 때문에 중요하게 취급해야 할 고객들이다.

10 선수보증금(Advance Deposit), 객실예약 기타 부대시설의 예약을 위해 고객이 미리 지급하는 선수금.

(4) 여행사 단체예약

일반적으로 단체예약은 그 할인율이나 객실배정에 따른 전체적인 균형을 유지하기 위해 객실예약의 그룹담당에서 예약업무를 처리한다. 이러한 여행사의 예약은 요일별, 성·비수기의 할인율이 차이가 있고 대체로 객실 할인율이 크기 때문에 비수기에는 호텔의 매출에 크게 기여하지만 성수기에는 어느 정도 제한을 두게 된다. 호텔에서 보면 단체고객은 많은 객실을 한 번에 판매할 수 있는 장점을 가지고 있다. 특히 최근 컨벤션이나 이벤트 행사가 많이 유치되고 있어 여행사뿐만 아니라 대형행사를 위한 고객이 증가하고 있어 이러한 예약의 유치에 노력하여야 할 것이다.

단체고객 예약시 예약방법은 다음과 같다.

- 단체고객의 예약슬립은 별도로 준비한다.
- 일반적으로 15실 사용기준을 단체로 규정한다.
- 객실, 식사, 부대시설 등의 이용요금 중에서 인솔자가 지급하는 부분과 개인이 지급하는 부분을 명확히 구분한다.
- 단체의 경우 인원변동 등 가변사항이 많아 도착예정 일주일 전에 확인작업(Conform)을 해야 한다.
- 예약이 가능할 경우 단체명, 식사예정, 도착시간, 여행일정표(Itinerary) 등을 문의하여 기재한다.

(5) 패키지 예약

패키지(Package)란 호텔마케터 또는 호텔상품 기획자가 주체가 되어 실시하는 판매촉진수단의 하나다. 패키지를 통해 고객은 숙박을 포함해 식·음료 및 편의시설을 즐길 수 있다. 말하자면 일종의 '종합선물세트'인 패키지는 지급능력이 있는 불특정 다수를 대상으로 판매하는 호텔상품이다. 호텔은 계절별 비수기나 전체적인 호텔의 이미지 향상과 타 업장과 연계한 매출의 효과를 극대화하기 위하여 다양한 이벤트와 패키지를 내놓는다. 객실예약에서는 이러한 패키지의 특성과 장점을 고객에게 알리고 이에 대한 홍보역할을 하여야 하며 예약을 유치하여야 한다.

4. 예약접수의 절차

예약접수란 호텔에서 고객의 주문에 의해 객실을 비롯하여 여러 상품을 판매하기 위한 계약행위라고 할 수 있다. 고객은 숙박기간 동안 예약한 내용을 따라 숙박하게 된다. 따라서 예약접수시에 예약담당자는 예약카드에 반드시 해당고객이 호텔에 체재하는 동안 만족할 수 있도록 하기위해 내용을 정확히 기록해 두어야 한다.

호텔을 방문하는 고객들은 다양한 사고방식과 여행형태, 국적을 갖고 있기 때문에 예약카드의 기재사항은 표준화되어 있어야 하고 보기에 간단하고 명확해야 한다.

호텔 객실 예약에 있어서 가장 중요한 것은 고객의 요구조건에 맞는 최적의 객실을 배정하여 제공하는 것이다. 이를 위해 컴퓨터 예약시스템의 활용이 이루어져야 하며, 예약담당자의 신속하고 정확한 업무처리와 고객의 입장에서 접객하는 친절하며 공손한 자세가 요구된다.

예약을 할 때는 다음과 같은 원칙을 지켜야 한다.

첫째, 고객이 요청한 예약은 예약책임자 또는 프런트 오피스 책임자가 수락하거나 거절하여야 한다. 둘째, 수락 또는 거절이 결정된 내용을 예약신청자에게 통지하여야 한다. 셋째, 예약책임자에 의해 결정되어 고객에게 통지되어 확인된 상태를, 객실을 직접 판매하는 프런트 데스크 직원에게 정확하게 전달하여야 한다. 넷째, ① 접수된 예약의 조정과 오차의 최소화, ② 예약요청에 대하여 최대한의 적절한 객실 확보, ③ 전체 예약 조정의 수행을 위해 예약취급과 기록 유지를 제도화하여야 한다.

1) 예약접수 준비단계

예약접수를 받기 위해서 담당자는 사전에 객실상황 및 예약객실을 확인해 두어야 한다. 이외에도 고객이 요청하는 객실 형태별, 위치별 판매가 가능한 객실이 어느 정도 확보되어 있는지 숙지하고 있어야 한다. 뿐만 아니라 고객에게 정확한 정보를 제공하기 위해 전반적인 호텔상품[11]에 대해 숙지하고 있어야 한다.

예약접수 진행과정 첫째, 객실예약이 가능할 경우 고객의 사전 사용 여부 등 고객의 이력(Guest History)을 검토하고, 예약수락 및 조건을 협상한다. 그 후 예약 확인번호를 알려주고 확인서를 제공한다.

둘째, 객실예약이 불가능할 경우 호텔객실 의뢰에 대해 감사를 표시하고, 타 호텔을 추천하여 준다. 추후 당해 호텔을 사용토록 관리한다. 즉 잠재고객으로 관리한다.

2) 예약 접수단계

(1) 고객기록파일 작성

① 신규고객의 경우 : 고객카드(고객 파일 : Guest File)를 새로이 작성한다.

② 재방문고객의 경우 : 기존에 있던 고객카드를 찾아 예전 사용 기록을 확인한다.

③ 여행사/회사를 통한 개인고객의 경우 : 투숙객 입장에서는 개인고객이지만, 호텔의 입장에서는 여행사 단체고객으로 간주한다. 예약고객카드의 고객 성명란에는 투숙객이 아닌 여행사 고유번호와 예약번호가 적혀 있으며, 식사관례가 명시되고 지불방법도 언급되어 있다.

④ 여행사/회사를 통한 단체고객의 경우 : 협회, 공기업, 학교, 학회, 회사, 여

11 ① 객실의 종류, 숫자, 요금, 객실 내의 시설물, ② 호텔의 식당 및 부대시설의 종류와 요금, ③ 호텔의 전반적인 계절별, 시즌별 안내사항, ④ 여행사, 기업체, 카드사, 호텔의 회원 등과의 객실이용에 관한 계약사항 등, ⑤ 호텔의 패키지(Package)상품, 프로모션(Promation)상품, 이벤트(Event)상품 등, ⑥ 주변관광지 및 교통편.

행사 등을 통해서 국제교류, 국제회의, 학술세미나,. 관광여행 등을 이유로 15~20인 이상이 동시에 투숙하므로 취급되는 예약형태는 주로 단체나 여행사의 이름으로 별도의 협의된 요금과 조건으로 예약이 이루어진다.

(2) 예약요청서(reservation request slip) 기록 및 예약요청서 작성 기재사항

예약시 예약카드에는 다음 사항이 기재되어야 한다. 예약슬립(Reservation Card)은 고객의 예약상황을 표시해 놓은 것으로 고객이 체크인 시 작성하는 숙박등록카드(Registration Card)와 다르다.

- ARR Date : 도착예정일
- DEPT Date : 출발예정일
- NO.ROOMS : 이용하는 객실의 수량
- 인원수 : 투숙하는 투숙객의 인원
- Rate : 이용하는 객실의 요금(Net 요금으로 기입)
- Guest Name : 투숙객의 성함(Last Name과 First Name을 같이 받는다)
- BILLING INFO : 지급관계에 관한 내용(지불방법)
- Request By : 예약한 회사의 회사명과 예약자, 연락처를 기입
- Remark : 예약고객의 특별한 요청사항이나 체크인시 중요한 사항을 기입한다.
- V : VIP를 의미(VIP 여부 및 제공할 물품의 종류(와인, 꽃바구니, 과일 초콜릿 등 예약슬립에는 다음과 같은 항목을 기준으로 작성된다)
- CONF : 예약을 확인한 날짜
- ARR Time : 체크인 예정시간으로 일반적으로 Flight No.를 기재하는 경우가 많다.
- 접수자 성명
- 특별요청(어린이 동반, 아기용 침대, 장애인, 금연층 등) 및 기타 사항

GRAND
INTER-CONTINENTAL
SEOUL

RESERVATION REQUEST

☐ NEW RESERVATION
☐ MODIFICATION
☐ CANCELLATION

ARRIVAL DATE	TIME CARRIER FLIGHT #	DEPARTURE DATE	NO.ROOMS		ROOM (INDICATE TYPE) SUITE
GUEST NAME(S)	PLEASE PRINT FAMILY NAME, GIVEN NAME MR/MRS/MISS				RESERVATION TAKEN BY
# GUESTS ADULTS CHLD	₩ ________ ☐ COMP MUST HAVE APPROVAL	RESERVATION GTD BY: CC ☐ CO ☐ TA ☐ HOTEL ☐ CREDIT CARD # EXPIRATION DATE			
SPECIAL REQUESTS	BILLING INFO: ☐ PAYS OWN ACCOUNT ☐ BILL TO COMPANY		REQUESTED BY COMPANY: CONTACT NAME. TEL:		
VIP STATUS MUST BE APPROVED CIRCLE: V1 V2 V3 V4 V5	AUTHORIZED SIGNATURE FOR: ☐ VIP STATUS ☐ BILLING ☐ COMP ROOM		CRT INPUT CLERK	DATE	ACCOUNT #

Grand Inter Continental Seoul, 예약슬립

이상의 기재 내용의 주요한 사항은 다음과 같다.

① 투숙고객의 성명 및 숙박인원수

외국인의 경우 투숙고객의 성명은 Last Name, First Name, Middle Name의 순으로 기록하고, 인원수는 아라비아 숫자로 기록한다. 경우에 따라서는 대표 고객명을 적고 그 외 몇 명으로 기록하는 경우도 있다. 단체의 경우 소수 인원은 각자의 성명을 기입하고, 다수의 경우는 단체숙박 수배서에 기입하여 파일을 하여 둔다. 단체고객의 취급은 거의 판매부문으로 예약이 신청된다. 그러나 프런트 오피스로 직접 예약신청이 들어오면 예약담당자는 우선 지배인과 상담하여 결정한다.

② 투숙고객의 연락처

혹시라도 고객의 예약변경이 발생하거나 취소 또는 늦은 체크인이 발생할 경우를 대비하여 투숙고객의 연락처를 반드시 기록해 놓는다. 이는 추후 고객관리 시 생일이나 경조사에 카드를 보낼 때에도 사용된다.

③ 투숙고객의 소속

투숙고객의 소속을 기록하여 혹시 투숙고객이 소속된 곳에서 많은 고객이 방문하게 된다면, 그 소속된 곳과 추후 계약을 맺어 더 많은 고객을 유치할 수도 있다. 경우에 따라서는 투숙고객은 알고 있지 못하지만, 소속된 곳이 호텔과 계약을 맺은 관계일 경우도 있어, 이럴 경우는 고객에게 이행되는 혜택을 알려줌으로써 고객에게 보다 나은 서비스를 제공할 수 있다.

④ 투숙고객이 이용하는 교통수단과 편명

투숙고객이 이용하는 교통수단을 알아두면 교통사정에 의해 도착이 지연될 때 확인할 수 있다.

⑤ 예약자 성명 및 연락처

투숙고객이 직접 예약하지 않는 경우가 있기 때문에 예약한 사람의 이름 및 연락처를 반드시 기록하여 예약변경 및 취소시 예약상황을 확인할 수 있도록 하기 위함이다. 추후 고객이력카드(Guest History Card) 활용에도 도움이 된다.

⑥ 도착일자 및 도착시간

성수기에 호텔의 가동률을 높이기 위해 필수적으로 기록해야 할 내용이며, 객실의 준비를 위해서도 필요하다. 도착시각은 호텔에서 제공하는 셔틀버스의 운행을 위해 필요하며, 벨 데스크에서는 도착시간에 맞추어 맞이할 준비를 하게 된다.

⑦ 예상 출발일자 : 숙박일수(숙박기간)

새로이 투숙할 예약된 고객의 객실사용 관계 때문에 되도록 고객의 출발시각까지도 문의하여 기록한다. 호텔 퇴숙시간이 일반적으로 12시이기 때문에 사전에 고객에게 퇴숙시간을 알린다. 고객이 객실사용을 연장할 경우, 호텔약관에 명시된 요금을 부가적으로 적용하여야하므로 출발시각을 반드시 물어보아야 한다.

⑧ 사용객실의 종류와 사용객실수

고객의 취향에 따라서 선호하는 객실의 구조나 배경이 있기 때문에 객실의 종류는 반드시 물어보아야 한다. 객실번호를 고객에게 사전에 알려주는 것보다는 고객이 도착한 후 결정하여 알려주는 것이 좋다. 단지, 고객이 원하는 유형의 객실을 확보하고, 조정하여 두고, 객실번호는 미리 지정하여 두되, 고객에게는 층수 정도만 알려주는 것이 좋다.

⑨ 객실요금

객실을 예약한 고객에게 호텔의 객실요금을 설명한 다음에 고객이 원하는 객실요금에 알맞은 객실을 제공한다. 객실예약을 하는 경우는 될 수 있는 한 가격이 높은 객실부터 저렴한 요금의 객실 순서로 고객에게 안내한다. 고객이 호텔에서 계약을 맺은 회사이거나, 기타 호텔에서 고객에게 판매 차원에서 발행되는 특별카드(Special Card)와 같은 것을 소지하고 있는지를 확인하여 가격을 결정한다.

그리고 객실요금을 안내할 때는 반드시 세율과 서비스요금이 별도로 부가되는지의 여부와 그 비율도 알려주어야 한다. 미국의 경우, 주별로 호텔 객실요금에 부가되는 세율이 각기 다르게 적용되기 때문에 반드시 고객에게 그 세율을 알려주어야 추후 고객의 불만을 줄일 수 있다. 또한 추가로 사용하게 되는 별도의 침대나 추가 인원에 대한 요금까지도 알려주면 고객에게 도움이 될 수 있다.

⑩ 지불방법

회사가 숙박요금을 지불하는 경우에는 회사명, 소재지, 전화번호, 지불책임자, 지불일자 등을 상세히 기록해둔다. 신용카드 지불인 경우 사전에 카드를 판독해두어야 한다. 요금을 지불하는 곳이 여행사인 경우는 호텔과 계약한 여행사에 대해서만 예약을 취급하게 되는데, 이 경우 객실요금만의 지물 또는 식대까지 포함한 지불의 조건을 거는 경우도 있다. 여행업자는 이같은 예약을 투어번호(Tour No.)로 정리하고 있으므로 예약담당자는 이를 기입하여 둔다.

첫째, 예약신청시 정확한 객실요금을 적용할 수 없는 경우 이를 선택적 요금(Optional Rate)이라 하며, 미결정요금이라고도 한다. 이때 이를 접수한 후에 직속상관에게 보고하고, 만일 과거에 투숙한 경험이 있는 고객일 경우 과거 기록에 준하여 요금을 적용한다. 둘째, 예약에 있어서 지불조건이 정리되면 프런트나 예약담당지배인으로부터 확인서명을 받아둔다.

⑪ 접수자 성명

투숙고객이 체크인할 때의 예약내용과 다른 객실이 배정되었다거나, 혹시 변경 및 취소 등을 할 경우, 예약카드를 확인하게 된다. 따라서 고객이 예약한 내용과 다를 경우를 대비하여 항상 예약을 받았던 접수자의 성명을 명기하여 문제가 발생되었을 경우 담당자를 찾아 확인할 수 있도록 한다.

⑫ 특별요청(어린이 동반, 아기용 침대, 장애인, 금연층 등) 및 기타사항

투숙고객의 투숙상황에 따라 또는 기념일에 투숙을 할 경우를 대비하여 특별요청이 있을 때는 반드시 이를 기록하여 고객이 투숙하였을 경우, 만족할 수 있도록 미리 준비하여 둔다. 베개 혹은 특별 이불을 요청할 경우, 객실관리부에 연락하여 미리 준비하여 두어야 한다.

⑬ VIP 여부 및 제공할 물품의 종류(와인, 꽃바구니, 과일 초콜릿 등)

중요한 고객의 경우, 그리고 기념일에 투숙하는 고객을 위해 특별히 제공할 물품을 미리 기록해두어 고객에게 정확히 배달될 수 있도록 한다.

(3) 예약번호 부여 및 통보

호텔 객실을 예약한 수에는 반드시 예약번호를 부여하고 부여된 예약번호를 고객에게 통보한다. 대부분 예약문화가 보편화된 외국인의 경우, 체크인 시 예약상황에 대해 문의하는 종사원에게 고객의 성명 대신 정확하게 예약번호를 이야

기하는 경우가 종종 있다. 이는 정확성을 중시하는 외국인들의 특징이라고 볼 수 있다.

또한 예약번호는 만약 예약의 변경이나 취소가 발생하게 될 경우, 신속히 예약기록카드를 찾아 확인할 수 있도록 도와주기도 한다. 따라서 예약이 수락되었을 경우는 반드시 고객에게 정확히 예약확인번호를 통지한다.

(4) 예약기록카드의 보관

최근에는 호텔의 다양한 컴퓨터시스템을 통해 예약하고 관리하기 때문에 별도의 카드를 사용하지 않는다. 대표적인 시스템으로 HIS(Hotel Information System)와 피델리오 시스템(FIDELIO System)이 있다. 세계적인 체인호텔에서는 대부분 피델리오 시스템을 사용하고 있으나, 최근 업그레이드 된 오페라 시스템을 사용하는 곳도 있다.

(5) 특별 예약

① VIP 예약

예약접수 시 고객이 VIP로 판단되면 가능한 한 예약 책임자가 예약을 받도록 한다. 고객성명, 직위 및 직책, 회사, 객실종류, 일행의 여부, 고객의 취향 등 가능한 한 세밀하게 고객의 요구사항을 기록한다. 특히 도착시간 또는 항공편 등 교통수단을 반드시 받아둔다.

첫째, 등급 결정이다. 호텔의 규정에 의해 책임자가 결정한다. 기타 필요한 관계부서에 연락하고 도착 전 총지배인에게 보고한다.

둘째, 객실 지정(Room Block)이다. 특수층이나 특정 객실을 고객이 요구하면 그 객실을 블록(Block)시켜 프런트 데스크(Front Desk)나 키박스(Key Box)에 스톡카드(Stock Card)를 넣어 판매 시 주의토록 한다.

셋째, VIP 도착보고서 작성이다. 도착 하루 전 VIP 예약사항을 작성하여 총지배인, 식음부서, 당직지배인, 객실관리부 등 관련부서에 전달한다.

넷째, 대우 / 예우(Treatment)이다. 당일 도착 VIP를 선정 프런트 데스트에 의뢰하여 객실 배정을 받은 후 VIP 트리트먼트(Treatment)에 객실번호(Room No.), 과일, 꽃 등을 구분 기입하여 결제를 얻은 후 객실관리부, 룸서비스 등에 보내어 미리 준비한다.

다섯째, 환영카드이다. 당일 아침(공휴일은 2일 전)에 객실책임자가 총지배인에게 보고하여 환영카드에 고객명과 총지배인으로부터 카드에 서명을 받는다. 그리고 카드를 봉투에 넣어 객실관리부서, 룸서비스에 보내 과일, 꽃 또는 와인과 함께 셋업(set-up) 되도록 한다.

② 단체 예약

최소 1개월 전 예약이 이루어직 된다. 여행 대리업체의 경우 객실 수배 담당자가 전화 및 팩스로 예약을 한다.

첫째, 객실 보유현황을 확인한다. 주말 및 연휴에 많은 객실을 요구하고 있기 때문에 예약 시 객실 예약 현황에 주의를 기울여야 한다.

둘째, 여행 가이드 유무와 지불방법을 확인한다.

셋째, 단체의 성격을 확인한다. 객실만 사용하는지, 객실과 식사를 모두 사용하는지, 연회장까지 이용하는지를 확인하여 둔다.

넷째, 단체예약 내용을 확인한다.

- 단체명과 인원수
- 숙박기간
- 가이드 성명
- 지불조건의 확인
- 식사 예정표
- 특별 수배사항

다섯째, 단체예약 시 주의사항이다.

- 객실이 여유가 많더라도 주말 및 연휴는 보유객실의 40% 이상 단체예약을

받지 않는다.

- 50실 이상의 많은 객실 요구 시에는 예약책임자의 동의를 얻어야 한다.
- 예약 시 가이드 유무 및 계산방법(직불, 후불, 객실만, 객실과 식사 포함) 등을 확인하여 기록한다.
- 국제회의(Convention)가 있을 경우, 연회예약과 판촉부서에서 객실을 요구하며, 총지배인의 결제를 받아 특별요금을 적용시킬 수 있다.

(6) 예약변경

① 예약변경의 경우, 객실예약의 변경의 경우는 다음과 같다.

- 일정변경 : 도착일, 출발일의 변경 : 일정의 변경은 숙박일수가 변화되기 때문에 숙박일수가 축소될 경우는 별 문제가 없지만, 숙박일수가 늘어날 경우, 고객이 원하는 객실상황이 가능한가를 분명히 확인하여야 한다.
- 객실수 및 인원의 변경 : 사용객실수가 증가할 경우도 객실상황이 가능한가를 먼저 확인하고 변경가능 여부를 고객에게 알려주어야 한다.
- 객실종류 및 현태의 변경 : 객실종류를 변경할 경우, 고객이 원하는 객실종류의 예약이 가능한지 확인하고 고객에게 알려주어야 한다.
- 투숙객 변경 : 예약을 취소하는 것이 아니라 모든 예약조건은 동일하지만, 투숙하고자 하는 고객이 변경되는 경우다. 단, 국내 호텔의 경우 여름과 겨울에 내국인을 대상으로 하여 패키지 할인상품이 판매된다. 이때 내국인이 투숙하겠다고 하고 실제 투숙객이 외국이라면 변경이 불가능하게 된다.
- 지불조건 변경 : 신용카드 지불 및 현금 지불 등의 방법을 견경할 경우, 보증예약인지 아닌지 등을 확인해보고 변경하여야 한다.

② 예약변경 절차

- 예약번호 및 예약자 명으로 예약기록카드를 찾는다.

- 해당변경 내용의 객실이 사용 가능한지 그 여부를 확인한다.
- 예약변경 및 예약번호 재확인을 고객에게 안내한다.

(7) 예약 취소

① 예약취소 절차

- 예약번호 및 예약자 명으로 예약기록카드를 찾는다.

② 예약취소

- 취소자의 이름 및 취소자의 연락처를 기록한다. 이는 투숙고객은 전혀 알지 못하는 상황에서 다른 사람이 예약을 취소하는 경우가 발생하는 것을 방지하기 위함이다.
- 접수자 기록 : 잘못된 취소로 예약된 내용으로 투숙고객이 투숙을 원하고자 할 경우 그 내용을 확인하기 위함이다.
- 취소날짜 등을 기록한다.
- 단체 및 개인의 경우 취소요금 부가 여부를 결정하여 고객에게 안내한다.
- 선수금(Deposit)이 있는지 또는 보증예약으로 신용카드가 보증(Guaranteed) 되어 있는지를 확인하여 취소요금을 청구한다. 예약취소번호를 부여하고 이를 고객에게 안내한다.
- 예약취소기록을 보관한다.

(8) 초과예약(Over Booking)[12]의 경우

호텔의 경우 일정 비율의 초과 예약을 받은 후 예약을 마감(Close)해야 한다. 오전, 오후, 야간으로 시간이 지나면서 점차 정리한다. 예약변경, 취소, 당일예약

12 객실점유율(Room Occupancy)을 높이기 위하여 No Show Guest, CXL을 대비하여 객실수보다 초과하여 예약을 받는 것으로서 호텔예약부서에서는 매우 중요한 업무 중의 하나이다. 호텔마다 다르지만 일반적으로 10~15% 정도를 초과해서 받는다.

등으로 수시로 호텔 객실상황이 변하므로 자주 점검하고 통제하여야 한다.

호텔의 경우는 노 쇼(No Show) 및 예약취소, 빠른 출발(Early Departure) 등의 이유로 객실점유율 100%를 달성하기 어려운 점을 감안하여 대개 10~15% 범위에서 보유객실보다 초과하여 예약을 접수할 수 있도록 하고 있다.

① 객실 유형별 객실부족의 경우

남아 있는 객실을 고객에게 정중히 권유한다. 단, 초과 예약은 10%선을 넘지 않도록 한다. VIP나 단골고객의 경우 우선적으로 객실을 배정한다.

② 특별객실(전망 좋은 층 등) 요구 시 객실 부족의 경우

예약상황을 공손하게 설명하고, 다른 객실을 정중히 고객에게 추천한다. 고객이 응하지 않을 경우, 당일 체크인 시 노 쇼나 취소로 객실상황이 여유가 있을 수 있으므로 프런트 데스크에 문의한다. 단, VIP나 단골 고객 등 중요한 고객은 초과 예약으로 접수를 받는다.

③ 전체 객실 부족의 경우

객실부족에 대해 고객에게 사과하고, 주변의 호텔로 턴 어웨이(Turn Away) 방안을 모색한다.

- 객실예약 우선순위
  - 1순위 : VIP
  - 2순위 : 재방문 고객(Repeat Guest)
  - 3순위 : 거래회사 고객
  - 4순위 : 판매 프로모션(Sales Promotion)
  - 5순위 : 기타

(9) 선수금(Deposit)

호텔객실을 예약하면서 사전에 객실요금의 전부 또는 일부를 지불하는 것을 말한다. 성수기나 연휴 등 객실이 부족할 경우와 노쇼를 방지하기 위하여 예약담당자가 요구하는 경우, 고객의 객실예약 확인 및 타인의 객실료 지불을 위해 선수금을 받게 된다.

선수금의 종류는 다음과 같이 구분할 수 있다.

① 예약담당자 요구에 의한 선수금

성수기, 연휴 및 주말, 늦은 체크인(Late Check-In) 시 단체예약 등에 주로 예약 선수금을 받는다. 단골고객이나 VIP또는 신원이 확실한 고객에게는 선수금을 요구하지 않으며, 선수금은 통상 하루분의 숙박료 전액을 징수함을 원칙으로 한다.

② 고객요구에 의한 선수금

고객이 객실예약 시 객실지정을 하거나 특별한 형태의 객실을 확약받고자 지불하는 경우에 지불한다. 그 외에 타인의 객실료를 지불하고자 할 경우도 선수금을 지불한다.

③ 선수금 취급 요령

고객이 선수금을 지불하면, 예약담당자는 선수금 영수증(Advance Deposit Receipt Slip)을 작성하여야 한다. 4매로 복사되어 있는 영수증을 1매는 예약계, 2매는 회계과에 예약선수금과 같이 제출한 수장부에 서명을 받는다. 1매는 고객에게 전달한다.

④ 예약취소 및 선수금 반환요청

예약을 취소하며 선수금 반환을 고객이 요구할 때는 고객이 도착하기 1일 전까지는 전액을 반환하며, 당일 취소의 겨우는 50%의 요금을 반환한다. 당일이

지난 후 취소 반환요구 시에는 원칙적으로 거절한다. 이때 이 금액은 경리부에서 기타수입으로 처리하게 된다.

(10) 마케팅 활동을 위한 자료관리

예약부서는 일정기간 영업을 예측하는 예측보고서, 예약과정에서 얻은 고객 정보를 판촉활동과 연계시키는 판촉의 기초정보보고서, 투숙객의 동정에 관한 고객이력 관리보고서 등을 자료화 하여 관련부서 또는 상사에게 보고한다. 이렇게 함으로써 타부서의 업무를 지원할 수 있다.

① 예측보고서(Forecasting Report)

호텔매출의 극대화를 위해 각 부문이 일별, 주별, 월별, 연별, 중기, 장기계획을 세우게 되는데, 모든 계획의 기본은 매출과 객실점유율의 예측에서부터 시작된다. 당해 호텔이 실제 예약뿐만 아니라 경쟁사, 연휴, 비즈니스의 흐름 등 주요 환경적 요인을 최대한 고려하여 수정된 예측보고서를 작성하여 배부한다.

일반적으로 가장 기본적 자료로 작성되는 것은 일별, 주별, 10일간, 월별 예측보고서다. 예약 책임자와 객실영업 지배인은 객실점유율과 매출에 대한 예측보고서(Rooms Forecasting Report)를 작성하여 부서장회의나 일일영업지배인 회의에 보고함으로써 타 영업부서의 영업준비 및 인력수급과 지원부서의 구매활동, 자금조달, 범 호텔적 행사 일정관리의 기초자료를 제공하게 된다.

② 판촉활동 기초정보 제공

예약의 원천을 파악하여 잠재시장을 파악하고 이를 기초로 전체 호텔 매출의 극대화를 꾀하게 된다.

③ 고객이력관리(Guest History Management)

많은 호텔들은 우수고객(Royal Customer) 확보를 위해, 사용고객 우대 프로그램, VIP카드 발급, 비서클럽 관리, 멤버십 제도 등으로 관계 마케팅을 적극 활용하여 재고객(Repeat Guest) 창출에 많은 자원, 시간, 인력을 투입하고 있다.

고객의 예전 투숙에 대한 정보, 기호 및 취향, 요청사항, 과거실적에 대한 정보를 세세히 관찰하여 기록해두는 고객이력관리는 단골고객 및 호텔에 충성도가 높은 고객을 확보하는 가장 좋은 방법으로 활용되고 있다.

호텔 예약 담당직원의 상담방법과 예약순서

1. 전화예약 고객에게 회원 여부와, 회원인 경우 회원번호를 확인한다. 비회원인 경우, 회원가입 및 회원에게 제공되는 혜택에 대해서 더 많은 정보를 희망하는지 물어본다.
2. 전화예약고객이 이전에 우리 호텔에 투숙한 적이 있는 경우, 예약담당자는 고객의 호텔 이용내역을 참조하면서 우리 호텔을 다시 이용하는 데 대하여 고객에게 감사한 마음을 전한다.
3. 이전에 우리 호텔을 이용한 적이 없는 경우, 호텔의 위치와 특성을 성의 있게 설명한다.
4. 예약일자가 주어지면 예약담당자는 먼저 등급이 높은 객실을 다채롭게 소개한 후, 일반객실을 소개한다.
5. 예약담당자는 객실과 레스토랑, 비즈니스센터, 레저시설 등에 대하여 상세한 정보를 갖추어 고객에게 효과적으로 안내할 수 있어야 한다.
6. 예약번호 등 예약에 관련된 모든 자세한 사항들을 고객에게 반복하여 말해 주고, 개런티 규정 및 취소규정에 대해서도 언급한다.
7. 예약담당자는 지금까지의 통화내용 대로 예약을 해도 될지에 대하여 고객에게 허락을 구하고 고객의 답변을 기다린다.
8. 통화보류시 매 30초마다 통화를 연결하여 계속해서 통화를 기다릴 것인지, 메시지를 남길 것인지, 나중에 전화연락을 받을 것인지 고객이 선택하도록 한다.
9. 다른 부서로 전화를 돌려달라고 하는 고객에게는 어느 직원과의 연결를 원하는지 확인하고 통화내용은 듣지 않는다.
10. 객실 점유상태로 인하여 고객이 희망하는 객실을 이용할 수 없을 때, 예약담당자는 다른 형태의 객실이나 다른 날짜를 선택할 수 있도록 안내하거나, 대기자 명단 또는 자매호텔 이용을 권한다. 그 외 다른 대안이 없을 때 인근의 다른 호텔 이용을 권한다. 예약실 주변 소음방지에 신경쓴다.

자료 : 그랜드힐튼호텔 서울의 예약매뉴얼 참조 작성

〈표 5-1〉 호텔예약의 순환도(Reservation Floor Chart)

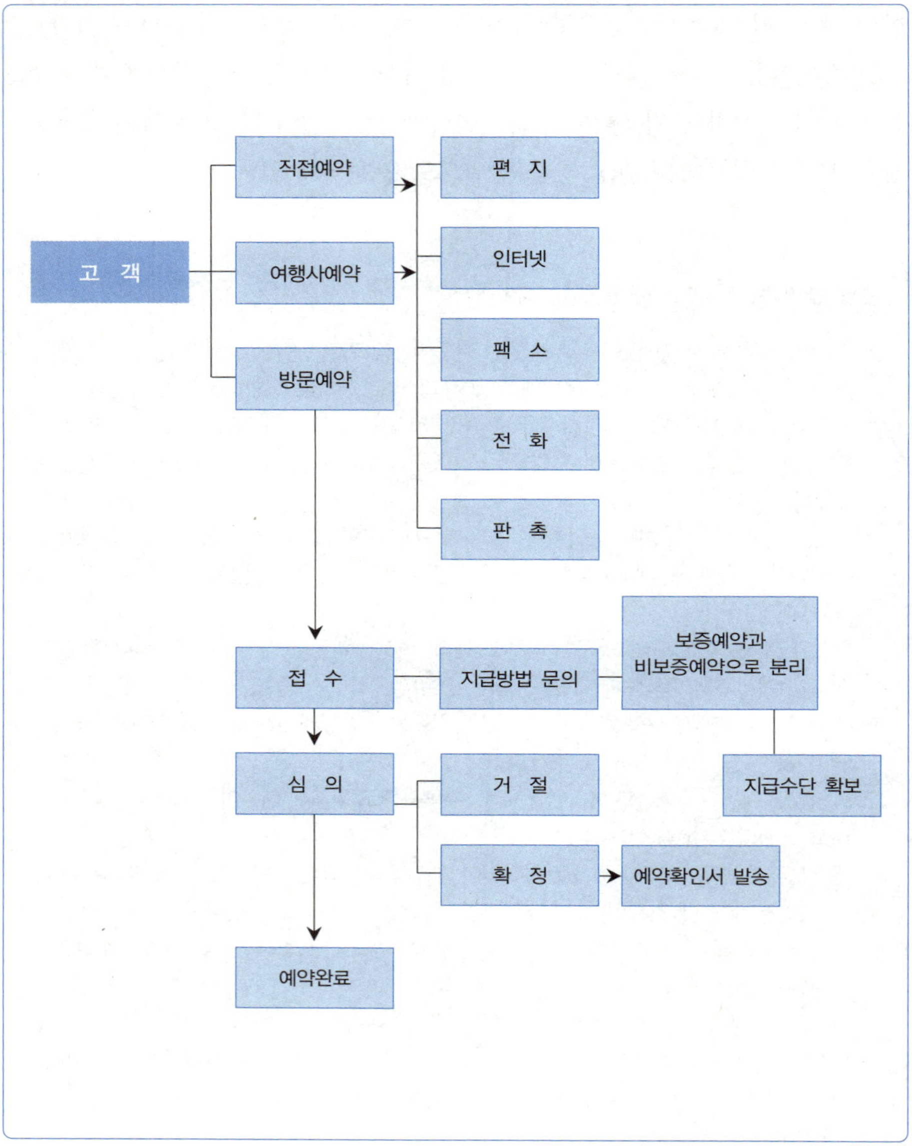

제6장

{호텔객실 현관서비스}

Hotel Front Office

Flow Chart

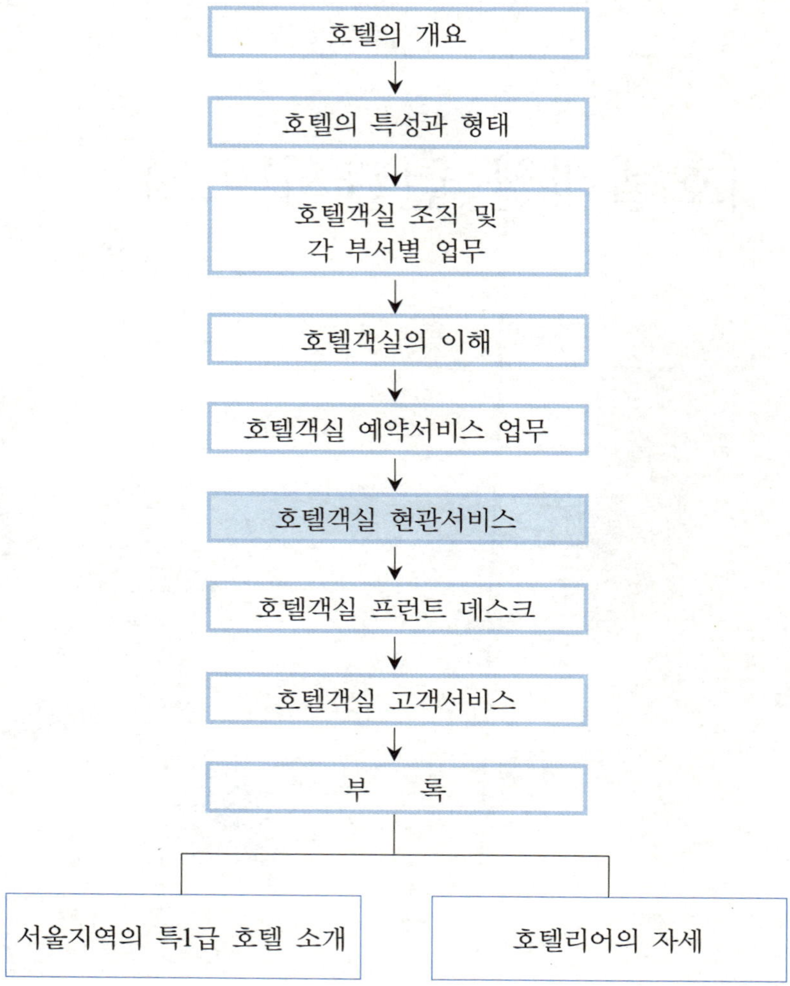
호텔의 개요
호텔의 특성과 형태
호텔객실 조직 및 각 부서별 업무
호텔객실의 이해
호텔객실 예약서비스 업무
호텔객실 현관서비스
호텔객실 프런트 데스크
호텔객실 고객서비스
부 록
서울지역의 특1급 호텔 소개
호텔리어의 자세

제1절 현관서비스의 이해

현관서비스는 호텔을 찾은 모든 고객을 제일 먼저 접하는 최초의 영접 부서로, 고객에게 호텔서비스의 이미지와 품격 등의 첫인상(First Impression)을 심어 주며, 고객을 마지막으로 환송하여 Hotel에서의 좋은 추억(Last Impression)을 마무리하여 주는 중요한 부서이다.

숙박 고객이나 호텔시설 이용객들에게 호텔 이용 편의를 위한 각종 호텔 시설의 정보 제공 및 안내, 수화물 운반 및 보관, 그리고 관리 등의 주된 업무를 수행한다. 더불어, 고객이 필요로 하는 세심한 부분과 요구를 도와 이를 해결함으로써 고객 불편이 없도록 하는 업무를 수행한다.

따라서 현관서비스의 직원들은 호텔을 찾은 고객에게 현관에서의 좋은 인상인 친절과 예의, 세련된 매너와 안락하고 편안한 분위기를 제공하여, 고객이 체류하고 있는 동안이나 떠난 이후에도 호텔의 좋은 이미지를 갖도록 해야 한다.

제2절 현관서비스의 기능

현관서비스는 호텔의 현관과 로비를 관리하며, Front Desk와 접속되어 투숙고객과 일반 호텔시설 이용고객들에게 각종 서비스를 제공하는 곳으로써 주요 기능은 다음과 같다.

첫째, 호텔 숙박을 하고자 하는 고객에게 객실을 안내하는 업무이다. 둘째, 고객이 필요로 하는 호텔의 대내외적인 각종 정보 및 편의시설 안내 업무이다.

셋째, 고객의 수하물을 관리하는 업무를 하는 부서이다. 현관서비스의 기능에 부합된 주요 업무를 요약하면 다음과 같다.

- 현관 및 로비에서의 고객 영접 및 환송
- 현관 및 로비에서의 질서와 청결유지
- 고객 숙박 등록 보조 및 객실시설 안내
- 호텔 대내외의 각종 정보 안내
- 고객의 수화물 관리(보관 및 전달)
- 고객의 우편물, 팩스, Message의 전달 및 처리
- Front Office에서 주는 Order 처리 및 확인
- Courtesy Car Service(Welcome & Farewell Service)

〈표 6-1〉 현관서비스의 조직도

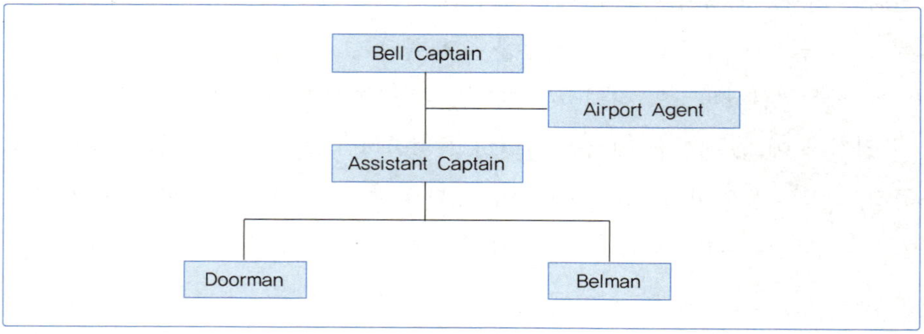

제3절 직급별 업무

1. Bell Captain

벨 캡틴은 현관서비스의 최고 총괄책임자다. 기존업무인 고객 수화물관리와 영접 및 송접에 중점을 두고 벨 데스크 전 직원에게 작업을 지시하고 감독하고 작업 실시 결과를 확인하는 역할을 한다. 벨 데스크의 근무일정을 관리하며 수화

물이 고객에게 잘 전달되고 관리되고 있는지 확인하고 점검을 한다. 이렇게 벨 캡틴은 종업원들을 통솔하는 능력과 아울러 채용 · 교육 · 평가 · 능력개발 같이 인간관계가 원활하게 진행되도록 정직하고 성실하면서 설득력이 있어야 하며, 이를 운영할 수 있는 능력을 갖춘 전문가이어야 한다.

1) 효율적인 인사 관리

현관근무자의 채용, 이동, 승진, 포상 고과 상신 등의 인사관리를 한다. 고과 상신할 때는 사적 감정을 배제하고 객관적이고, 생산적인 측면에서 인력자원의 고과를 감정해야 한다. 또한 객관성을 갖기 위한 충분한 기초자료를 확보해야 한다. 인적자원 개개인의 특성과 성격, 업무 수행능력, 어학 능력 등을 객관적으로 평가하여 이에 걸맞은 보직과 직무를 부여할 수 있도록 배려한다.

2) 현관 조직운영의 계획 수립 및 시행

조직운영계획, 인력운영계획, 대고객 만족 서비스 추구, 부서 간 업무 협조, 고객이용 차량에 관한 계획, 연간 예산 업무에 대한 계획을 수립하여 현관조직의 원활한 운영을 도모하며, 이를 통하여 대고객 만족서비스를 추구한다.

3) VIP 고객 영접 및 환송

당일 행사에 참석 예정인 VIP 고객의 명단과 행사의 내용을 파악하여 고객 도착 30분 전 현관 앞 질서유지와 청결상태를 확인한 후 전담 Doorman을 배치한다.

Duty MGR와 Concierge와 같이 VIP Guest의 안전하고 편안한 이동이 되도록 Escort한다.

4) 교육 프로그램 작성 및 시행

고객 만족 서비스의 질적 향상 및 유지를 위한 프로그램을 작성하여 이에 맞춘 서비스 Area에서의 문제점 노출에 대한 교육과 대고객 만족서비스 추구, Basic 서비스에 대한 교육을 시행한다. 지속적인 교육실시로 서비스 향상유지에 힘쓴다.

5) 조직운영 비용의 예산수립 및 결산처리

연중 사용되는 Bell 업무사용 비용을 근거로 예산안을 수립한다.

① 고객 운송비의 비용 산정
- 셔틀 운전 용역비
- 차량 임차비
- 고속도로 통행료 및 도로교통비
- 차량 주차비
- 차량 휴대 전화료

② 사용 비품, 소모품, 사무용품 비용

6) 업무 관련 각종 보고서 작성 및 보고

연간 운영계획을 작성하여 보고한다. 운영 계획 수립 후 파생되는 문제점에 대한 향후 대책과 운영지침 등에 관한 다음 사항들을 보고한다.

- Benchmarking을 통하여 얻은 비교평가표와 개선방안
- Door, Valet 등의 운영 System의 보완사항
- 근무지침 및 근무수칙에 관한 사항
- 인력 운영에 관한 사항
- 차량 운행 개선에 관한 사항

2. Assistant Bell Captain

벨 캡틴을 보좌하고 부재 시 업무대행 및 의사결정을 하는 역할을 하며 벨 캡

틴과 각 벨 데스크 직원과의 중간적 입장에서 원활한 의사소통과 업무지시가 이루어지도록 중간자적인 입장에서 업무를 수행 하는 역할을 한다. 구체적인 업무는 벨 캡틴의 업무를 보좌한다고 할 수 있다.

1) Daily Meeting 주관

Bell Assistant Captain은 매일 근무자(오전, 오후, 야근)의 Daily Meeting을 주관하여 다음과 같은 업무사항을 전달, 지시 및 수행한다.

- 근무자 출결 현황 체크
- Daily, Weekly 객실 Occupancy 및 C/In, Out Forecast 사항 전달
- Log Book특이사항 Check 및 전달
- 당일 Function 및 Event 사항 전달
- Daily VIP Guest 및 RPG Preference Report 사항 전달
- 당일 Courtesy Car 예약사항 전달
- 고객 Basic SVC Mind 제고 및 의욕 고취
- 근무자 Appearance Check(복장, 두발, 구두, 손톱, 장신구, 화장 상태 등)
- 상품지식 숙지상태 Check(객실, F & B, Package, Event 및 New 상품 등)
- 기타 업무 관련 전달 및 지시사항에 대한 교육 및 일정 전달

2) 이벤트와 객실점유율 Forecast Check 및 인력 Schedule 조정

당일과 내주의 행사와 객실점유율을 파악하여 효율적이고 합리적인 인력운영을 위하여 근무인력을 조정한다. 또한 행사 내용을 정확히 파악하여 그에 맞는 준비를 한다. 또한 연간 인력운영에 따른 계획에 의하여 인력의 휴가, 훈련, 교육 등의 Schedule을 작성하여 효율적인 인력 운영한다.

3) 고객 수하물 보관 및 관리상태 체크

고객 수하물 창고의 정리정돈 상태 및 이상 유무를 매일 관리한다. 수하물 창고의 이상 여부를 체크하여, 고객 수하물의 부패 여부와 보관상태, 장기보관에 따른 처리 여부 등을 관리한다. 고객수하물의 부패성 여부를 판단하여 이상이 있을 시 고객께 연락을 취한다. 부패성 수하물의 처리 후 모든 직원에게 공지하여 추후 수하물을 찾으려는 고객께 이의 처리 상태를 알릴 수 있게 한다. 또한, 반드시 Log Book에 기재하여 기록을 남긴다. 고객 수하물 중 · 장기 보관된 물품은 별도로 관리하며, 보관 후 경과 기간이 3년 이상인 경우, GM의 품의 결재하여 그 처리여부를 결정한다. 귀중품이나 현금성이 강한 보관품은 Front Desk의 Safe Box를 이용하게끔 유도한다.

4) Valet 업무 인수인계 사항 체크 및 현장 관리

현관 Valet의 업무에 참여하여 대행주차 및 Ticket 분출, Parking Area의 상태 등 고객차량 주차에 관한 전반적인 업무를 관리한다. Valet 요원 부재 및 업무 과중시 주차 대행을 보조해주고, Valet 요원의 업무를 지도한다. Valet Desk의 고객 차량 키 관리 이상 유무와 각종 일지의 점검 등의 Valet 업무를 지도, 관리한다.

5) 신문구독 현황 파악 및 부수 조정

신문의 정확한 도착시간과 신청부수의 정확한 도착여부를 확인하고 신문의 객실 투입 현황 및 업장 배부 현황을 체크한다. 또한 각종 행사 및 투숙률 증가에 따른 부수를 예상하고 부수 증감 조정을 한다. 월말에는 신문 구독료 납부를 위한 청구서류를 작성하여 결재 요청한다.

6) 월별 인력운영 근태보고서 및 근무계획표 작성

월별 인력 운영 Schedule을 작성 관리하며, 근태에 관한 사항을 전담한다. 근무

계획표는 일정에 관한 중요한 업무이다. 근무 Schedule을 작성하여 근무자 전원에게 공지한다. 스케줄을 작성할 때에는 행사 및 객실 점유율을 고려하여 효율적으로 계획을 해야 한다. 근태통보서를 월말에 정리하여 개인의 근태현황을 인사팀에 총괄적으로 통보한다.

3. Airport Agency

1) 고객 영접

전일 또는 당일 오전 벨데스크에서 전달 받은 스케줄에 따라 고객의 도착시간 전에 미리 Picket을 작성한다. 탑승자 명단을 확인하여 이상 여부를 파악하고 비행기 도착시간 전에 Gate 앞에 Picket을 설치하고 고객과 만나면 정중하게 호텔의 직원임을 밝히고 환영인사를 한다. 주차대기하고 있는 Courtesy Car 기사에게 연락하여 영접준비를 하도록 한다. 고객 수화물의 이상 유무를 확인하고, 고객으로 하여금 분실물이 없는지 확인시켜 드린다. 고객 수화물을 Handling하여 차량이 있는 곳까지 고객을 안전하게 안내한다. 이동 중 고객에게 Courtesy Car에 대하여 설명해 드려 불안감을 가지지 않도록 해드린다. 고객의 수화물을 적재한 후 다시 한 번 확인해드리고, 차량의 문을 열어드린다. 정중한 인사와 함께 차량을 출발시킨다. 차량출발 후 벨 데스크에 고객의 출발 사실을 알리고, 특이사항을 전달한다.

2) 고객 환송

당일 퇴숙자 중 공항근무자의 환송 또는 도움이 필요하다고 인정되는 고객을 호텔로부터 통보받는다. 호텔로부터 출발 접수를 받으면, 차량종류와 번호를 숙지한다. 고객이 공항에 도착하실 시간 전에 미리 해당 항공사 가까이에서 Stand-By하며 수화물 Cart를 준비한다. 고객이 도착하면 호텔 공항 근무자임을 밝혀 고객을 안심시키고 고객의 수화물을 Handling한다. 고객을 해당 항공사 카운터로 안내한다. 고객 수속대행 요구 시 여권과 비행기 Ticket을 받고 항공사 데스크에서 좌석 배정 및 출국 수속을 마친다. 탑승 Gate와 좌석 위치를 고객에게 알려드리고, Gate 앞까지 안내해드린다. 고객에게 정중하게 인사하고, 고객이 완전히 Gate로 들어가실 때까지 대기한다.

3) Lost & Found

고객이나 공항 혹은 해당 부서에서 Lost & Found 처리 요청에 기본 사항을 접수하고, 분실물 종류, 장소, 연락처 등을 기록한다. 공항 주변에서의 분실물은 모두 3F 유실물센터로 보내지므로 유실물센터로 Contact한다. 고객이 기내에서 분실한 물건은 고객의 비행편명, 좌석위치 확인 후 해당 항공사로 Contact 한다. 세관지역 내 분실물은 항공사 및 세관 안내에 신고 협력하여 처리하여야 한다. 분실장소 상황에 따라 적절한 처리를 하고 분실물이 발견되지 않았어도 유실물 관리소, 항공사 등에 이름과 전화번호를 남기고 계속 확인한다.

호텔에서 분실한 경우, 먼저 분실물을 확인하고 공항으로 신속히 배송하게 한다. 분실물 도착할 때까지 고객의 위치를 계속 추적 및 파악하여 출발 전 전달한다. 분실물은 고객에게 전달하고 배송차량은 리무진을 이용하고 호텔 인천공항간 교통상황을 숙지한다. 항공사의 실수로 고객의 짐이 오지 않을 시는 고객과 항공사 직원이 직접 Contact 하게끔 하여 직접 호텔에 배달될 수 있도록 한다.

4) 상황 대처방법

비행기가 연착 또는 회항했을 때, 각 항공사의 도착, 출국 여건을 호텔에 통보한다. 변경된 도착시간을 확인 후 유동적으로 Courtesy Car를 배차 조정한다. 당일 Pick-Up이 생겼을 경우, 기존 List를 우선으로 하여 유동적으로 배차한다.

대기 차량 부재 시 공항 대기 차량을 긴급 수배하고 이도 여의치 않을 경우에는 최후로는 고객에게 양해를 구하고 모범택시를 이용하도록 권유하며 벨 데스크로 연락을 하여 차량번호와 출발시간등 기타 인수인계사항을 전한다.

돌발상황의 원인분석

- List에는 없지만 예약확인 결과 차량 요청이 있는 경우
- Flight를 변경 후, 통보 없이 나타난 고객
- 무작정 나타나 요구하는 고객
- 호텔 직원의 실수로 Courtesy 요청이 List에서 빠진 경우
- List Up하였지만 관련 부서에 통보해 주지 않은 경우

4. Courtesy Car Service

1) 고객 영접

참고 : Sheraton Grande Walkerhill Hotel Courtesy Car

출근하면 먼저 오늘의 스케줄을 확인하고, 용모와 복장점검을 한다. 차량상태와 청결상태를 확인하며 차량에 금일의 신문과 물은 충분히 비치되었는지 확인한다. 금일의 횟수에 맞게 벨데스크에서 고속도로 통행료를 수령한다. 리무진 차량은 호텔의 이름이 외부에 쓰여 있기 때문에 고객에게는 물론이고 도로에서 보여지는 모든 이들에게 호텔의 이미지를 나타낸다는 것을 명심해야 한다.

도착할 고객의 시간과 편명을 숙지하고 공항에 여유 있게 도착하여, 고객을 맞이할 준비를 한다. 공항에 도착하면 공항 근무자에게 전화를 하여 도착하였음을 알리고 고객을 기다린다. 고객이 공항 근무자와 함께 나오면 밝은 미소로 인사를 하고, 자신이 호텔의 직원임을 고객에게 분명히 밝혀 고객으로 하여금 불안한 마음을 갖지 않게 해드린 후 고객의 수화물을 공항근무자와 함께 Handling 한다. 고객에게 인사를 할 때, 반드시 고객의 이름을 불러드려 고객으로 하여금 안심하게 해드림은 물론 고객만족에 최선을 다한다. 고객의 수화물을 실을 때는

고객에게 수화물의 개수를 분명히 인식시키고, 분실물은 없는지 재차 확인한다. 호텔로 오는 도중은 절대적인 안전운전을 하며, 가급적 고객을 방해하지 않는다. 쉬고 싶어하시는 고객에게 질문을 한다든지 고객이 원치 않는 음악을 켠다든지 하는 행위는 삼가한다.

호텔 도착 5분 전에 벨 데스크로 전화를 하여 어느 손님을 모시고 지금 위치가 어디인지 또한 변동사항은 없는지에 관하여 간단명료하면서도 정확하게 설명한다. 운전 중 전화 시 반드시 Hands-Free를 이용하여 고객이 불안감을 갖지 않으시게 하며, 벨 데스크가 통화중일 경우 프런트 데스크에 직접 연락하여 벨 데스크에 전달하도록 한다. 호텔에 도착하면 대기 중이던 Bellman과 고객의 수화물을 Handling하며 고객에게 차안에 놓아둔 물건은 없는지 수화물에는 이상이 없는지 등에 관하여 확인시켜 드린다. 고객에게 즐거운 투숙이 되시라는 인사를 드리고 다음 스케줄에 따라 근무한다.

벨 데스크에 가서 고속도로 영수증과 잔돈을 반납하고 금전출납기록에서 아침에 가져갔던 고속도로 통행료 기록을 삭제하는 것을 반드시 확인한다.

2) 고객 전송

전송스케줄 10분 전에 해당 위치에서 대기하고 해당 부서에 대기하고 있다는 것을 알린다. 고객이 나오시는 것을 보면 차량을 고객이 탑승하기 최대한 편리하게 정차하고, 고객의 수화물을 트렁크에 적재한다. 트렁크에 적재한 수화물의 개수를 정확하게 확인시켜 드린다.

고객이 안전하게 승차하신 후 직원들의 Farewell이 끝나면 서서히 출발한다. 고객과 공항까지 가는 도중은 반드시 안전운전을 하며, 고객의 편의에 방해가 되는 행위는 일체 금한다. 공항까지 가는 도중 항상 시간에 주의하여 고객의 비행기 시간보다 여유 있게 도착해야 함을 명심해야 한다. 고객이 예정된 시간보다 늦게 나오셨다든가 도로사정으로 인하여 시간이 촉박한 경우 급한 상황임을 주위의 차량에 알려 가능한 시간에 맞추도록 노력한다. 공항에 도착하면 고객보다 먼저 내려 고객의 문을 열어 드리고 트렁크에서 고객의 수화물을 내려드리고 빠뜨린 것이 없으신지 마지막으로 확인시켜드린다. 고객에게 감사하다는 말과 다음에 다시 찾아주실 것을 부탁드리며, 정중하게 인사를 드린다. 다시 영접고객이 있으면 그 시간까지 대기하고 스케줄이 끝나면 호텔로 돌아와 영수증을 반납하고, 금전출납기록에서 자신이 수령한 금액을 삭제하는 것을 확인한다.

5. Door Man

도어맨(Door man)은 호텔의 방문고객을 최초로 맞이하는 직원으로서 호텔의 첫 번째 이미지를 전달한다. 현관에서 도착고객의 영접과 출발고객의 환송을 담당하고 현관의 차량 및 주차관리를 담당한다. 이밖에도 차량호출, 주차안내, 택시수배, 현관의 청결유지관리 등 고객의 불평이 없도록 도모한다. 항상 단정하고 청결한 복장에 신경 써야 하며 고객에게 상냥한 미소로 반기며 인사드림으로써 첫인상을 깊게 인식시키도록 노력해야 한다. 도어맨은 항상 수화물 Tag와 호루라기, 자동차 유리닦이, 우산 등을 준비하고 현관데스크에 보관하고 있어야 한다.

도어맨의 주요 업무는 다음과 같다.

1) 영 접

고객차량이 현관에 도착하면 고객이 내리기 편하고, 안전하도록 차량의 도어를 완전히 열고 고객을 맞이한다. 고객이 차량에서 내릴 때에는 반드시 정중한 자세와 인사로 환영의 뜻을 나타내는 인사를 한다. 고객을 맞이하면서 Bellman이 고객의 수화물을 Handling하는 것을 돕는다. 이때 고객이 차에 놓고 내린 소지품이 없나 살펴본 후 도어를 닫는다. 현관에 Stand-By하는 Bellman이 없는 경우 고객을 로비로 안내하며, 그곳에서 Bellman에게 인계한다. 또한 이용객 가운데는 단골고객이 많으므로 차량번호를 기억해두는 것이 필요하다.

2) 안 내

고객의 문의가 있을 때 호텔 주변의 여러 시설, 시내정보, 관광정보, 주차시설 등을 안내하여 준다. 더 세부적인 정보를 원하는 고객에게는 양해를 구하며 전담 부서인 Concierge로 인계하도록 한다.

3) 출입통제

호텔 현관의 정문 주변에 어떤 장애물의 장치도 혀용 하지 않는다. 호텔의 정숙과 품위를 손상시키는 잡상인 등의 출입을 통제한다. 이때 정중하게 출입통제 규정에 대하여 충분히 설명하고 호텔에 대한 이미지를 관리한다.

4) 출입문의 개폐관리

호텔의 현관문은 대부분 자동문이거나 회전문으로 되어있다. 고객들이 문을 통과할 때에는 부상을 당하지 않도록 세심한 주의가 필요하며, 고객의 원활한 출입을 위해 항상 서비스의 만전을 다하여야 한다.

5) 분실물관리

고객이 호텔을 출발할 때 혹시라도 빠뜨리고 간 물품이 있을 경우에는 분실문 전담부서인 하우스키핑으로 인계하여 이를 확인하도록 한다.

6) 현관관리

현관 앞 도로의 정체가 발생하지 않도록 차량 및 고객의 질서유지를 유도하며, 현관의 청결관리에 힘쓴다. 모범 및 일반택시, 렌터카는 회사가 지정한 위치에서 주차하도록 허용한다. 연회가 많은 날 현관 앞은 큰 혼잡을 이루게 되므로, 항상 차의 출입상태와 주차장 상황을 정확히 파악하여, 기사에게 신속한 유도와 주차를 안내하여야 한다.

현관이 혼잡하거나 현관의 통제가 힘들다고 판단될 때에는 Bell Desk의 지원을 요청한다.

7) Valet Service

Valet Service[1]는 고객의 차량을 대신하여 주차를 도와주는 서비스로 고객 출발시 차량대기 서비스를 제공한다. 근무시간은 오전 7시부터 오후 10시경까지이며 주차시간은 하루 보통 3시간을 제공하고 있다. 주차대행 접수를 희망하는 고객에게는 요금에 관하여 고객에게 설명하고 Tag을 발행하고 고객의 차량이상 유무(외부상태)를 확인하여 차량을 안전한 장소에 자량을 주차시키고 잠금상태를 확인한다. 관리대장에 기입하고 발행한 Tag(주차위치, 차량번호, 주차근무자 이름을 기록)와 차량열쇠를 묶어서 함께 보관한다. 이때 분실의 위험을 막기 위해 차량에 귀중품은 직접 고객이 소지할 수 있도록 안내를 해야 한다.

차량을 고객에게 인도할 경우 고객에게 Tag를 건네받아 데스크에 보관중인 Tag와 동일한지 확인하고 안전하고 신속하게 고객에게 차량을 인도한다. 이때 차량 내부의 운전석의 위치는 임의로 변경해서는 안되며, 만일 변경을 했을 경우에는 인도전에 원위치를 복귀시켜 놓는다.

8) 환 송

고객이 호텔의 시설을 이용하고 떠날 때는 고객의 요구에 의해 택시를 부르거나 공항버스로 안내한다. 택시로 안내할 때는 대기 중인 택시로 모시는 것을 원칙으로 한다(고객의 의사에 전적으로 따른다). 고객의 짐이 많을 때에는 Bellman과 협력하여 짐을 차에 싣는다. 트렁크에 실은 짐은 고객에게 개수를 확인하게 한다. 고객이 확인하기 전에 실은 짐은 고객이 확인하기 전까지는 차의 트렁크를 닫지 않도록 주의해야 한다.

1 고객의 차량을 도어맨이 대신 주차해 주는 서비스로서 호텔마다 일정한 서비스 요금을 받는다.

고객의 승차가 끝날 때까지 도어를 잡고, 고객의 코트 등 의류가 밖으로 나와 있지 않는가를 확인하고 나서 조용하게 닫는다. 택시로 고객을 안내할 때, 외국인일 경우 원활한 의사소통을 위하여 행선지를 물어 기사에게 알리며 내국인의 경우 행선지를 물어보는 것은 고객에게 실례를 범할 수 있다는 것을 명심한다.

고객이 안전하게 탑승을 한 것을 확인하고 차량 문을 조심하게 닫으며 미소와 함께 인사를 한다.

6. Bell Man

벨맨(Bell Man)은 도어맨으로부터 고객을 인계받아 정중히 로비에서 고객을 마중해 주고 프런트 데스크(Front Desk)로 안내를 해 주는 직원이다. 초기의 호텔이나 여인숙에서는 방마다 벨을 달아 두었는데 이 벨 소리를 듣고 달려온다는 데서 그런 호칭이 붙게 되었다.

벨맨은 도어맨의 신호를 받아 손님의 짐을 운반하고 손님을 프런트 데스크로 안내한다. 손님이 접수대에서 숙박에 필요한 등록절차를 밟는 동안 손님의 3~4보 뒤에서 대기한다. 손님이 등록절차를 마치면 프런트 직원으로부터 객실열쇠를 받아 고객을 객실까지 안내한다. 짐이 많을 경우에는 중요한 짐을 우선 옮기고 나머지 짐들은 손님을 객실로 안내한 후에 Wagon[2]을 이용하여 옮긴다. 짐을 객실 내에 손님이 원하는 위치로 옮긴 후에 전기시설(전등), TV, PC, 에어컨(Air conditioner), BGM BOX[3] 등의 조작방법과 필요시 전화를 거는 방법, 도움을 청하는 방법, 긴급한 상황이 발생했을 때의 대처방법, 비상구 위치 등을 알려준다. 벨맨은 고객이 퇴실할 때에도 짐을 호텔입구까지 운반해준다. 이외에도 손님에게 온 메시지와 우편물을 전달해주고 세탁물의 배달과 같은 세심한 서비스도 수행한다.

2 웨곤 : 짐이나 수하물을 적재하여 옮기는 바퀴가 달린 수레.

3 침대 옆에 위치한 테이블로 라디오가 달려 있고 전화기와 전화번호판, 스탠드 등이 놓여 있는 책상.

벨맨(Bell Man)이 하는 이러한 서비스는 벨맨서비스(Bell Man Service)라고 하는데, 최초에 벨맨(Bell Man)은 벨홉(Bell Hop)이라고 불렸다.

호텔에 따라 고객의 짐을 나르는 포터(Porter)가 별도로 있기도 하지만, 대부분의 호텔에서는 포터의 업무를 벨맨이 함께하고 있다.

도어맨의 주요 업무는 다음과 같다.

1) Stand-By

Stand-By는 기본적으로 고객에게 다가서는 적극적인 서비스를 제공하기 위한 기본자세이다. Bellman은 기본적으로 투숙객의 Check-In, Check-Out을 신속히 하고, 고객 수하물의 운반, 보관, 관리를 위하여 로비에서 대기한다. 기본적으로 오전에는 Check-Out 고객을, 오후에는 Check-In 고객을 위하여, 그리고 호텔 시설 이용객을 위하여 로비에서 대기함을 주목적으로 한다.

오전에는 체크아웃을 하시는 고객들이 많으므로 로비에서 엘리베이터와 프런트 데스크 앞과 벨데스크에서 대기한다. 엘리베이터 앞에서 대기하던 벨맨이 체크아웃하시는 고객을 프런트 앞까지 Care하게 되면 프런트 앞에 대기중이던 벨맨이 엘리베이터 앞으로 이동하고 벨데스크에 위치한 벨맨은 프런트 데스크 앞으로 이동하다. 오전 중에 엘리베이터 앞에서 대기하던 벨맨은 오후가 되면 현관문 앞에서 고객안내 및 체크인 고객을 맞이할 준비를 한다. 또한 자신이 처음 Care한 고객은 가능한 한 고객이 떠날 때까지 Care하도록 한다. 야근에는 데스크에서 Stand-By하며 로비의 분위기에 따라 Stand-By 위치를 유동적으로 조정한다.

2) 수화물 보관

고객이 짐을 맡기면 장기보관용과 단기보관용으로 구분한다. 보관 시에는 수화물표와 수화물 체크카드를 작성한다. 먼저 고객의 짐의 종류와 수량을 파악하여 Baggage Check에 기입하고 또한 객실번호, 고객의 이름과 특별한 내용도 기재를 한다. 음식물이나 귀중품과 애완동물 등은 정중히 거절한다. 귀중품 및 현금성이 있는 물품은 Front Desk의 Safe Box로 이용하도록 유도한다. 고객이 Check을 분실했거나 대리인이 찾으러 온 경우 윗부분 Check에 객실번호, 성명, 연락처, Sign을 반드시 받아서 No Ticket 장부에 기록한다. Baggage 보관 시 특이사항은 반드시 로그북에 기재하여 업무 인수인계시 공지한다. 수하물 보관창고는 쉽게 찾을 수 있도록 매일 정리정돈한다.

장기보관 또는 보관상태가 용이하지 않는 물품을 보관 시에는 반드시 찾아가실 날짜를 여쭙고, 고객의 긴급연락처를 반드시 받아서 Baggage Check에 기록해 둔다.

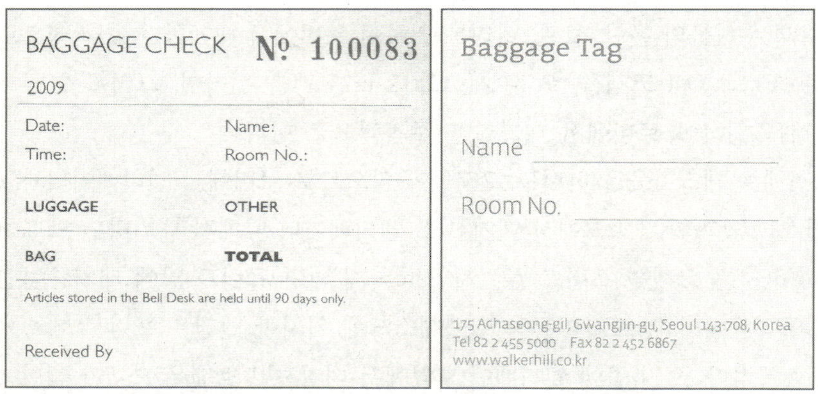
BAGGAGE CHECK №. 100083
2009
Date: Name:
Time: Room No.:
LUGGAGE OTHER
BAG TOTAL
Articles stored in the Bell Desk are held until 90 days only.
Received By

Baggage Tag
Name
Room No.
175 Achaseong-gil, Gwangjin-gu, Seoul 143-708, Korea
Tel 82 2 455 5000 Fax 82 2 452 6867
www.walkerhill.co.kr

자료 : Sheraton Grande Walkerhill Hotel

Baggage Check Card & Baggage Tag

(1) 장기보관

보관일지에 고객의 성명, 객실번호, 짐의 종류와 수량, 고객의 연락처를 정확히 명기한 후, 보관점검표에 보관일, 객실번호, 보관자, 짐의 개수를 기입한다. 고객이 짐을 임시 보관시켜 놓고 퇴숙한 후 다시 숙박할 경우 재 숙박일자와 짐을 찾아갈 예정날짜를 기입한다. 깨질 물건이나 주류를 보관할 경우 Fragile Tag[4]

4 깨지거나 부서지기 쉬운 물건임을 알리는 주의표.

을 부착한다. 수화물 점검 내역으로 보고서를 작성하고 짐을 보관하는 보관소(Store Room)는 관리에 주의하며 열쇠는 벨데스크에서 관리한다.

(2) 단기보관

룸에서 퇴숙을 하는 고객이 짐을 잠시 보관소(Store Room)에 보관을 하는 것으로 장기보관시와 마찬가지로 보관일지에 고객의 성명, 객실번호, 짐의 종류와 수량, 고객의 연락처를 정확히 명기한 후, 보관점검표에 보관일, 객실번호, 보관자, 짐의 개수를 기입한다.

(3) 당일 미도착 고객의 수화물 보관

숙박예정 고객의 수화물이 고객보다 먼저 도착하여 프런트 데스크로부터 수화물을 보관하도록 지시받은 경우, 고객의 성명과 숙박예정일을 수화물표에 기재하고 수량을 기입한 후 보관소에 보관을 한다. 객실번호가 지정이 되고 고객이나 프런트 데스크의 지시가 있으면 객실에 수화물을 넣어둔다.

3) Wagon 사용법

벨맨은 매일 왜건을 닦아 청결을 유지하고 관리한다. 무겁고 큰 수화물은 아래로, 파손 위험이 있는 수화물은 위에 놓는다. 왜건으로 수화물을 운반할 때는 벽과 약 10cm 정도의 거리를 둔 후 부딪히지 않도록 주의하며, 고객과 함께 이동할 때에는 고객의 왼쪽에 서서 한 발자국 앞에서 이동한다. 고객에게 체크인에 필요한 여권 및 중요한 물건, 깨지는 물건은 직접 가져가시도록 유도한다.

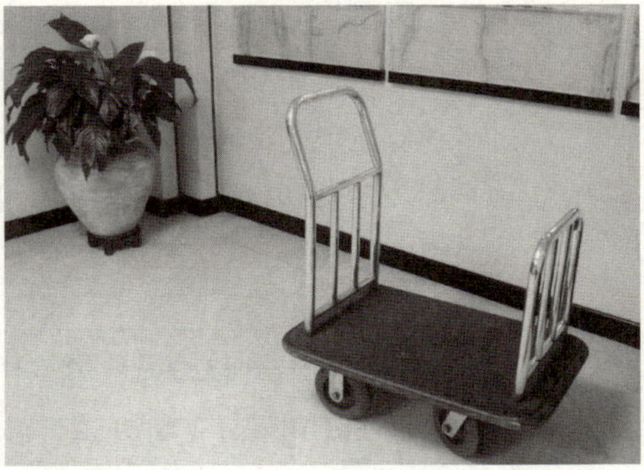

Wagon

4) 로비관리 업무

로비는 고객이 호텔에 들어와 호텔시설 및 분위기에 대한 첫인상을 갖는 곳이므로 항상 청결 및 정돈에 신경을 써야 한다. 그 업무를 살펴보면 다음과 같다.

- 로비에 있는 테이블 밑 의자의 정돈
- 현관 문 및 유리
- 공중전화 부스의 정리정돈(메모지와 필기구 체크)
- 로비의 전기시설 및 에어컨 시설
- 벨 데스크의 정리 및 정돈
- 로비바닥의 이물질 제거

5) 체크인(Check-In)

고객이 체크인 수속이 끝나면 프런트 데스크으로부터 객실 키와 안내 브로셔를 받아 고객을 객실까지 안내해 드린다. 체크인을 다녀온 후에는 벨 데스크로 돌아와 체크인 장부에 기록한다.

(1) 현관에서 프런트 데스크까지 안내

현관에 대기하는 벨맨은 고객이 현관에 도착시 고객의 수화물을 Handling하고 예약사항을 확인한다. 고객을 모시고 프런트 데스크 혹은 EFL 데스크까지 안내해 드린다. 고객이 숙박등록을 하는 동안 2~3보 정도 뒤에서 고객의 짐을 가지고 대기한다.

(2) 프런트 데스크에서 객실까지의 안내

고객이 체크인 수속이 끝나면 프런트 데스크으로부터 객실 키와 안내 브로셔를 받아 고객을 객실까지 안내해 드린다. 프런트 데스크 직원이 말한 객실번호와 열쇠번호가 맞는지 확인한다. 이때 수화물에 달아둔 수화물표에 객실번호를 기재하고 객실로 향할 때 고개보다 2보 정도 앞에서 이동한다.

객실까지 안내하는 동안 고객의 History를 파악하고, 호텔상품의 안내를 충분히 해드린다. 객실까지 이동 중 엘리베이터와 객실문의 조작을 통하여 고객이 안전하고 편안하게 이동할 수 있도록 한다. 화재 및 안전상의 문제 등의 비상사태 발생시의 대피요령과 피난기구, 비상구의 위치를 반드시 알려드린다. 또한 호텔의 부대업장과 식음료업장에 대해서도 알려드린다.

6) 객실시설 안내

고객과 함께 객실 앞까지 오면 혹시 객실 안에 누가 있을지도 모를 상황을 대비하기 위하여 벨을 2~3회 정도 눌러 확인한다. 키를 화살표 방향으로 넣다 뺀 후 녹색불빛이 깜빡거린 후에 손잡이를 오른쪽으로 돌려 문을 열고, 문은 자동으로 잠긴다는 말씀을 드리고 외출하실 때는 키를 꼭 가지고 가실 것을 말씀 드린다. 키로 객실을 열고 키박스에 키를 넣으며, 호텔의 키 시스템에 관하여 설명드린다.

가져온 짐은 옷장에서 Baggage Leg을 꺼내어 보관하기 좋은 곳을 선택하여 놓는다. 화재 등의 비상시의 대피요령과 객실의 TV, PC와 전화사용 방법에 대하여 설명하여 드린다. 커튼을 열어드리고 객실의 온도가 괜찮은지 여쭈어 보고 온도조절기에 대해 설명해드린다. 객실의 금고 사용방법과 미니바의 유료와 무료상품에 대해 설명해 드린다. 마지막으로 부족한 부분은 객실에 비치된 Service Directory를 참고하시도록 알려 드린 후 즐거운 투숙이 되시라는 인사와 함께 조용히 문을 닫고 나온다. 고객이 주시는 팁은 정중히 거절하되 불가피한 경우 팁을 공손히 받은 후 No Tipping 장부에 기록한다.

7) 배달서비스(Deliverly Service)

투숙고객에게 전달 요청을 받은 물품을 고객에 전달하는 서비스이다. 장부에 기록된 찾아갈 고객과 다른 고객이 와서 찾아갈 경우 반드시 대리인의 신분을 확인하며 여권번호, 주민등록번호, 성명, 연락처, Sign을 받아둔다.

(1) 프런트 데스크로부터의 전달물

메일(mail), 영수증, 복사물, VIP용 과일바구니, 꽃바구니 등을 지정된 곳에 전달하며 소포를 수취인의 서명이 필요한 것은 소정의 양식에 수취인의 성명을 받아서 각 의뢰처로 보낸다. 수시로 객실에 연락을 취하여 물품이 고객께 안전하고 정확하게 전달될 수 있도록 한다.

(2) 투숙고객의 요청에 의한 전달물

투숙고객의 본인 객실에 물건을 넣어줄 것을 요청받았을 경우 물건의 수량과 고객성명, 객실번호를 정확히 확인한 후 프런트 데스크에 보고한 후 해당 객실에 넣고 전달물 기록장부에 기록한다.

(3) 외부의 요청에 의한 전달물

고객 앞으로 과일이나 꽃, 기타 선물 등의 전달 요청을 받았을 경우 프런트 데스크로 안내하며 객실번호와 성명을 확인한 후 전달물 장부에 기록하고 수시로 객실에 연락을 취하여 물품이 고객께 안전하고 정확하게 전달될 수 있도록 한다.

8) Paging Service[5]

먼저 요청 받은 고객에게 찾을 고객의 성명을 정확히 확인한다. Paging Board에 성명을 정확히 기재한다. Paging할 때 고객들이 잘 볼 수 있게 Board를 어깨 위쪽으로 향하게 한다. Bell 소리가 잘 들리도록 Paging Board를 움직이며 Lobby

5 호텔의 고객이나 외부고객의 요청에 의해 필요한 고객을 찾아주고 메시지 전달을 해주는 것을 말함.

Area를 돌며 살펴본다. 찾고 있는 고객을 찾았을 경우, 요청한 고객에게로 안내한다. 찾는 고객이 없을 경우 고객에게 있으실 만한 장소를 안내하고 부재중임을 알리거나 다시 안내를 한다.

9) 고객이 외부로 요청할 경우(Will Call for Service)

숙박하고 있는 고객 또는 출발할 고객이 외부의 사람에게 물품을 전달하고자 하는 경우에 제공되는 서비스이다.

10) Door Open

고객이 벨맨의 도움 없이 객실로 올라가 해당 카드키로 마그네틱 손상이나 직원의 실수로 인해 문이 안 열리는 경우 혹은 고객이 객실의 키를 분실한 후 요청을 했을 경우, 바로 벨맨이 객실로 올라가 도움을 드려야 한다. Door Open의 요청이 들어오면, 벨맨은 Front Desk에서 객실의 New Key를 제작한다. 객실번호와 투숙고객 성함을 기억하고 객실 앞에 도착하여 성함을 물어보고, 고객에게 어떤 상황인지 확인한다. 문을 열기 전에 반드시 성함과 방번호의 일치를 확인해야 한다. 고객의 성함과 일치할 때 사용방법상의 문제일수 있기 때문에 고객의 Key를 먼저 사용해본다. 열리지 않으면 가지고 간 Key로 문을 열고 새로운 Key를 드리고 예전 Key를 받는다. 또한 Key의 특성을 간단히 설명한다. 예전 Key를 Front Desk에 반납하고, Bell 장부에 기재한다. 공식 확인되지 않은 제3자의 요청일 경우에는 절대 열어주어서는 안 된다.

11) 신문 Delivery

투숙객 중 신문을 D/V하여야 할 대상을 확인한다. 모든 정보를 수집한 후 신문예약 대장에 기입한다. 도착한 신문을 분류하여 객실, 비즈니스센터에 배달한다. Office로 들어가는 신문은 보안과 신문 투입구에 부서별로 투입한다.

12) 우산 대여

우천 시 Bell Desk에서는 우산을 대여한다. 우산 대여에 앞서 비가 오기 시작하면 우산 케이스를 현관 앞에 비치하여 고객이 호텔에 젖어있는 우산을 가지고 들어오지 않도록 한다. 우산 대여는 투숙객에게만 가능하며 부득이하게 대여해야 할 경우는 신분증을 반드시 받아둔다. 정확한 우산의 회수를 위하여 우산 대여시 장부에 명시된 기입사항들을 반드시 기입한다. 비가 그친 후 우산 케이스를 수거하고 정리정돈하며, 젖은 우산은 반드시 건조시켜 차후 사용에 대비하여야 한다. 대여 우산의 회수에 최선을 다하여 원가절감에 기여한다.

13) Courtesy Car Service

Courtesy Car Service[6]가 필요한 고객의 이름과 객실번호 등이 명시된 Order Slip을 Bell Desk로 보내면 근무자는 이를 예약대장에 기입한다. Courtesy Car 예약을 시간 순으로 정리하고, 호텔-공항 간 소요 시간을 충분히 고려하여 배차한다. 배차와 점검이 끝나면 명일분 Courtesy Car Sheet를 출력한다. 정확한 기록을 통하여 실수가 일어나지 않도록 한다. 시간상 Hotel 차량 배차가 불가능할 때에는 Rent a Car로 대치한다.

이른 새벽시간의 P/Up전은 공항 근무자와 C/Car 기사에게 사전에 통보한다. 당일 예약건은 공항 근무자에게 신속히 통보하고 차량을 배차한다.

14) Morning Call Service

객실에 대해 벨데스크에 객실확인 요청을 하면, 방 번호를 접수한다. 당직데스크로 가서 당직지배인의 승인을 받고 장부에 기입하고, Master Key를 수령한다. 객실로 가서 벨을 충분히 누르며, M/Call 서비스라고 말한다. M/Key로 객실을

6 투숙고객에 호텔-공항 간 P/Up & S/D SVC & 계약회사의 출·퇴근 차량 & VIP 고객의 영·송접 차량을 총칭.

열기 전에 충분히 고객을 깨우도록 노력한다. 어떤 기척도 없을 땐 문을 열고, 다시 한번 M/Call 서비스라고 말한다. 역시 반응이 없다면 방안을 확인한다. 고객이 있을 경우 고객을 깨워서 M/Call 서비스임을 알려드린다. 안 계실 경우는 객실상태를 파악하여 해당부서에 통보한다. 혹시 D.N.D 표시가 되어 있는 객실은 당직지배인에게 보고한 후 조치함을 원칙으로 한다. 문을 오픈한 후 객실에 고객의 수화물이 없어 체크아웃한기미가 보이면 프런트에 통보한다. M/Call 서비스는 고객의 스케줄에 직접 연관되는 중요한 서비스라는 사실을 인지하여야 한다. 벨데스크에 돌아오면 반드시 장부에 기입한다.

15) Lock-Out

Front Desk으로부터 Lock-Out의 요청을 받았을 경우 Bell Captain은 객실번호를 기록대장에 기록한 후 Bell Man에게 지시한다. 전달받은 Bell Man은 해당객실로 가서 먼저 Bell을 누른다. 인기척이 없을 경우 Key를 넣다 뺀다. 청소 중인지, 짐이 있는지, 청소완료 객실인지를 객실의 상태를 같이 확인한다. Front Desk에게 Lock-Out 하였음을 알려주고 일을 마무리한다. Lock-Out의 업무가 끝나면 기록대장에 정확하게 기록한다. 혹시 고객이 계실 경우, 고객에게 Lock-Out 중이었음을 상기시켜 드리고, Front Desk와 Contact시켜 드린다.

Lock-Out의 목적

- 고객과 연락이 되지 않을 경우
- 기존의 Old Key 사용방지
- Double Sale의 사전방지

16) 객실의 변경

객실변경(Room Change)은 고객이 호텔에 도착한 후 판매된 객실의 상태가 좋지 않은 경우, 상품으로써의 가치가 떨어지거나 객실 보수의 필요성이 있는 경우, 또는 투숙 고객이 객실을 불만족스러워 하는 등 문제가 발생하였을 때 고객의 요구사항과 가장 적합한 객실로 바꾸어 주어야 한다.

객실을 변경할 때에는 첫째, 고객이 재실중의 객실변경인지 고객이 부재중의 객실변경인지와 고객이 원하는 변경인지 아니면 호텔의 사정으로 인한 경우인지를 파악해야 한다. 둘째, Room Change는 반드시 손님과 함께 함을 원칙으로 한다. 셋째, 특히 고객과 동행을 하지 않는 시 고객의 물건이 정리되어 있지 않는 상태로 있을 경우 Room Change해서는 안 된다. 하지만 경우데 따라서는 빈방을 Room Change하는 경우 반드시 당직 지배인과 동행해야 한다. 넷째, 객실변경의 오더가 들어오면 왜건을 가지고 가서 객실의 물건을 새로운 객실로 옮긴다. 이때 욕실, 옷장, 서랍 속과 금고 등을 빠지지 않도록 주의해서 살펴본다. 다섯째, 객실을 옮기고 난 후 Room Change된 방의 특색을 설명해 드리고 다른 불편사항을 없는지 물어본다. 마지막으로 Room Change한 사항을 Bell Desk 장부에 기록한다.

17) Baggage Down

Front Desk와 EFL Desk 또는 직접 고객으로부터 객실에서 짐을 옮겨줄 것을 요청 받는다. Baggage Tag / Check를 가지고 Baggage Cart를 준비하여 Bell Captain에게 보고한 후 즉시 올라간다. 벨멘은 요청 받은 객실로 간 후 Guest로부터 옮길 짐의 지시를 받는다. 짐의 갯수를 확인시켜 드리고, Cart에 싣고 Bell Desk까지 옮긴다. 고객 Elevator와 Baggage 전용 Elevator가 확실히 구분되어 있음을 Guest에게 이를 숙지시켜 주어야 한다. 간혹 어쩔 수 없이 시간관계 상 Guest Elevator를 이용하게 되는 경우도 있다. 이때 벨맨은 정확하고 분별력 있는 상황 판단을 하여야 한다.

고객이 퇴숙 절차가 끝날 때까지 Bell Desk에서 보관한다. 이때 Bell Man은 객실번호 및 출발예정고객 등을 기록하여, 다른 고객의 짐과 섞이지 않도록 함은 물론 C/Out 후 출발하실 때 신속한 서비스를 할 수 있도록 한다.

짐이 많은 경우 확실한 분류를 위해 망을 덮어두어야 안전하며, 이때 Check out Record에 객실번호, 갯수, 시간, 담당 벨맨 성명 등을 기재해 둔다. Baggage Down 실시 후에는 장부에 반드시 기입한다.

18) Check-Out

고객이 짐을 찾으러 오면 Bell Man은 짐을 현관 밖으로 옮긴다. Guest는 현관 중앙출구 이용 Bellman은 Bell Desk 뒤쪽 직원 출입 Door를 이용하여 밖으로 옮긴다. 고객이 가져오는 Baggage Check의 보관 날짜와 개수를 정확히 확인하고, 고객에게 이를 정확하게 확인시킨다. Courtesy Car가 예약되신 고객인지 다른 교통편(택시, KAL, Buss 거래처 P / Up 등)을 이용할 것인지의 여부를 파악하고, 조치해드린다. 짐을 차에 싣고 나서 고객에게 다시 확인한다. Hotel 출발시 환송의 감사인사를 드린다.

19) 국기게양

호텔은 다국적의 고객이 투숙하는 장소이기 때문에 고객의 국적에 따라 국기를 게양한다. 특별한 경우가 없는 한 태극기와 호텔기 및 귀빈의 국적기만 게양하기도 한다.

(1) 한 나라의 귀빈이 투숙하는 경우

먼저 태극기를 최우선의 위치에 계양하는 것을 원칙으로 하며, 태극기는 호텔을 향해 왼쪽에 외국기는 오른쪽에 계양하도록 한다.

(2) 다국적의 귀빈이 투숙하는 경우

먼저 홀수의 국적기를 계양하는 경우에는, 태극기를 중앙으로 하고 일반적으로 외국기는 나라이름의 알파벳을 기준으로 호텔을 향해 왼쪽, 오른쪽으로 교차해가면 배열하며 게양한다. 또는 태극기를 포함한 모든 국가의 국기를 나라이름의 알파벳 순서에 의거해 왼쪽부터 게양할 수도 있고, 태극기를 왼쪽에 놓은 후 순서대로 배열하여 게양할 수도 있다.

짝수의 국적기를 게양하는 경우에는 태극기를 호텔을 향하여 왼쪽에 세우고 나라이름의 알파벳 순서에 의거하여 게양하거나 또는 태극기를 포함하여 왼쪽부터 알파벳의 순서에 의거하여 게양한다.

(3) 귀빈용 차량

태극기와 외국기를 차량에 게양하는 경우, 차량에서 보아 오른쪽에 태극기를 왼쪽에 외국기가 오도록 한다. 외국기만을 게양하는 경우에는 차량에서 보아 오른쪽에 외국기를 게양한다.

20) 기타 업무

현관로비 등에서 수상한 자가 발견되면 즉시 당진지배인에게 보고한다. 만약 비상상태가 발생하였을 때에는 프런트 데스크에 비상벨이 설치되어 있어 비상벨을 누르면 벨 데스크와 보완과에 연결되어 벨이 울리므로 즉시 두 곳을 확인하여 당직지배인에게 보고한다. 그 외에도 로비의 질서유지를 위해 잠옷이나 슬리퍼를 착용하고 로비를 배회하는 고객이나 로비 소파에서 잠자는 행위, 어린아이들이 뛰어다니는 행위, 큰소리로 떠드는 행위, 동물을 데리고 들어오는 행위 등 다른 고객에게 혐오감을 주는 행위에 대해 통제를 한다.

제4절 근무조별(Shift) 업무

1. Morning Shift

시 간	
06 : 30 ~ 07 : 00	· Opening Meeting · 출근확인, 용모 복장확인, 금일객실현황, Function 및 VIP 숙지 · 사무실 및 데스크 주변정리 · Log Book Check · 야근자로부터 업무 인수인계 · 리무진버스 티켓 판매대금 확인 · 인수인계대장 확인 · 신문 D / V 현황 Check · Courtesy Car 예약상태 확인
07 : 00 ~ 12 : 00	· 각종 Report D / V · Check-Out 고객을 위한 Stand-By · 요청에 의한 Baggage Down · Morning Call, Check-Out 업무 · Group 고객의 Handling · Message D / V, 조식 및 행사 안내
12 : 00 ~ 15 : 00	· Check-In 고객과 업장 이용객을 위한 Stand-By · 보관물품 접수 및 분출 · Valet 업무 및 도어맨 업무 지원 · Paging SVC · 창고 정리정돈
15 : 00	· 오후 조에게 오전중 발생한 특이사항 인수인계 · 퇴근 Meeting 후 퇴근 · 업무 개선사항, 전달사항, 준비사항 등을 전달받는다.

2. Afternoon Shift

시 간	
13 : 30 ~ 22 : 00	· Opening Meeting · 출근확인, 용모 복장 확인, 금일 객실현황, Function 및 VIP 숙지 · Log Book Check · 오전조로부터 업무 인수인계 · Courtesy Car 스케줄 확인 · 인수인계대장 확인 · Check-In 고객 및 업장 이용객을 위한 Stand-By · 기본업무 수행 · 고객 Check-In, Stand-By · 보관물품 접수 및 분출 · 각종 Fax, Message D / V · 석간 신문 D / V · 호텔 정보 제공 및 안내
22 : 00 ~ 22 : 20	· 야근조에게 업무 인수인계 · 현관이 정리되면 미팅 후 퇴근

3. Night Shift

시 간	
21 : 30 ~ 09 : 00	· Opening Meeting · 출근확인, 용모 복장확인, 금일객실현황, Function 및 VIP 숙지 · 사무실 및 데스크 주변정리 · Log Book Check · 오후조로부터 업무 인수인계 · Courtesy Car 미도착 고객 확인 · 신문 D / V를 위한 In-House Guest Report 출력 · Courtesy Car 스케줄 작성 · 신문 종류별 분류 및 신문 D / V · 프런트에서 전달하는 각종 Report D / V 및 Courtesy Car 스케줄, Daily Event Report D / V · Early Check-Out 고객의 Handling, Morning Call · 새벽에 도착한 고객의 물품에 관하여 객실에 Message 투입
09 : 00	· 오전조에게 업무 인수인계 · 오전조 Asst. MGR에게 야근업무 보고 후 퇴근

제7장

{호텔객실 프런트 데스크}

Hotel Front Office

Flow Chart

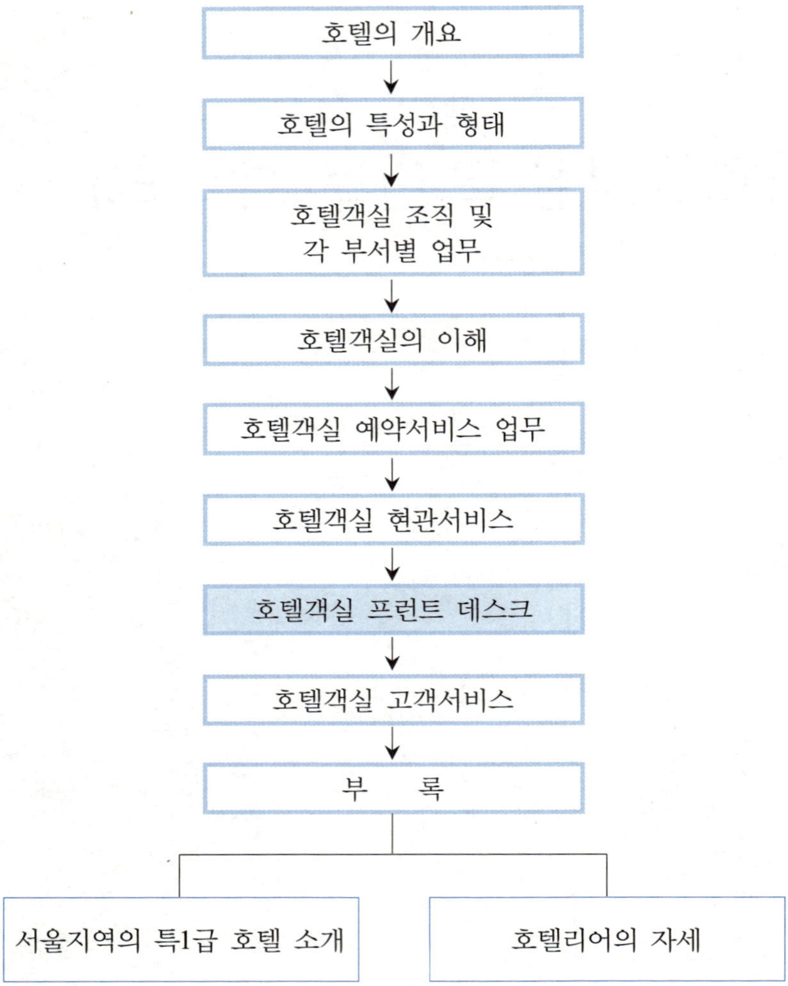

호텔의 개요
호텔의 특성과 형태
호텔객실 조직 및 각 부서별 업무
호텔객실의 이해
호텔객실 예약서비스 업무
호텔객실 현관서비스
호텔객실 프런트 데스크
호텔객실 고객서비스
부 록
서울지역의 특1급 호텔 소개
호텔리어의 자세

프런트 데스크는 오래 전부터 '호텔의 얼굴', '호텔의 꽃'이라고 불릴 만큼 호텔의 이미지를 결정짓는 매우 중요한 부서로서 흔히들 '호텔영업의 심장부'라고 말한다.

이렇게 프런트 데스크를 호텔의 얼굴 혹은 꽃으로 비유하는데, 그 이유는 고객을 최초로 영접하고 고객이 체크아웃 할 때 마지막으로 환송하는 장소이기 때문이다. 즉 프런트 데스크는 호텔과 고객을 이어주는 접점(Contact Point)이라 할 수 있다. 또한 프런트 데스크는 객실상품의 판매를 통해 호텔수입을 발생시키며 객실 판매의 성공 여부에 따라 다른 상품의 판매에도 크게 영향을 미치기 때문에 판매를 촉진시킬 수 있는 자질을 갖춘 종업원이 배치되어 고객의 마음을 사로잡을 수 있어야 한다. Front Desk는 객실 점유율과 호텔 수익 증가와 같은 목표를 충족시키는데 도움을 주고, 이 목표를 완성하기 위한 전략을 통해 Front Desk 근무자는 판매가 가능한 객실과 호텔서비스를 제시함으로서 호텔의 목표인 매출 극대화를 이룰 수 있도록 한다.

프런트 데스크의 역할은 고객에게 호텔에 대한 상품의 충성도(Loyalty)를 창조하는 장소로써의 기능을 하기 때문에 고객의 마음을 감동시켜 호텔의 이미지를 향상시키고 상품의 재구매를 유도하는 중요한 역할을 담당하는 부서이다. 아무리 조직적이고 전문적인 마케팅 전략을 수립하고 고객을 대상으로 적극적인 판촉활동을 전개할지라도 호텔을 방문한 고객에게 처음부터 좋은 인상을 주지 못하면 모든 활동의 효과를 기대할 수 없다.

제1절 Front Desk의 기능

프런트 데스크는 호텔과 고객의 매개역할을 하여 고객이 투숙하는 동안 최상의 서비스를 제공받음으로써 고객만족을 창출하고 그 연장선상에서 고객의 재방문을 유도하여 호텔의 상품과 객실 판매를 극대화하여 매출을 증대시키는 중요한 역할을 수행한다.

프런트 데스크에서 수행하는 일 중에서 가장 중요한 기능은 호텔 객실을 판매하는 것이다. 물론 객실예약부서나 객실판촉부서에서 객실을 판매하고 있지만 프런트 데스크에서 근무하는 종사원의 업무수행에 따라 호텔의 전체판매액 중에서 상당부분 영향을 미치고 있기 때문에 객실판매(Room Sale)를 높이기 위해 노력하여야 한다. 그래서 객실운영에 있어 프런트 데스크는 예약된 고객에 대한 조절, 예약 없이 체크인 하는 고객(Walk-in Guest), 등록절차 수행, 업셀링(Up-Selling), 고객에 대한 객실배정 등을 항상 고려하고 조절해야 한다.

고객에 대한 데이터베이스(Database)를 기본으로 조정과 통제기능을 총괄하기 때문에 객실부 내에서는 인체의 두뇌라고 비유할 만큼 핵심적인 일을 하고 있다. 이는 고객이 투숙하는 동안 최상의 서비스를 제공함으로서 호텔에 대한 좋은 인상을 남겨 재방문을 유도하는 등 객실판매의 최전선의 역할을 담당한다.

프런트 데스크는 보통 세 부분으로 구분할 수 있는데, 데스크 중앙에 객실판매의 관리와 등록(Registration)을 담당하는 부분과 Check-Out을 담당하는 프런트 캐셔(Front Cashier) 부분 그리고 호텔이나 관광정보를 안내해 주는 인포메이션(Information) 부분으로 나뉘어져 있다.

Front Desk는 숙박 고객의 Registration(Check-In), Front Cashier(Check-Out), Information 제공 등을 담당하는 곳인데, 다음과 같은 업무를 주로 한다.

- 고객 투숙 등록 및 객실 배정
- 당일 Room Control 및 Forecasting 관리
- 고객 투숙 정보수집 및 활용
- 당일 Arrival 고객 Amenity 관리
- 각종 Information 제공
- 환전 관리

- 객실 판매를 위한 Source 지원 및 관리
- 고객 퇴실 절차 수입 정리
- 부대시설의 판매 서비스 협조
- 타 부서와의 업무 협조
- 투숙객 불편사항 접수 및 해결

〈표 7-1〉 Front Office의 주요 기능

Information Clerk	Room Clerk	Cashier
· 호텔 내·외부 안내 · 메시지 전달 · 우편물 취급	· 예약 확인 · 숙박등록(Check-In) · 객실배정, 키(Key) 제공	· 퇴숙 고객의 요금정산 · 환전업무 · 귀중품 보관

(Front Office)

〈표 7-2〉 프런트 데스크의 조직도

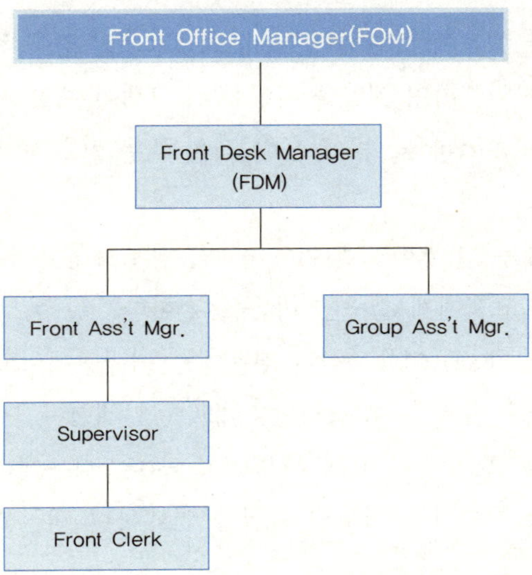

제2절 호텔 프런트 업무

1. 등록업무

고객이 객실을 이용하기 위해 호텔에 도착하면, 먼저 프런트 데스트에서 등록업무를 해야 한다. 등록업무란 일정한 지불조건을 갖추고 투숙을 원하는 고객을 대상으로 등록을 하기 위한 절차의 첫 단계로서, 사전에 필요한 서비스를 예약하고 방문하거나 또는 예약을 하지 않고 방문하여 숙박서비스를 요구하는 고객에게 일정한 절차에 따라 객실을 제공하는 업무를 말한다. 재방문하는 고객은 최초의 등록자료를 컴퓨터에 보관하여 재투숙시 신속하게 체크인하며, 일반적으로 등록절차는 정확 · 신속하게 처리하여야 한다.

1) 예약확인

객실 투숙고객이 프런트 데스크에 도착하면 Room Clerk은 가장 먼저 고객이 사전에 객실예약을 했는지 확인해야 하며, 예약고객일 경우 컴퓨터에 고객의 성명이나 예약번호를 입력하여 예약을 확인한다. 고객이 예약 시 Connecting Room, Adjoining Room, Non-smoking 등 요구한 객실을 유형에 따라 객실을 배정해야 한다.

재방문 고객에게는 고객의 호텔 이용내역을 참조하면서 우리 호텔을 다시 이용하는 데 대하여 고객에게 소중한 마음을 전한다.

귀빈층(Executive Floor) 이용고객일 경우에는 귀빈층에서도 체크인이 가능함을 알려주어 스페셜 체크인 장소를 이용하도록 안내한다.

예약을 하지 않고 도착하는 고객(Walk-in Guest)일 경우에는 판매가능한 잔여객실을 확인한 후, 투숙가능 여부와 요금을 안내하여 객실을 판매토록 한다.

〈표 7-3〉 업무의 흐름도

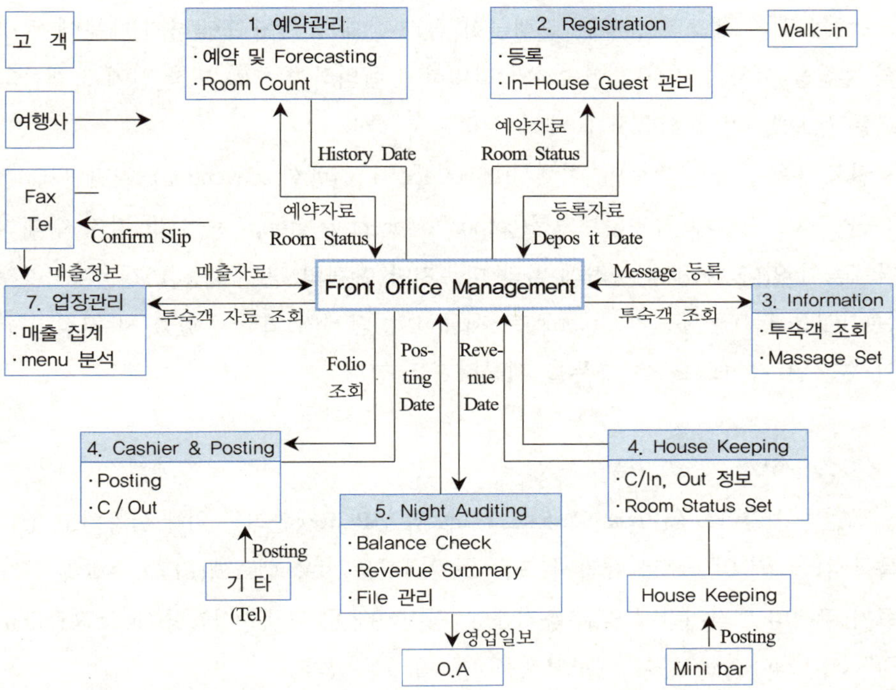

(1) FIT고객 체크인 업무

예약고객의 해당일 도착전 예약 슬립(reservation slip)이나 컴퓨터(CRT)를 통하여 고객이 원하는 객실을 배정(room assignment)하여 객실정비와 요구나 요청사항 등을 사전에 점검함으로써 완전한 객실상품을 제공하여 신속한 체크인 서비스를 통해 고객만족을 높일 수 있다. 특히 재방문고객(repeat guest)이나 VIP고객일 경우 좋은 객실을 우선 배정한다.

비행기 시간 등으로 인해 조기도착(early check-in) 예정인 고객의 객실은 하우스키핑(housekeeping)에 연락하여 일찍 청소가 이루어지도록 미리 통보한다. 또한 장애우나 노약자의 경우는 되도록 낮은 층이나 엘리베이터 가까운 쪽으로 배정한다.

(2) Group고객 체크인업무

단체고객의 체크인은 많은 고객들이 짐과 함께 동시에 도착하기 때문에 로비의 혼잡을 피하기 위하여 인솔자와 긴밀하게 협의하여 호텔 도착 전에 고객들의 모든 정보를 얻어 신속하게 체크인 하도록 한다.

단체의 종류를 살펴보면, 여행사(travel agent), 컨벤션(convention), 일반단체, 승무원(crew), 기업체 인센티브그룹(corporate incentive group) 등 여러 가지 형태의 단체들이 있다. 호텔의 사정에 따라 다르지만 단체의 경우 보통 15객실마다 1객실(최대 3~4실)을 무료객실(comp)로 제공하며, 단체의 조식이 있을 시 일정 인원이 넘으면 가이드 조식 쿠폰을 제공하기도 한다.

(3) VIP고객 체크인업무

호텔들이 단골고객(Royal Customer) 확보와 VIP[1] 고객관리를 위해 활용하고 있는 특급서비스의 일환으로 예약시 모든 영접계획을 전용 데스크(EFL) 수립해 둠으로써 고객의 도착시간에 맞춰 총지배인, 당직지배인, 고객관리담당(Guest Relations Officer, Concierge) 등이 해당고객을 영접할 수 있다.

등록카드는 사전에 작성할 수 있도록 준비하여 놓으며, 해당객실의 정비상태나 환영카드(welcome letter)와 고객이 요청한 서비스의 준비사항을 재확인한다.

VIP고객이 투숙할 시 관련부서에 정보를 공유하여 고객이 불편함이 없도록 만전을 기한다.

(4) Walk-in 고객 체크인업무

워크인(Walk-In)이란, 사전에 예약을 하지 않고 호텔을 방문하여 투숙을 원하는 고객을 말한다. 다양한 성향의 고객들이므로 고객응대에 신중을 기하여야 하며, 가급적 판매증대(Up-Selling)를 유도하고, 특히 지불관계를 명확히 처리하여

1 Very Important Person의 약자로 귀빈이라는 뜻으로 이런 VIP고객에게 부합되는 철저한 사전 준비와 정중하고 격식 있는 영접·안내 및 신속한 체크인절차를 수행하여야 한다.

야 한다. 보통 워크인고객의 경우 객실요금 이외에 객실 내 미니바(Mini Bar)와 업장 등 부대시설을 이용할 때 발생되는 비용을 감안하여 일정한 요금의 예치금(Deposit)을 받아둔다. 호텔의 정책에 따라 다르지만, 일부 호텔에서는 워크인 고객의 경우 객실요금을 거의 할인하지 않고, 성수기에는 평균객실요금(Average Rate)을 높이기 위해 일정비율의 객실을 워크인 고객에 배정하기도 한다.

그러므로 판매가능한 객실들 중 고객의 성향을 신속히 파악하여 가능한 고급 객실을 결정하도록 유도한다. 등록카드 작성시 미기재된 사항을 확인하여 필요 사항을 기입하도록 한다.

(5) 데이 유스 고객의 객실판매업무

보통 객실의 효율적인 판매와 회전을 위하여 오전부터 오후 5시까지 일정금액을 받고 객실을 1회 더 판매할 수 있다. 이것을 데이 유스(Day Use)라고 한다. 이는 오후 6시 이후에는 다른 고객에게 재판매하여야 되기 때문에 단시간동안 객실을 판매하는 것으로서 낮시간 동안의 객실을 효율적으로 판매함으로써 객실 전체수입을 올릴 수 있는 효과를 가져 올 수 있다.

(6) 만실일 경우 예약한 고객처리업무

객실이 만실(Full House)일 경우 예약한 고객이 호텔에 도착하였을 경우 다른 호텔로 턴 어웨이(Turn Away)해야 한다. 턴 어웨이란 고객이 객실을 예약했음에도 불구하고 초과예약이나 기타 예기치 못한 사정으로 인하여 고객에게 객실을 제공하지 못하고 다른 호텔로 보내는 경우를 말한다. 그러므로 호텔의 잘못으로 인하여 발생된 문제이므로 호텔에서 전적으로 책임을 져야 한다. 이러한 경우 그 호텔과 비슷하거나 더 높은 수준의 호텔을 알선하여 주고 객실료와 교통비를 호텔에서 대신 지불하여 준다. 그리고 공식적인 사과공문을 발송하고 다음날 돌아올 수 있도록 한다.

(7) 불량고객 처리업무

불량고객 중에는 금전적인 능력이나 객실시설을 상습적으로 망치게 하거나 고성방가 등으로 인하여 다른 고객들에게 피해를 주는 고객을 말한다. 이러한 고객들은 컴퓨터상 불량고객(black list)에 입력하며, 이러한 고객의 투숙 요구시에는 비록 빈 객실이 있더라도 여러 가지 이유를 들어 숙박을 거절한다. 또한 피해를 당한 호텔들은 다른 호텔들과 전화상이나 팩스로 이름 · 인상착의 · 피해금액 등과 같은 정보를 공유하기도 한다.

2) 숙박등록카드 작성

호텔에서 고객의 숙박카드(Registration Card)를 작성하는 주요 목적은 첫째, 객실이용에 관한 고객과의 약속이다. 둘째, 안전 및 도난사고에 대비하기 위해 작성한다. 셋째, 고객관리 차원에서 작성한다. 넷째, 각종 통계목적으로 작성한다.

스키퍼(Skipper)[2] 발생시에는 숙박등록카드를 통해 추적할 수 있으며, 최근에는 이를 방지하기 위해서 체크인 때 선급을 받거나 고객의 신용카드를 미리 받아 이지체크(Easy Check)[3]에 등록시켜 놓는다.

고객에게는 등록카드[4]에 성명, 주소, 연락처, 생년월일, 여권번호(내국인은 주

2 스키퍼란 호텔에서 객실이나 식음료업장, 부대시설 등을 이용한 고객이 고의로 요금을 지불하지 않고 도망가는 경우를 말한다. 이를 방지하기 위하여 객실예약부서에서는 예약고객의 경우 예약재확인(confirmation)을 통해 고객의 정보를 확인하며, 프런트 데스크에서는 등록카드를 정확히 받을 수 있도록 함과 동시에 객실요금 이외에 추가로 예치금을 받아놓는다. 특히 장기투숙객(long term guest)의 경우 일주일 또는 한 달 단위로 중간정산을 실시하여 스키퍼를 줄이고 있다.

3 신용카드조회기, 이것은 카드회사와 한국정보통신 그리고 가맹점이 On-Line으로 연결되어 불량카드 여부를 컴퓨터에 의해서 체크하는 시스템이다.

4 등록카드는 호텔마다 독특한 디자인으로 되어 있지만, 내용은 거의 유사하다. 이는 호텔에서 요구하는 고객들의 각종 정보는 대부분 비슷한 내용이기 때문이다. VIP고객이나 재구매고객(repeat guest)은 미리 체크인 전에 등록카드를 프린트하여 체크인시 서명만으로 등록업무를 대신하기도 하는데, 그 때 고객의 개인정보를 재확인하여 변경사항이 있으면 바로 컴퓨터에 수정하여야 한다. 이러한 등록카드를 작성하는 주요목적은 객실이용에 관한 고객과의 약속과 고객관리차원 등 각종 통계목적으로 작성하며, 스키퍼(skipper) 발생시에 문제를 해결할 수 있는 자료가 된다.

IT'S GOOD
to arrive

Sheraton

LAST NAME 성	FIRST NAME 이름	[ ] Mr [ ] Ms [ ] Mrs [ ] Miss	BOOKED BY	ROOM No.
ADDRESS 주소			ARRIVAL DATE 입실	DEPARTURE DATE 퇴실
EMAIL ADDRESS			PHONE 전화번호	DATE OF BIRTH 생년월일
PASSPORT No. 주민등록번호	NATIONALITY 국적		PURPOSE OF TRAVEL 여행목적	
NAME OF COMPANY	OCCUPATION & TITLE		[ ] TOUR 관광 [ ] CASINO 카지노	[ ] BUSINESS 업무 [ ] OTHERS 기타

ROOM TYPE	GUEST	NIGHT	ROOMS	DAILY RATE	Co./Grp CODE	GRN

REMARKS	Dep. Fit. No CHECK OUT TIME	CLERK

INFORMATION

객실료에는 봉사료와 세금 각 10%가 가산됩니다.
퇴숙시간은 당일 12시까지 입니다.

10% Service Charge and 10% Tax will be added.
The hour for vacating the room by the guest (Cherk-out time) shall be 12:00 p.m.noon.

By providing information to the hotel ("Guest Information"), you authorize Starwood Hotels & Resorts Worldwide. Inc., and its affiliated and subsidiary companies, (the "Starwood Group"): to collect, process and use Guest information for lawful, Starwood Group business-related purpose; to store your Guest Information at and transmit your Guest Information to various locations throughout the world, either directly or through its third-party vendors, whether within your country of residence, the United States, or elsewhere. To learn more about our data collection and usage practices, please see our Privacy statement at starwoodhotels.com.

호텔측에 고객 정보를 제공함으로써, 고객님께서는 Starwood Hotels & Resorts Worldwide. Inc.,와 그 계열가를 포함한 스타우드 그룹에서 합법적으로 본 정보를 취합하고 사업상의 목적으로 이용할 것을 허가하셨습니다. 고객정보는 직접적인 방법, 또는 타 기관을 통하여 거주하시는 국가를 포함하여 미국 등 전 세계적으로 전달되어 보관될 수 있습니다. 저희의 데이터 수집 방식이나 사용실지를 더욱 자세히 알고 싶으시면 www.starwoodhotels.com에 있는 Privacy statement를 참조하시기 바랍니다.

Irrespective of billing instructions, I agree to be personally liable if the indicated person or entity fails to pay any of the charges. You may bill my presented credit in the event I fail to sign it as a charge record upon check out. Consignee certifies responsibilities for payment of all charge incurred by registrant.

본인은 투숙 중 발생한 모든 비용에 대해 어떠한 결제 불이행에도 책임이 있음을 동의합니다. 퇴실 시, 내역서에 서명을 하지 못하는 경우, 등록카드의 서명으로 대체할 것을 동의합니다.

SIGNATURE

자료 : Sheraton Grande Walkerhill Hotel

민등록번호)를 기재하고 서명을 하도록 한다. 재방문 고객(Repeat Guest)인 경우 고객 프로파일(Profile)에 변경사항이 없는지 물어보고 등록카드에 서명만 받는다.

고객이 등록카드를 작성한 후, 직원은 객실형태, 흡연실/비흡연실, 투숙기간, 출발일, 객실료 등을 반드시 고객과 확인한다.

3) 객실 Deposit 업무

고객은 투숙을 하기 위한 등록절차 지불방법을 결정하고 예치금(Deposit)을 설정한다. 투숙객이 C/I시 선택할 수 있는 지불방법으로는 현금과 신용카드의 방법 등이 있는데, 현금의 경우 고객이 투숙하는 동안의 총 객실료의 1.2배를 예치금(Deposit)을 받아야 하며 신용카드의 경우 Credit Card 번호 및 유효기간을 확인하여 승인을 받아두어야 한다.

4) 객실배정 및 키(Key) 제공

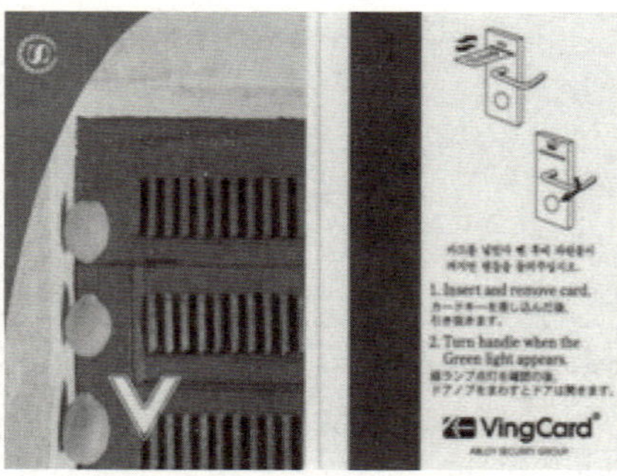

자료 : Sheraton Grande Walkerhill Hotel

고객의 흡연 여부와 기타 객실의 선호도에 맞게 객실배정(Room Assign)을 한다. 고객이 선호하는 객실판매가 가능한 경우, 우선적으로 선호객실을 배정한다.

고객이 Check-Out할 때 계산할 신용카드를 미리 받아 이지체크(Easy Check)에 등록시키고, 직원은 준비된 객실의 카드키와 조식권을 키포켓(Key Pocket) 안에 넣어 고객에게 전해드리고 객실로 안내한다.

등록카드에 작성된 내용을 고객 프로파일(Profile)에 입력하고 등록카드는 프런트 데스크의 숙박카드 박스에 객실번호 순으로 정리하여 보관한다.

2. 안내업무

인포메이션 서비스(Information Service)는 호텔의 내·외부 안내 및 교통, 관광 안내 서비스도 담당하며, 객실고객에게 전달된 메시지를 처리하고 각종 우편물 등의 우체국 업무도 담당한다. 이러한 업무를 담당하는 직원을 인포메이션 클럭(Information Clerk)이라고 한다.

1) 호텔 내 외부안내

내·외부 고객의 문의사항이나 요청사항 등이 보통 일차적으로 프런트 데스크를 통해 이뤄지기 때문에 호텔 내 모든 정보사항을 숙지해야 하는 것은 기본이며, 정확하고 많은 호텔 내 정보를 가지고 영업업무와 매출증진에 커다란 역할을 하고 있다.

더욱이 호텔에 투숙하고 있는 고객의 편의를 도모하고, 외부로부터 문의가 있을 경우에도 최선을 다하여 적극적으로 필요한 정보를 제공하여야 한다. 그러므로 고객이 숙박을 하면 고객이 머무르는 동안 프런트 데스크 직원은 각종 정보를 제공하는 중심지로써의 역할과 기능을 수행하여야 하는데, 이는 고객에게 여러 가지 정보를 제공하기 위해 호텔의 정책이나 요금·서비스·상품 등 고객으로부터 예상되는 질문에 대답할 수 있도록 전반적인 정보를 습득하고 많은 정보를 갖추고 있어야 한다. 또한 호텔의 숙박고객뿐만 아니라 외부고객에게 정보제공은 호텔의 상품구매를 유도할 수 있는 기회가 될 수도 있으므로 호텔의 어느 부서보다도 고객에게 많은 정보를 제공하여 줄 수 있도록 노력하여야 한다.

물론 모르는 질문을 받았을 경우에는 타인에게 돌려 넘겨 고객으로 하여금 불편을 느끼게 해서는 안되며, 자료를 찾아보거나 직접 타부서에 연락을 하는 등의 적극적인 자세를 갖도록 하는 것이 고객에게 호감을 줄 수 있다.

2) 우편물 취급업무

우편물의 취급은 고객의 입장에서 보면 중요하다. 고객의 안부와 사업에 대한 정보는 고객의 안전이나 재산상에 중대한 손실을 줄 수도 있기 때문이다.

우편물 취급상의 주요업무는 숙박객에게 도착하는 우편물의 취급 및 송달하고 우편물 수발대장을 철저히 기록한다. 이때 일반, 등기, 빠른우편물 등을 구분하여 신속히 전달하거나 발송처리를 해야 한다.

3) 메시지 전달

고객의 투숙 전에 도착된 팩스나 전보, 전화메시지는 당해 고객의 도착 시 즉시 전달되어야 하며, 고객이 외출하였을 때도 돌아오는 즉시 그동안 도착되었던 메시지를 전달하도록 한다. 대개 고객이 잠들기 전 오후 10시경에 그 날 있었던 메시지는 모두 전달되어야 하므로, 각 조별 교대가 이루어질 때에는 고객의 우편물과 메시지도 함께 인계함은 물론 고객의 동향을 잘 파악하고, 프런트 데스크에 프린트되는 메시지는 메시지 봉투에 넣어 프런트의 메시지 박스에 보관하고, 고객에게는 도착 메시지가 있음을 객실 내 전화기의 메시지 점등을 통해 고객과 커뮤니케이션을 잘 유지하여 신속한 메시지서비스가 이뤄지도록 해야 한다.

3. 계산업무

프런트 캐셔(Front Casher)의 주요 업무는 퇴숙 고객의 체크아웃 때 고객이 사용한 객실의 키를 수납하고 고객의 체재기간 발생한 각종 요금에 대한 계산업무를 담당하는 것이다.

프런트 캐셔는 최종적으로 고객의 서비스를 제공하는 단계이기 때문에 지급을 요청할 시기에 지나치게 계산적이고 민감해서는 안 되며 고객의 입장에서 만족스럽고 쉬운 방법을 선택하여야 한다.

퇴숙(Check Out)은 투숙고객이 객실, 식사와 부대업장 등 호텔의 모든 시설을 사용하고 요금계산을 마치고 열쇠를 반납하는 것으로 객실을 비우고 호텔을 떠나는 것이다. 출발고객의 영수증을 정확하게 확인하고 요금을 계산 받아야 한다. 체크아웃은 호텔직원이 고객과 접촉할 수 있는 마지막 기회라고 할 수 있으며 체재를 마치고 떠나가는 고객에게 호텔을 다시 찾아 주도록 좋은 이미지를 심는 짧은 시간이다. 따라서 회계원의 따뜻하고 상냥한 환송인사와 체재기간 동안 불편했던 점을 꼭 시정하겠다는 약속으로 단골고객 확충에 힘써야 한다.

1) 체크아웃 업무

(1) 고객의 객실요금 확인

고객에게 객실번호를 묻고 투숙하는 동안 불편한 점을 없었는지 확인한다. 그리고 고객의 미니바(Mini-Bar) 사용 여부를 파악하여 폴리오(Folio)를 프린트해서 고객에게 보여드리고 이상 유무를 확인한다. 지급방법을 다시 확인(현금, 신용카드, 후불)하고 고객의 서명을 받는다.

(2) 공항까지의 교통편과 교통정보 제공

(3) 컴퓨터상으로 Check-Out시키고, 서명 받은 신용카드 매출전표의 마지막 장과 폴리오를 봉투에 넣어 손님에게 전달

① FIT고객 체크아웃업무

FIT고객의 체크아웃은 컴퓨터를 통해 고객이 투숙기간동안 사용한 빌(Bill)에 대한 사용 여부를 확인한 후, 다음 목적지까지의 교통편의 방법이나 예약 여부, 객실 키를 반납 받는 업무를 수행한다.

체크아웃하는 시간동안에 프런트 캐셔는 항상 밝고 미소를 띤 얼굴로 고객의 이름을 자주 불러주도록 노력해야 한다.

보통 모든 빌(Bill)은 고객이 사용하자마자 곧바로 중앙컴퓨터(Main Computer)를 통해 고객의 계정(Account)으로 포스팅(Posting)되지만, 미니바(Mini Bar)만큼

SHERATON GRANDE WALKERHILL
175 Achaseong-gil, Gwangjin-gu,
Seoul, Korea 143-708

t — 82 2 455 5000
f — 82 2 452 6867
Regd No.: 206-85-29596
CEO : Lee, Chang Kyu

Sheraton

GUEST FOLIO

Sehan Tvl Svc(WKT)
SEOUL

Room No. : 2143
Arrival : 16-Aug-2010
Departure : 19-Aug-2010
Date : 19-Aug-2010
Page No. : 1
Cashier :
Folio No. :

DATE	DESCRIPTION	REFERENCE	CHARGES	CREDITS
16/08/10	Room Charge		80,000	
16/08/10	Service Charge		8,000	
16/08/10	Room Tax		8,800	
17/08/10	Room Charge		80,000	
17/08/10	Service Charge		8,000	
17/08/10	Room Tax		8,800	
18/08/10	Room Charge		80,000	
18/08/10	Service Charge		8,000	
18/08/10	Room Tax		8,800	
19/08/10	OFF- Credit Card Douglas			290,400
		Total	290.400	290,400
		Balance KRW		0

Inclusive of 10% Service Charde and 10% Tax.

I agree that my liability for this bill is not waived and agree to be held personally liable in the event that the indicated person, company of association fails to pay any or the full amount of these charges.
I also agree that all charges containded are any disputes or requests for copies of charges must be made within five days of my departure

GUEST SIGNATURE

자료 : Sheraton Grande Walkerhill Hotel

은 고객이 체크아웃할 때 캐셔가 포스팅하여야 한다. 그리고 나서 출력된 폴리오(Folio)의 계산이 정확한지 확인하기 위해 고객이 사용한 청구서를 확인한 후 이상이 없을 시 체크인 당시 임프린트(Imprint)하여 놓은 카드나 예치금으로 지불할지 물어본 후 카드로 계산을 원할 경우 카드전표에 정확한 금액을 기입한 후 서명(Sign)을 의뢰한 후 고객용 전체요금(Total Balance)이 0원인 영수증을 프린트하여 신용카드 슬립(Credit Card Slip) 중 회원용 슬립과 함께 봉투에 담아서 드린다. 참고로 모든 국가의 금액은 그 나라의 화폐의 단위를 따르기 때문에 0원인 영수증을 고객에게 제공한다.

현금(Cash)계산일 경우 고객이 보는 앞에서 손으로 직접 세거나 계수기를 통해 2회 이상 확인한 후 거스름돈과 영수증을 함께 전달한다. 이 때 모든 계산이 완료되기 전까지는 현금 박스에 넣지 않으며, 취급현금은 원화 · 자기앞수표 · 외화 · 여행자수표 등이 있다.

② Group고객 체크아웃 업무

일반 FIT고객들과 체크아웃방법은 동일하지만, 객실요금이나 식사요금 그리고 부대행사비용 등을 여행사나 회사에서 지불하는 경우 예약조건에 따라 처리하며, 이 금액을 제외한 나머지 금액은 개인별로 청구하게 되는데, 대부분 개인 전화요금과 미니바 또는 사우나 등 부대시설 이용료 등이 있다.

단체는 동시에 많은 인원이 체크아웃을 하며 시간이 많이 걸리기 때문에 미리 여행사 가이드나 인솔자에게 체크아웃시간을 받아 사전에 준비하도록 한다. 특히 미니바(Mini Bar) 체크로 인해 출발시간의 지연이나 호텔의 미수금 등이 발생할 수 있으므로 짧은 시간 안에 신속 · 정확하게 체크아웃시켜야 한다.

일반적으로 단체고객은 개별고객에 비해 호텔을 재방문할 경우는 적지만, FIT고객과 마찬가지로 정중하고 친절한 자세로 대함으로써 호텔에 대한 좋은 이미지를 줄 수 있도록 해야 한다.

③ Express 체크아웃 업무(특급퇴숙 업무)

잦은 출장여행객들이 익히 알고 있는 특급퇴숙 절차는 잘 이용하면 시간절약을 할 수 있어 도심호텔들을 중심으로 확산되고 있다. 그러나 정착되지 않는 제도이므로 객실의 홍보 및 인쇄물을 통해 안내하기도 하고, 고객접점에 있는 종업원들이 고객과 대화를 통해 신속한 퇴숙절차를 홍보하여 이를 편하게 이용하도록 한다. 다만, 이 제도를 이용하려면 사전에 신용카드전표를 작성해 두어야 하며 그 절차는 다음과 같다.

- 퇴숙예정고객의 명단을 작성한다.
- 새벽 02시까지 확인된 계산서(Folio and Bill)를 특급퇴숙 봉투에 넣어 객실문 밑으로 넣어드린다.
- 고객은 아침에 짐을 챙기면서 계산서를 확인하고 이상이 없으면 제공된 봉투에 객실번호, 성명, 퇴숙시간, 서명 등을 하여 입숙 시 제시된 신용카드로 결제한다는 의사표시를 한다.
- 고객은 떠나면서 프런트에 비치된 신속한 체크아웃 박스에 객실열쇠와 함께 봉투를 넣고 떠난다.
- 만약 영수증이 필요하면 봉투하단에 성명, 회사명, 주소, 우편번호를 적어 송부를 요청하는데, 이때에는 24시간 이내에 기록된 주소로 송부한다.
- 02시 이후 발생된 계산은 추가로 마감하며, 제출된 신용카드 전표로 계산한다.
- 고객께 보내는 영수증과 추가 업장계산서는 호텔에 따라 프런트에서나 관리부서에서 취급할 수 있다.

④ Late 체크아웃 업무(늦은 퇴숙 업무)

대부분의 호텔들은 특별한 패키지나 판촉활동에 의해 투숙한 고객을 제외하면 정오나 오후 1시경이 퇴숙시간으로 정해져 있는데, 고객의 사정에 의해 퇴숙시간이 지나서 체크아웃 할 때에는 추가요금을 받게 된다. 즉 사전에 연락을 받은 경우 한두 시간 정도는 고객관리측면에서 초과요금을 징수하지 않는 것이 상례다. 그러나 오후 늦게 퇴숙하게 되면 오후 6시까지는 통상 체재요금의 50%, 6시 이후는 객실정비가 불가능해지므로 일일요금을 받게 된다. 이때에는 단골고객관리라는 명제 하에 유연성을 갖는 것도 좋은 방법이다.

⑤ 후불고객 체크아웃 업무

FIT고객 중 회사지불(Company Pay) 고객은 계산서를 출력하여 고객 폴리오(Folio)에 회사명 · 성명 · 서명을 기록해 줄 것을 부탁하고, 확인이 안될 경우 재경부서에 확인한다. 이때 고객이 숙박기간 동안 사용한 모든 영수증(Bill)을 함께 첨부(Attached)하여야 한다.

후불여행사인 경우 객실수 · 숙박일수 · 식사매수 등을 확인한 후 후불 바우처(Voucher)를 작성하여 계산서를 첨부해 후불처리(City Ledger)하여 재경부로 넘긴다. 또한 바우처(Pre-payment Voucher) 소지자의 체크아웃은 바우처에 명시된 지불계정(Room Only, Room & Meal)을 우선 확인한 후 개인이 지불해야 할 범위를 확인한 후 체크아웃시킨다. 법인회사에서 지불을 하고 세금계산서를 원할 때에는 사업자등록증 사본을 필히 수령하고 세금계산서를 발행한다.

장기투숙객의 경우 보통 객실료는 미리 선불로 지불하는 경우가 대부분이며, 개인빌(Bill)의 경우에는 주(Weekly)단위나 월(Monthly)단위로 정산을 하게 된다. 또한 그 기간 중이라도 지불금액이 호텔의 규정보다 초과했을 경우 중간계산을 유도하고 있다.

(4) 객실 키를 돌려받고 차기 방문을 위한 예약여부 파악

(5) 환송인사

투숙해줘서 고맙다는 인사를 하고 다시 만나기를 바란다는 작별인사를 한다. 고객이 퇴숙시에는 투숙기간 동안 제공받은 서비스에 대해 불만을 터트리는 경우가 많다. 마지막 헤어지는 순간이기 때문에 그동안 말하고 싶었던 내용을 표출하는 것이다. 일반적인 호텔에 대한 불만일 경우 당직지배인이나 상급자에게 이러한 내용을 보고하고 그에 대한 정중한 사과와 재발방지를 약속하고 다음 재방문시 불편했던 사항의 보상을 약속하는 등, 고객에게 최선을 다하는 모습을 보여줘야 한다. 이때 뒤에서 체크아웃을 기다리는 다른 고객을 위해 그 고객이 기분이 상하지 않도록 지배인에게 인계한 후 다른 고객을 맞이하여야 한다.

2) 귀중품 보관업무

고객편의를 위해 투숙객에 한해 무료로 귀중품을 일시 보관하였다가 돌려준다. 고객이 귀중품을 보관하지 않고 호텔 내에서 분실하였을 경우에는 호텔측에서 책임질 수 없다는 점을 숙박약관에 명시하고 있으나, 프런트 직원은 체크인할 때 반드시 고객에게 알려 주어야 한다. 귀중품 보관방법에는 두 가지 방법이 있다.

① 안전금고 : 프런트 회계 데스크에 안전금고를 준비하여 놓은 호텔에서 이용할 수 있는 것으로 이용방법은 우선 금고기록서에 성명, 주소, 객실번호, 날짜, 서명을 고객이 기입한다. 동시에 회계담당직원은 금고기록서용 봉투의 서명란에 금고의 열쇠번호를 기입하고 사인을 한 후 키를 고객에게 건네준다. 금고사용이 끝나고 키를 반환할 때도 이를 확인하기 위해 고객의 서명이 필요하다.

② 객실 내 안전금고 : 특급호텔에서 VIP 고객이 투숙하는 객실 내에 안전금고를 비치하여 현금이나 귀중품을 보관할 수 있도록 하고 있다. 이용방법은 고객 스스로 사용안내서에 따라 비밀번호를 입력하고 안전금고에 부착된 번호버튼을 조작하여 금고문을 개폐한다.

3) 환전업무와 현금관리업무

정부에서는 환전(Foreign Exchange)상이라는 제도를 통하여 외국인여행자 편의를 위하고, 외국환의 조기집중 및 외화유출을 방지하기 위해 운영하며, 호텔 내에서도 환전상의 취급업무를 허가받아 취급하고 있다. 현재 우리나라는 변동 환율제도를 적용하고 있으나 대부분의 호텔들은 공휴일을 제외하고 1일 1회 환율고시를 원칙으로 하고 있다.

환전상의 의무

- 환전직원은 외국인과 의사소통이 가능하며, 환전업무 관계법규를 숙지하고 있는 자 2명을 고용하고, 환전 업무를 수행할 수 있는 충분한 영업공간을 확보하여야 한다.
- 당일의 환전결과 매입 액을 통화의 종류별로 합산하여 환전장부에 기장하고 환전직원과 책임자의 날인을 한다.
- 외국환 매입 시는 금액과 상관없이 반드시 외국환 매각신청서를 작성하고, 외국환 매각증명서를 교부한다.
- 환전상은 매입외화의 대외국환은행 매각의무를 지켜 매입외화를 불법 유출하지 않는다.
- 환전상은 인가증(신고필증)과 국문·영문으로 표시된 환전영업자의 표지 및 외국환 매매율 고시판을 게시하고 현금등록기 및 위폐감별기를 설치한다.
- 환전장부 및 관계서류는 사용년도로부터 1년간 보존한다.
- 고객의 요청에 대비하여 충분한 원화를 보유하여야 한다.
- 환전영업현황을 매 분기별로 익월 10일까지 지정외국환 거래은행의장에게 제출하여야 한다.

환율(Money Exchange Rate)은 외국환거래법 환전상 관리규정에 의한 지정 외국환에 한하여 고객으로부터 매입할 때 적용한다. 호텔과 주거래하는 은행에서 대고객 전신환매입률의 1/100 이내로 취급수수료를 산출하여 통화의 형태에 따라 공제한 금액이 당일 환전상의 외국환매입률이 되며, 매일 당일의 외국환매입률을 통화형태별로 프런트 캐셔에 게시하고 있다. 우리나라에서 사용되는 외화 환전은 약 30여 종이며, 현금(Cash)과 여행자수표(Traveler's Check)로 구분하여 매입하고 있다. 고객으로부터 외국환을 매입할 때에는 외국환증명서를 작성하고, 환전증명서의 금액은 정정할 수 없으며(VOID처리), 고객이 사용하고 남은 원하를 재환전하고자 할 때에는 외국환은행 또는 공항에 있는 금융기관 환전상에서 호텔에서 발행한 외국환 매입증명서에 의해 재환전할 수 있고, 호텔에서는 외화유출방지를 위해 원화를 외국환매각신청서에 기재된 금액 내에서 환전이 가능하지만 호텔 사정상 재환전을 시중은행으로 유도하고 있다.

프런트 캐셔는 업무종료 직전에 근무시간에 교환한 외국통화를 통화별, 현금, 여행자수표(Traveler's Check)별로 집계하여 교환보고서(Exchange Report)에 정리하여 기입하고 외국환매입증명서와 같이 출납과(General Cashier)나 금고에 투입한다.

매각증명서는 고객이 환전을 증명하는 서류이기 때문에 어떠한 낙서도 해서는 안되며, 잘못된 금액이나 이름이 기입이 되면 무효(VOID)처리하고 증명서를 다시 작성해야 한다. 매각증명서를 분실할 시 이에 대한 사유서가 작성되며, 무효처리된 매각 증명서와 함께 경리부로 보내진다. 그리고 같은 종류의 외화라 하더라도 여행자수표와 현금의 환율은 다르며, 위조지폐에 대해서는 항상 유의해야 한다.

여행자수표

해외여행자의 현금휴대에 따른 분실·도난 등의 위험을 피하기 위하여 고안된 수표로서 은행으로부터 매입할 시 이미 해당금액만큼의 현금을 지불하고 발행받은 수표로 현지통화의 현금화 및 물품구입이 용이하며, 분실 및 도난시에도 재발급을 받을 수 있는 수표이다.

호텔기업의 장점 중의 하나로 영업특성상 현금(Fund) 회전이 매우 빠른 기업이라고 할 수 있다. 현금흐름은 거액의 단위뿐만 아니라 영업장별로 소액단위로 빠르게 움직이고 있는 특성을 가지고 있어 호텔 영업활동에서 발생하는 현금을 효율적으로 관리하는 것이 매우 중요하다. 호텔 객실부에서 발생하는 현금을 집계·관리하고 원활한 영업활동을 수행할 수 있도록 모든 프런트 데스크 직원들은 영업준비금(Fund)이나 환전준비금을 가지고 현금과 관련된 업무를 수행하게 된다. 특히 환전준비금은 은행이 쉬는 연휴나 특정행사기간 등의 상황에 따라 예상되는 금액을 재경부로부터 수령받아 환전업무에 차질이 없도록 하여야 한다.

제3절 직급별 / 근무조별 업무

1. Front Manager

프런트 지배인은 프런트 서비스의 최고 총괄책임자다. 프런트에서 일어나는 모든 업무를 총괄하고 고객만족에 최선을 다하며 다른 부서와도 긴밀한 협조를 이룰 수 있도록 관리한다.

(1) Manager Flash Report확인

Night Clerk이 작성한 Report가 전날과 차이 나는 부분에 대해서 확인한다. 전날의Occupancy[5], Sold Room[6] 및 Revenue[7]를 확인한다. 전일 Report와 비교하여 일주일의 Forecast 변동상황을 Check 하며 금일의 예상 객실 점유율도 점검한다. 변동상황이 있을 경우 어떠한 상황인지 확인 및 보고한다.

전일의 No-Show와 Cancellation Report를 확인한다. No-Show가 있으면 Report를 작성해서 청구할 수 있도록 한다.

(2) 일일 업무보고

객실팀장에게 F / O 관련 Daily Event 보고한다. Manager Flash Report 상의 변동상황과 전날의 특이사항, 당일 투숙 또는 퇴숙 예정인 VIP에 대한 사항을 보고한다.

(3) Room Control

당일 도착하는 전체적인 객실의 수와 또한 객실 고객들의 특성을 파악한다.

5 객실점유율.
6 판매된 객실.
7 매출액.

회의 관련해서 체크인을 하는 고객들이 있으면 담당 판매부서의 지배인과 행사 전반적인 진행사항, 지불관계, 체크인 방식 등을 사전에 협의하도록 해서 혼란이 없도록 해야 한다.

(4) Front 회의 주관

팀장으로부터 전달 받은 회의 내용 및 당일 투숙예정과 관련된 특이사항, 고객 관련 특이사항과 주요 행사, 전날의 인수인계 사항을 전달한다.

(5) 교육 프로그램 수립

객실과 관련된 상품지식, 어학테스트, 전화 응대 그리고 서비스 태도에 대해 정기적으로 교육한다.

(6) Front Staff Schedule 관리

매달 말에 익월의 Staff 스케줄을 작성한다. 다음 달의 객실 점유율을 참고하여 적정한 인원이 근무할 수 있도록 배치해야 하며, 개인의 역량과 특성 및 순번에 따라 구성하고, 비번 및 휴가 등이 적정하게 분배되도록 한다.

(7) 연간 업무 보고 및 차기년도 업무 계획

연간 객실 매출을 파악하여 차기년도 매출 목표를 설정하여 달성하도록 노력해야 한다. 또한 연간 비용 발생도 분석하고 집계하여, 차기연도 예산에 반영한다. Front Service 향상 활동에 대해 전반적으로 평가하여 부족한 부분을 체크함으로써 차기년도 서비스 방향 제시한다.

2. Assistant Manager(Supervisor)

프런트 지배인을 보좌하고 부재 시 업무대행 및 의사결정을 하는 역할을 하며 프런트 지배인과 각 프런트 데스크 직원과의 중간적 입장에서 원활한 의사소통과 업무지시가 이루어지도록 중간자적인 입장에서 업무를 수행하는 역할을 한다. 구체적인 업무는 프런트 지배인의 업무를 보좌한다고 할 수 있다.

(1) Log Book[8] Review

전일의 특별한 사항을 체크하여 인수인계 사항에 대하여 정확히 파악한다. 또한 미결된 사항이 있으면 정확한 기간과 요구사항에 맞도록 해결해야 한다.

(2) 당일 도착예정 객실배정

당일 Arrival List상의 특이사항을 확인한다. 고객투숙 History 및 Comment와 예약 시고객의 특별요구사항 그리고 체크인 시간 등을 참고하여 객실 배정을 준비한다. 객실을 배정할 때에는 개별고객과 그룹고객을 구분하여 배정해야 한다. 또한 Amenity가 들어가는 객실은 미리 Assign해서 고객 도착 전에 Amenity가 객실 안에 준비될 수 있도록 하우스키핑과 룸서비스에 통보하여 조치한다.

(3) High Balance Check

당일 In-House 상의 고객 중 일정 금액을 초과하여 사용한 고객 리스트를 출력하여 고객 Balance[9]에서 총 사용금액을 확인해서 Deposit이 요구되는 고객들은 Manager에게 보고한다. Manager는 최대한 고객의 감정을 상하게 하는 일이 없도록 고객과 협의하도록 한다.

(4) 근태 통보서 작성 및 수당 신청

매달 말일 인력관리시스템을 사용하여 당월의 스케줄을 입력한다.

8 업무일지, 업무활동 기록대장 : 고객의 의뢰사항, 근무 중에 일어난 분쟁, 특이사항, 기타 근무 중에 완료되지 못한 업무 등을 기록한 일지(대장).

9 고객이 호텔을 이용하면서 이용한 내역(Debit)과 지급한 내역(Credit)이 "0"이 되게 하는 것을 말함. 즉 고객에게 사용한 내역에 대해 완벽한 지급을 받는 것임.

(5) 월별 현황 및 실적보고

① 환전 실적보고

매월 1일 전월의 환전실적을 집계하여 팀장에게 보고한다.

② 장기투숙객 현황과 Balance 확인

장기투숙객이란 10일 이상 체류하는 투숙객을 말하며 별도의 리스트를 작성하여 운영한다. 장기투숙객 리스트에는 투숙객 성명, 투숙 기간, 객실료, 지불 조건, 특이사항 등으로 구성되며 퇴실 여부와 새로운 장기투숙객의 여부를 파악해 매월 List를 확인한다. 대부분의 장기투숙객의 경우 객실료는 선지불되는 경우가 많고, 개인 사용분에 대해 일정금액이 넘어설 경우 고객과 지불에 대해 협의한다.

③ Up-Selling 실적보고

직원별, 금액별로 집계하여 보고한다.

(6) 고객 D / B 수집 및 Profile 관리

투숙 예정고객의 성향과 고객 정보를 점검해서 고객서비스에 활용한다. 당일의 도착 예정 리스트 중 DB 구축이 필요한 고객을 확인하고 직원들에게 해당 고객을 숙지시키고 체크인이 완료되면 필요한 정보가 수집되었는지 확인한다.

(7) Shift Appearance Check

직원들의 용모가 단정한지 회사에서 규정하는 내용을 준수하고 있는지 체크한다. 미팅 시작 5분 전에 점검하고, 미흡한 부분을 수정을 시킨다. 근무 중에도 수시로 Check하고 수정을 지시한다.

(8) Front 소모품 재고파악 및 주문

Front Desk에서 사용되는 소모품은 등록카드, Guest Folio, Message 용지, 메모

지, Fax 봉투, Welcome Card & Envelope 등으로 고객께 제공되는 것이므로 항상 일정량을 보관해야 한다. 현재 보유하고 있는 재고량을 파악한다. 재고량이 부족한 경우 주문한다.

(9) 귀중품 보관함 Key 점검 Report 확인

현재 사용되고 있는 귀중품 보관함과 사용되고 있지 않는 보관함 Key를 대조해 실제로 사용되는 보관함의 내용을 파악하고, 보관함 Key의 분실, 파손 등의 사항이 있는지 파악하여 상사에게 보고한다.

3. Front Clerk(근무조별 업무)

(1) Morning Shift

① 오전 업무 Meeting 참석 및 Log Book Check

Meeting 시 당일의 특별 사항, 즉 중요 VIP, 중요 행사 그리고 당일 투숙예정 고객 성향을 파악을 파악한다. Log Book 상의 중요사항을 확인하고, 미확인 건은 이유를 확인해 처리한다.

② Front Desk 정리정돈

고객 Service에 필요한 물품(Ving Card, Guest Folio, Envelop, Memo 용지 등)의 구비가 되었는지 확인하고 필요한 사무용품 외에는 올려놓지 않고 또한 당일 투숙예정 고객의 등록 Card를 정리정돈한다.

③ In-House Room Rate Change

1박 이상 투숙객의 경우, 투숙기간 동안의 객실료가 동일할 수도 있으나, 변경이 필요한 경우도 있어서 확인 후 처리한다.

④ Expected Departures Report 점검

당일 C/O 예정 고객을 형태를 파악 및 준비한다. 출발시간에 따라 C/O 준비를 위해 Mini Bar의 Posting 여부 확인한다. 2:00시가 이후까지 C/O이 안된 고객 확인하여 Afternoon Shift에 인수인계를 한다.

⑤ Daily Amenity Check

당일 투숙 예정 고객 중 Amenity가 투입되는 고객을 확인하여 처리한다. New Guest/Repeat Guest, Honeymooner, Birthday, Anniversary를 구분하여 Welcome Card를 출력한다.

⑥ Credit & City Ledger[10] Bill Check

고객이 지불한 내역과 Guest Folio상의 금액이 일치한지, 고객의 Sign 유무를 확인한다.

⑦ Outlet & Minibar Guest Folio Box에 분리

각 영업장에서 보내온 고객이 객실번호로 사인한 영수증을 보관하여 정리한다.

(2) Afternoon Shift

① 오후 업무 Meeting 참석 및 Log Book Check

Morning Shift의 인수인계 사항을 확인하고, 미확인 건은 이유를 확인해 처리한다. 대부분의 Afternoon Shift의 업무가 고객 C/I에 집중되므로 Arrival 고객에 초점을 둔다. 당일의 특별사항, 즉 중요 VIP, 중요 행사 그리고 당일 투숙예정 고객 성향을 파악을 파악한다.

10 C/L, 후불: 숙박고객이나 비 숙박고객에게 서비스를 제공하고 개인이나 회사를 상대로 한 신용판매로부터 발생된 수취원장으로 미수금원장을 말함.

② Arrival List & Expected Departure Report 확인

당일 Arrival 고객 List상의 중요 고객 파악하여 고객의 Room Assign 및 Amenity 확인하여 준비한다. 또한 고객별 특별 요구사항을 다시 점검하고, 정확하게 준비 여부를 확인한다. Expected Departure Report를 출력하여 Report상의 C/O이 안된 객실 점검한다.

③ C/O 종료 후 연박 확인

C/O시간은 기본적으로 12시로 정해져 있는데 12시가 넘어도 퇴실을 하지 않는 고객이 있으면 객실로 연락을 하여 고객이 기분이 나쁘지 않도록 퇴실을 권유한다. 고객의 퇴실이 이루어지지 않고, 고객의 짐이 남아 있을 경우 고객과 등록시 기재된 연락처로 연락을 수시로 시도해도 안 될 경우, 객실의 Key를 Lock-Out을 해 고객과의 연락을 시도한다.

④ House-Keeping Report 확인

H/K Report는 오후 5~6시경 Front Desk로 보내지는데, 이때 Report와 Computer 상의 내용이 다를 경우, H/K에 통보하여 Room Check Order를 한다.

⑤ C/I 등록 Card 점검 및 정리

고객의 이름, 고객의 투숙기간 및 고객 Deposit 등이 기록된 고객의 등록카드에서 컴퓨터상에 잘 입력했는지 검정한다. 등록카드(Registration Card) 점검은 고객 투숙기간 중, 혹은 퇴실 후에 일어날 수 있는 불편함과 실수 예방 및 확인 차원에서 이루어지므로 꼼꼼하게 점검해야 한다.

⑥ 익일 Early Check-In 확인

익일의 Early C/I 고객 체크하여 확인된 Early C/I 고객의 Room을 Assign 한 후 H/K에 통보하여 객실의 정비가 끝날 수 있도록 한다. 또한 모든 Staff가 공유

할 수 있도록 Log Book에 기재한다.

(3) Night Shift

당일 각 업장별 수납 담당자가 처리한 자료를 점검하고 모든 계정과목을 최종적으로 확정하여 매출발생과정의 정당성을 확인・감사하는 업무를 담당한다. 즉 호텔에서 당일 발생된 영업매출액을 각 업장 부서별로 정확하게 정산하는 업무를 담당한다. 야간근무자는 호텔에서 당일 거래된 금액에 대한 감사를 하나의 유용한 형태의 보고서로 작성한다. 즉 당일의 객실 점유율, 각 업장의 매출액, 기타 다양한 보고서를 작성하여 호텔 지배인으로 하여금 호텔 수익을 인지시키고 예산 및 계획을 수립할 수 있도록 도와준다. 야간회계감사자의 주 업무는 모든 고객요금에 대한 정확한 기록 및 전기를 하거나, 고객의 원장을 차감하거나, 당일의 재무적인 거래에 대한 합산, 필요한 자료로서의 최신 통계자료 정리, 각 부서별 거래 매출액에 대한 정확한 마감정리 그리고 완전한 데이터의 확보에 있다.

이를 위해 우선, 퇴숙한 고객의 청구서를 점검한다. 그 후 각 업장의 청구서 및 매출을 점검하고 현금보고서를 작성한다. 현금보고서에는 현금 회수금액과 현금 지출금액, 그리고 마지막으로 현금 수납금액을 산출한다. 모든 업장의 마감 후에는 매출 발생 및 회수사항을 컴퓨터에 입력된 데이터와 대조・확인하여 대차대조표를 점검한다. 매출 계상 및 회수 등의 점검과 수정이 완료되면 전산실의 주 터미널에서 전 업장의 터미널을 내리고 정상 데이터를 별도의 전산함에 복사하여 보관하며 마감작업을 수행한다. 이때 각종 정산보고서를 산출한다.

① 업무 Meeting 참석 후 Log Book Check

Meeting 시 당일의 특별사항, 즉 중요 VIP, 중요 행사 그리고 당일 투숙예정 ,고객 성향을 파악을 파악한다. Afternoon Shift의 인수인계 사항을 확인하고, 미확인 건은 이유를 확인해 처리한다. 근무자들의 복장과 용모를 체크한다. Night Shift의 경우 주간 근무자들에 비해 소홀해지기 쉬우므로 Appearance에 더욱 신경쓴다.

② 최종 Arrival List 확인 후 No-Show Report 작성

Arrival Report를 출력하여 출력된 Report 상의 고객 예약사항을 체크한다. 또한 No-Show Guest를 파악하여 리스트를 작성한다.

③ 최종 In-House Room Rate Check

최종적으로 수입 처리될 In-House 고객의 Room Rate 점검한다. Extra Bed, Double Occupancy Rate 등의 특이사항을 꼼꼼히 파악해 실수하는 일이 없도록 한다. 오류부분이 있을 경우 Check 후 정정작업을 한다.

④ Cash, Card 최종 입금 마감

현금의 경우, 당일 수입 처리한 현금을 입금 봉투에 넣어 마감한다. 계산된 금액을 지정된 입금 봉투에 넣어 Cash Drop Box에 넣고, Cash Drop 장부에 금액과 서명을 한다. 신용카드의 경우, Folio 상의 금액과 고객이 지불한 Credit Card 금액이 일치한지 확인하여 이상 유무를 확인한 다음 여신으로 인계한다.

⑤ Night Clerk Report 작성 및 출력

당일 판매된 객실에 대한 총 수입을 상세히 작성하여 경영진에게 보고해야 한다. 이는 추후 객실 가격을 책정하는데 중요한 자료가 되기 때문에 정확하게 작성을 해야 한다.

- Room Occupancy : 객실 점유율로서 일정기간동안의 판매가능한 객실수로부터 수익창출을 한 객실의 판매를 측정한 비율을 의미한다. 즉 판매가능한 총 객실수에 대한 판매객실의 비율이다.
- Average Room Rate : 평균객실요금은 판매된 객실이 평균적으로 얼마에 판매되었는지에 대한 지표이다. 객실의 총 매출을 판매 객실수로 나누어 계산한다.

- Out of Order Room : 객실 내의 카펫 샴푸나 수리 등 문제가 있어 고객에게 제공할 수 없는 객실이다. Out of Order Room 파악하여 판매 가능한 객실로 만들어야 한다.
- Room Sold(Roon Night) : 판매된 객실수를 의미한다.
- No Show : 예약을 하고 사전 연락 없이 호텔에 도착하지 않은 고객이다. 호텔의 규정에 따라 요금을 청구할 수 있다.
- Cancelation : 최소고객으로서 이유가 무엇인지 파악하여 재방문을 유도한다.

제4절 체크인과 체크아웃의 전산과정

1. Check-In

(1) 오페라의 가장 기본적인 메뉴 'shift + F3' key를 눌러서 실행한다. 그날의 C/I, C/O과 호텔 점유율 등 가장 기본적이고 중요한 내용들을 볼 수 있다.

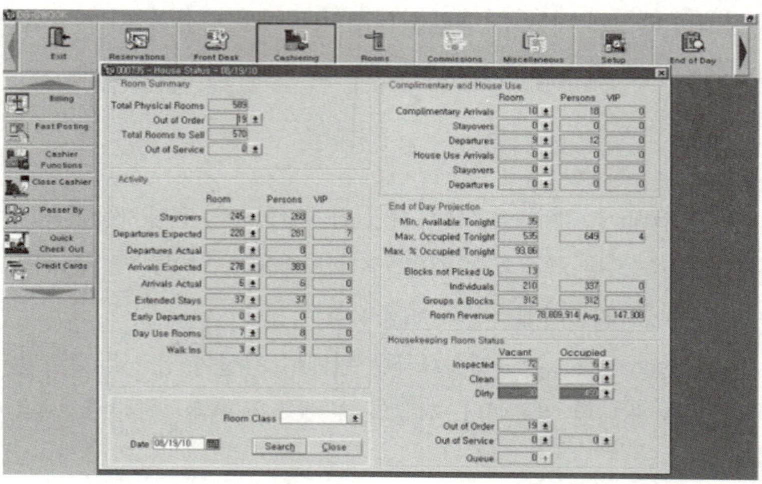

(2) Arrival expected 옆의 화살표를 누르면 그 날 C/I 고객리스트가 나온다.

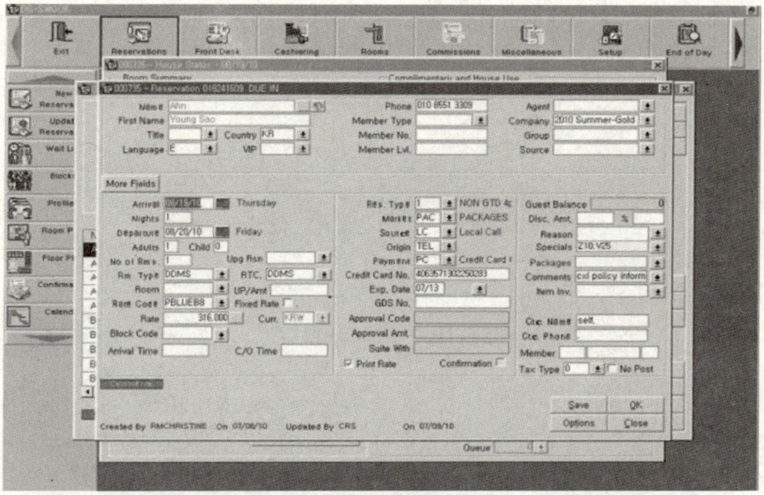

(3) 고객의 예약화면을 보고 예약상황에 맞추어 객실을 배정한다.

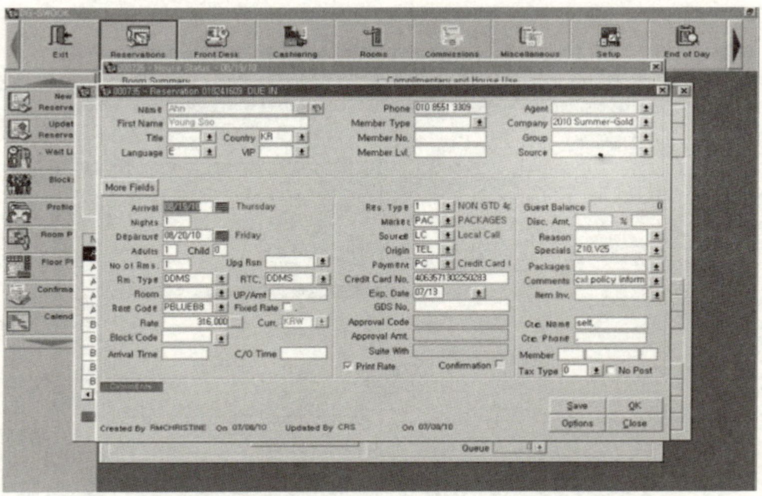

2. Check-Out

(1) C / O cashiering 버튼을 누른다.

(2) cashiering의 기본화면(고객의 밸런스를 확인한다)

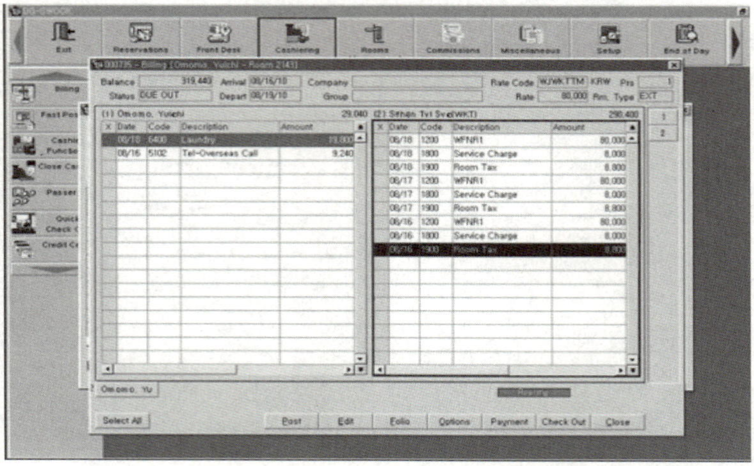

(3) 하단의 payment 버튼을 누르면 지불방법을 선택할 수 있다.

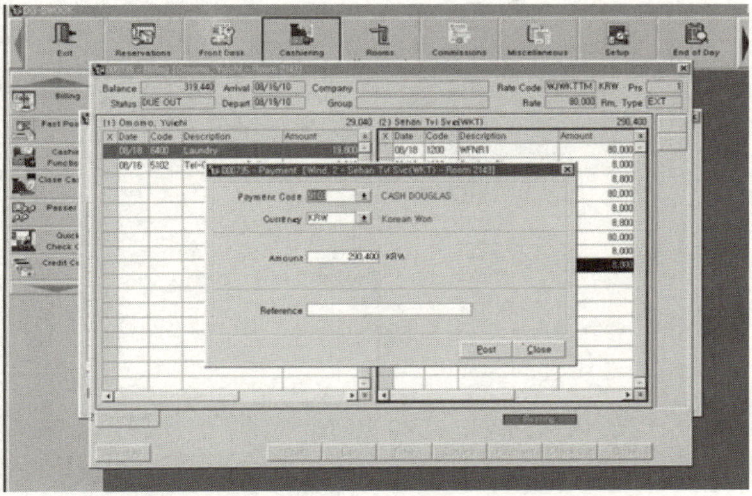

(4) 고객의 서명을 받는다.

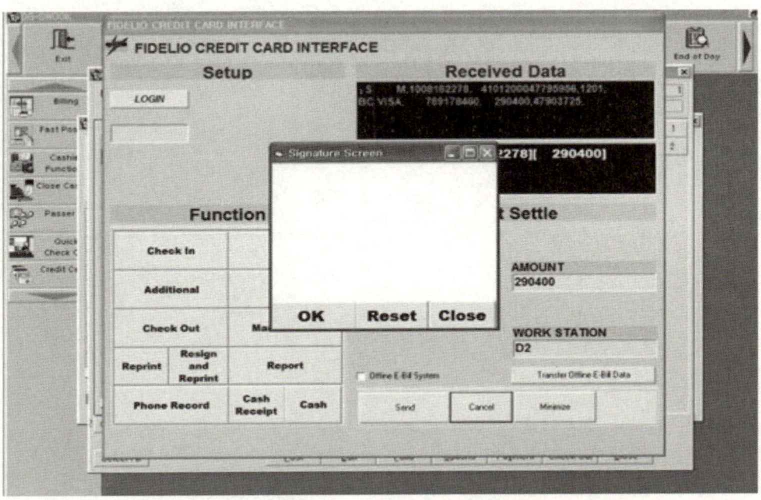

(5) 지불완료

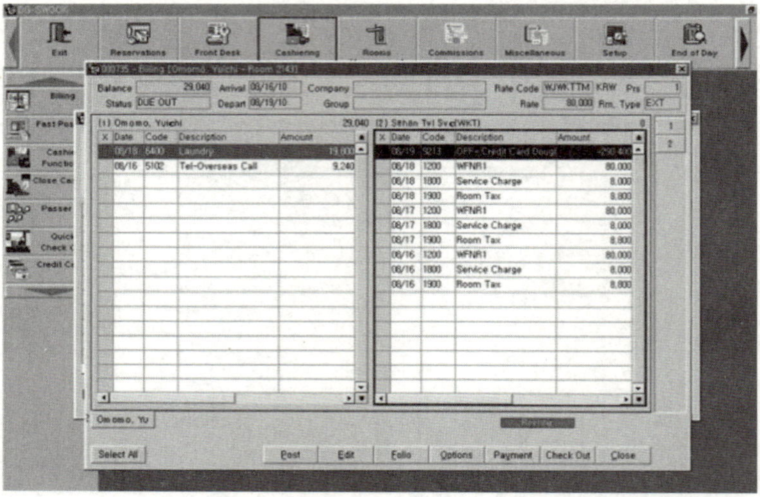
Exit
Reservations
Front Desk
Cashiering
Rooms
Commissions
Miscellaneous
Setup
End of Day
Balance 29,040
Arrival 08/16/10
Company
Rate Code
Status DUE OUT
Depart 08/19/10
Group
Rate 80,000
(1) Omomo, Yuichi
(2) Sehan Tvl Svc(WKT)
Date
Code
Description
Amount
08/18 6400 Laundry 19,800
08/16 5102 Tel-Overseas Call 9,240
08/18 1200 WFNR1 80,000
08/18 1800 Service Charge 8,000
08/18 1900 Room Tax 8,800
08/17 1200 WFNR1 80,000
08/17 1800 Service Charge 8,000
08/17 1900 Room Tax 8,800
08/16 1200 WFNR1 80,000
08/16 1800 Service Charge 8,000
08/16 1900 Room Tax 8,800
Select All
Post
Edit
Folio
Options
Payment
Check Out
Close

제8장

{호텔객실 고객서비스}

Flow Chart

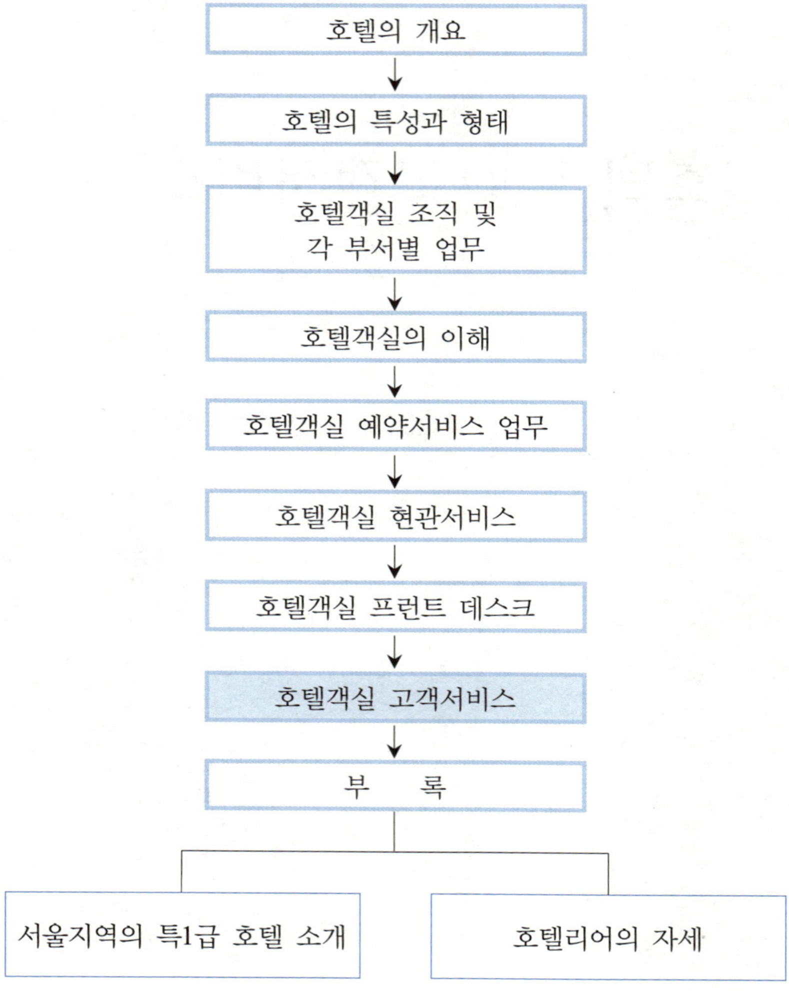
호텔의 개요
호텔의 특성과 형태
호텔객실 조직 및
각 부서별 업무
호텔객실의 이해
호텔객실 예약서비스 업무
호텔객실 현관서비스
호텔객실 프런트 데스크
호텔객실 고객서비스
부 록
서울지역의 특1급 호텔 소개
호텔리어의 자세

제1절 Business Center

1. 비즈니스센터(Business Center)의 이해

비즈니스센터(Business Center)는 상용고객의 비즈니스를 효율적으로 실현할 수 있도록 전문요원 및 각종 최신장비(Personal Computer, Typewriter, Copying Press, Facsimile 등)로 비즈니스 정보 및 고객의 사업상 필요한 통신문의 발송 · 접수 · 전달업무를 효율적으로 도와 서비스의 질을 향상시키고, 고객서비스를 제공하는 부서이다.

규모가 큰 호텔에서는 이와 같은 비즈니스센터를 독립하여 운영하지만, 중 · 소 규모의 호텔에서는 예약사무실이나 기타의 사무실에서 비즈니스센터의 업무를 병행하여 수행하는 경우가 일반적이다. 구체적인 업무는 다음과 같다.

자료 : Sheraton Grande Walkerhill Hotel

비즈니스센터 내의 회의실

2. 비즈니스센터(Business Center)의 업무

1) 개인비서 업무

고객의 업무를 대신하여 돕는 업무로 고객이 원하는 대로 정확히 처리하고 그 결과를 바르게 전달한다. 첫째, 팩스, 복사, 타이핑업무, PC서비스를 제공하고, 둘째, PC를 대여할 경우 일시와 시간 그리고 객실번호와 고객의 이름을 정확히 게재한 후 고객에게 제공한다. 최근에는 귀빈층의 경우 대부분의 객실에 PC가 설치되어 있다. 셋째, 고객의 요청에 의해 관광지나 레스토랑, 항공권의 예약을 대신하여 처리한다. 넷째, 고객의 요청이 있을 경우에는 국내의 배송 및 해외의 배송을 대신하여 처리한다. 다섯째, 고객의 문서의 번역이나 통역서비스를 제공한다.

2) 회의실 제공 및 관리

비즈니스센터에서는 고객들의 사무실 업무를 거의 대행해주고 있다. 비즈니스 고객들은 사업 상 회의가 많기 때문에 이러한 고객들을 위해 정해져 있는 시간 내에 회의실을 제공해 주고 있다. 시간이 초과되면 그에 따른 이용료를 부담해야 한다. 회의실에는 PC와 빔 프로젝터, 각종 관련기기, 비디오, 휴대용 스크린과 화이트 보드를 구비해 놓고 있다. 회의실은 항상 정돈과 청결에 유지를 해야 하며, 예약이 중복되지 않도록 주의해야 한다.

제2절 Executive Floor

1. 귀빈층(Executive Floor)의 이해

호텔을 찾는 귀빈을 최고수준의 서비스로 모시기 위해 만들어진 Executive Floor

는 고객을 위해 최고급으로 꾸며진 객실을 제공하며, 전용 라운지가 마련되어 있으며 고객 전담서비스인 Butler 서비스가 특징이다.

귀빈층을 이용하는 고객의 대부분이 비즈니스 고객이기 때문에 비즈니스 고객을 위해 필요한 공간 및 편의 시설을 제공하고, 비서업무와 함께 개별화된 서비스를 제공한다.

비즈니스 고객들은 구매력이 높고 수요가 비탄력적인 관광객과는 달리 업무 목적으로 여행을 하는 고객들이다. 이들은 대부분 회사에서 지급을 하기 때문에 다른 고객들보다 경제적으로 여유가 있으며 객실요금보다 부가적인 서비스에 따라 호텔을 선정한다. 일반적으로 비즈니스 고객들은 시간에 민감하다. 따라서 신속하고 효율적인 서비스 제공이 가장 중요하다.

Executive Floor은 '호텔 내의 호텔'이라 불리우며, 일반고객과는 차별화된 서비스와 편안함을 제공함으로써 고객에게는 최고의 만족을 주고 호텔은 이미지 쇄신과 전체적인 매출신장에 목적이 있다. 즉 호텔의 단기적인 이익 창출보다는 장기적인 관점에서 부가 가치를 높임으로써 존재의 의의를 두고 있는 것이다.

가장 큰 서비스로는 일반 프런트 데스크에서 호텔 객실의 등록 및 퇴숙업무를 보는 것이 아니라 별도의 전용 라운지에서 신속한 등록 및 퇴숙 서비스를 실시한다. 전용 라운지에서의 조식, Tea Time, Happy Hour 서비스와 비즈니스 미팅,

자료 : Sheraton Grande Walkerhill Hotel

Executive Floor Desk, Lounge

개인 비서 역할(관광정보 제공, 항공권 예약과 확인) 등을 담당하여 고객과의 친밀감, 투숙객으로 하여금 "HOME AWAY FROM HOME"을 느낄 수 있도록 노력한다.

EFL의 또 하나의 장점은 일반 객실보다 최고급 가구와 비품으로 이루어져 있는 객실을 이용할 수 있으며 특전 Amenity가 제공된다.

2. 귀빈층(Executive Floor)의 업무

Executive Floor의 기능에 부합된 주요 업무를 요약하면 다음과 같다.

① 전용 데스크에서의 신속한 호텔객실 등록과 퇴숙 서비스 : 근무 시작 전에 먼저 업무일지를 확인하여 이전 근무직원의 근무 중 일어난 특별한 일이나 고객의 불평사항을 숙지하여 업무를 정확하게 인계받아야 한다. 당일 도착하는 고객의 리스트를 파악하여 객실상태와 과일, 꽃바구니와 환영카드를 확인하고 고객의 이름, 취향과 특징을 파악하여 신속하게 Check-In을 실시해야 한다. 또한 당일 퇴숙할 고객의 리스트를 파악하여 퇴숙날짜와 시간을 조절하고 고객에게 확인하여 신속한 퇴숙을 할 수 있도록 한다.

② 퇴숙시간 연장(Late Check out Service)

③ Breakfast Service : 조식을 전용라운지에서 일반적으로 무료뷔페 형식으로 제공

④ Happy Hour : 정해진 시간에 커피, 칵테일, 음료, 과일, 쿠키, 안주와 스낵 등이 무료로 제공

⑤ Lounge Service : 다양한 종류의 외국서적, 잡지, 신문, DVD 및 Video Tape을 무료로 제공받고 PC와 복사기를 무료로 사용

⑥ 정해진 시간 내에 회의실 사용

⑦ Shoeshine / Pressing Service

⑧ Limousine Service

⑨ Butler Service

⑩ Health Club / Sauna / Pool 할인 및 무료입장

제3절 Concierge

1. Concierge의 이해

Concierge란 프랑스 역사에 있어서 위그카페 시대에서 루이 11세 시대에 이르기까지 고도의 궁궐 안에 살면서 다양한 권리와 특권을 누리며 궁전의 일정한 구역 내에서 사법권(재판권)을 행사하며 왕의 저택을 관리하는 공무원(장교)이었다.

Concierge는 여성, 남성 Door Keeper이다. 유럽풍 호텔에서 그들은 벨 서비스 담당이고 호텔에 관한 정보나 호텔 밖의 레스토랑에 관한 정보, 나이트클럽, 극장표, 여행에 필요한 교통편, 안내 등의 포괄적 서비스를 제공, 처리한다. 이는 또한 서비스 감독자와 같은 뜻으로 고객 우편물 처리와 안내원, 도어맨 그리고 여행사와 손님의 관계에 관한 모든 업무를 총괄 처리한다. 현재의 Concierge는 점차 고객을 위한 개인서비스를 제공하는 직원의 한 부분이 되었다.

다양하고 복잡하며 전문적인 지식을 원하는 고객의 욕구와 Needs에 부응하기 위해 호텔에서는 Concierge를 통해 다양하고 예측이 어려운 고객의 물음에 응대를 할 수 있도록 Concierge를 두게 되었다. GRO(Guest Relations Office)라고도 하며 이렇게 별도의 조직을 가지고 운영을 하고 있다.

그러므로 Concierge의 원활한 업무를 수행하기 위해서는 호텔 전반에 대한 폭넓은 업무지식과 정보뿐만 아니라 외부지역에 대한 정보에도 능숙하여야 하며

항상 새로운 것을 찾고 고객을 위해 희생할 수 있는 봉사정신 등이 요구된다. 또한, 탁월한 업무수행과 고객감동 실현을 위해서 Concierge가 하여야 하는 일에 대하여 충분히 이해하여야 하며 그에 따르는 자질이나 능력, Service Mind 또한 이에 상응한다고 할 수 있다.

2. Concierge의 자격

Concierge 협회의 소속된 회원은 Adherent Member와 Full Member로 나뉜다.

1) Adherent Member

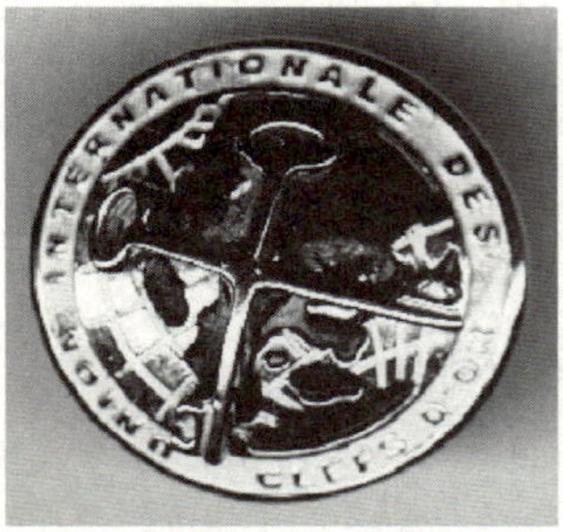
Adherent Member Button

호텔 경력이 3년 이상 되어야 하며 협회 가입의사가 있고 협회가 요구하는 Application form과 총지배인의 추천서, 영문 자기소개서, 기존 회원의 추천서를 받아 협회에 제출하면 협회위원회가 심사 후 가입여부를 결정하게 된다. 회원가입이 결정되면 가입비와 연회비를 납부한 후에 협회로부터 Adherent Concierge Member Badge를 받게 된다.

2) Full Member

Full Member Button

Adherent Member자격을 획득한 지원에 한해 1년 이상 Concierge에 근무하고 해당 호텔에서 Chef concierge 이상의 직위를 가진 자 중 Full Member에 지원을 하면 위원회가 심사 후 Full Member 자격을 얻게 된다.

3. Concierge의 기능

Concierge는 호텔의 로비에 위치해 Front Desk, Bell Desk와 연계되어 투숙고객과 일반 호텔시설 이용고객들에게 각종 서비스를 제공하는 곳으로 주요 기능은 다음과 같다.

Concierge Desk와 관광관련 책자

첫째, 호텔 고객에게 호텔이 제공하는 각종 서비스안내, 비행기 티케팅, 관광지안내, 호텔 외부의 식당안내, 거리, 택시비, 찾아가는 방법, 메뉴 품목, 가격 등 고객이 원하는 모든 정보에 대하여 안내한다. 둘째, Full service 호텔에서 중추적인 역할을 담당하는 서비스요원이다. 셋째, VIP 고객의 영접과 영송을 벨맨을 대신해 수행한다.

Concierge의 기능에 부합된 주요 업무를 요약하면 다음과 같다.

- Information Service
- In Room Check In Service

- VIP Handling Service
- In House Information Service

4. Concierge의 업무

1) Information Service

(1) 관광정보(Sightseeing Tour Information)

한국을 방문한 외국인이 한국에 대한 정확한 정보를 없는 상태에서 숙련된 직원의 도움으로 한국의 명소를 안내받거나 자세한 정보가 제공된 각 여행사의 안내책자를 이용하거나, 관광공사에서 제공하는 서울 안내책자를 이용해 한국을 소개한다. 한국 여행은 크게 서울 시내를 포함한 근교 여행과 당일 여행이 아닌 지방으로의 여행이 있으므로 여행 상품의 시간대나 일정에 따라 각기 특색에 따른 정확한 Information을 제공해야 한다. 손님이 관심이 있는 장소를 결정하면 예약을 위한 제반사항을 설명하고, 이용 가능수단을 설명해 드린다.

예약과 취소는 모두 투어하루 전날 가능하지만 당일 취소의 경우 고객은 50%의 Cancel fee를 지불하셔야 함을 안내해 드린다. 장소에 대한 설명과 함께 이용하실 여행사의 이름, 상품가격, 언어, 가이드, Pick up 시간과 장소를 안내한다.

예약을 원하실 경우 해당 여행사에 전화를 하여 고객의 이름과 객실번호, 인원, 예약자명과 Pick up 가능한 시간 등을 알려드린다. 예약이 끝나면 고객에게 예약이 완료되었음을 알려드리고, 투어의 종류에 따라 마지막 도착지가 호텔이 아닌 경우는 호텔로 안전하게 돌아올 수 있도록 교통수단을 설명해 드리고, Log Book에 기록한다.

투어 당일 고객의 Pick up 시간을 확인하고 5분 전 고객의 객실로 전화를 해 확인한다. 가이드가 호텔에 도착하여 Concierge에 알릴 경우 고객이 내려오시면 가이드와 연결해 드리고 차량까지 안내해 드린다.

여행을 마치고 호텔로 돌아왔을 시엔 여행을 하면서의 느낌이나 혹 불만족스러운 점은 없었는지 관심을 갖고 follow up 한다.

(2) 한국의 명소(A guide to the principal places of interest in Korea)

개인적인 관광을 목적으로 한국을 방문하신 고객 위주로 여정을 짜드린다. 고객이 전혀 한국에 대한 정보가 없어 문의할 수 없는 경우 보편적으로 가장 유명하다고 생각되어지는 서울 혹은 한국의 명소를 소개해 드린다. 그리고 고객과 협의 후 가능할 경우 여행사에 Private Tour를 의뢰해 좀 더 전문적인 Guide가 Care할 수 있도록 예약해 드린다.

장 소	소 개	위 치	휴관일
인사동	전통찻집과 갤러리 다원 등이 밀집	3호선 안국역 6번 출구	
경복궁	한국의 마지막 왕조인 조선의 궁전으로 조선의 500년 역사에 있어서 가장 그 중심무대가 되었던 곳이 당대 최고의 건축술을 보여주는 조선시대의 대표적 건축물	3호선 경복궁역 5번 출구	매주 화요일
덕수궁	조선의 마지막 황제인 "순종"이 그 아버지인 "고종황제"의 장수를 기원하는 마음에서 "덕수"라는 이름으로 지은 덕수궁에는 조선조 궁중에서 사용하던 각종 유물 5천 8백여 점이 전시되어 있으며, 매일 오후 정문에서는 왕궁 수문장 교대의식이 재현되고 있다.	시청역 3번 출구	매주 월요일
창덕궁	서울에 자리잡은 5대 궁궐 중에서 그 모습이 가장 잘 보존되어 있는 궁으로, 유네스코에 "세계문화유산"으로 등록되어 있는 건축문화유산	3호선 안국역 3번 출구	매주 월요일
남산골 한옥전통마을	중구 필동에 위치한 고유의 한옥이 보존되어 있는 마을이다. 사대부 가옥부터 서민 가옥까지 당시의 생활 방식을 한자리에 볼 수 있도록 하였으며, 전통공예 전시관에는 무형문화재로 지정된 사람들의 작품과 기념품이 전시되어 있다.	3, 4호선 충무로역 3번 출구	매주 화요일

장 소	소 개	위 치	휴관일
전쟁기념관	한국 역사 속의 전쟁 안에 사용되었던 유물들과 자료들을 종합적으로 보존, 전시한 곳으로 당시의 치열했던 전쟁의 분위기와 모습들을 느낄 수 있다.	4, 6호선 삼각지역	
남산서울타워	남산에 위치한 고층의 타워로 해발 480m의 높이에 위치해 있다. 서울 시내를 한눈에 볼 수 있는 전망대뿐 아니라 각종 레스토랑 및 커피숍, 기념품 점, 민속 박물관 등이 볼 만하다. 통역 도우미 및 관광 안내소가 자리하고 있다.	3, 4호선 충무로역 4번 출구	

(3) 쇼핑정보(Shopping Information) 및 극장과 레스토랑 정보

장 소	소 개	위 치
남대문시장	600년의 긴 역사를 지닌 남대문시장은 의류, 액세서리뿐 아니라 안경, 그릇, 미술용품 등 한국인이 필요로 하는 거의 모든 일상용품이 품목별로 전문상가를 이루고 있는 서울의 전통적인 명소	4호선 회현역 5번 출구
동대문시장	32개의 대형 상가와 2만7천여 개의 상점이 빽빽이 들어선 한국 최대의 패션 메카 최신 유행의 힙합패션에서부터 한국의 전통의상(한복)까지 할인점 가격으로 백화점 수준의 패션상품을 구입할 수 있는 종합 패션타운	1, 4 ,5호선 동대문운동장역 1번 출구
명 동	한국금융의 중심지이자 유명한 패션거리이다. 한국은행을 비롯하여 주요은행의 본점과 증권회사 등 총 70여개의 금융회사가 밀집되어 있으며, 이와 더불어 전문적인 패션 쇼핑몰과 백화점이 밀집	4호선, 명동 2호선 을지로입구역 5번 출구
이태원	외국인이 가장 즐겨 찾는 쇼핑명소로서 독일, 프랑스, 이탈리아, 인도, 파키스탄, 태국 등 세계 각국의 전통 음식점들과 함께 이국적인 정취의 패션상점, 레스토랑들이 즐비하게 들어서 있어 세계음식의 경연장 이자 다양하고 이국적인 패션문화를 접할 수 있는 곳	7호선 이태원역
용산전자상가	동양최대의 전자상가라는 명성에 걸맞게 아주 작은 컴퓨터 부품에서부터 대형 위성안테나까지, 게임, 컴퓨터, 가전, 통신과 관련한 제품을 품목별로 구분된 전문상가에서 최고 50%까지 저렴한 가격으로 구입할 수 있는 대표적인 전자상가	1호선 신용산역

이대입구	이화여자대학교 정문에서부터 이대입구 지하철역까지 1km 안팎에 형성된 쇼핑센터와 음식점이 즐비한 번화가이다. 10대의 젊은이들부터 주부들까지 즐겨 찾는 거리. 유명한 미용실부터 보세 옷가게들과 전통이 깊은 음식점들로 밀집	2호선 이대입구역
신 촌	서울의 주요 대학이 밀집되어 있는 거리로 대학생들의 놀이문화를 느낄 수 있는 곳이다. 많은 음식점들과 주점, 쇼핑거리가 있으며 특히 홍대 입구 오른쪽에 위치한 '피카소 거리'는 대학생들 사이에 유명한 곳이다. 가끔 문화행사가 열리거나 전시회를 무료로 볼 수 있음	2호선 신촌역
노량진 수산시장	노량진에 위치한 대규모 수산물 도매시장으로 싱싱한 활어를 소매보다 싼 가격으로 구입할 수 있음	1호선 노량진역
문정동 로데오거리	각종 유명 메이커를 30~70% 싼 값에 구입할 수 있음	5호선 문정역
종로3가 보석의 거리	도매 값에 각종 귀금속을 구입할 수 있는 곳이다. 특히 예물이나 커플링을 가격대 별로 잘 구비해 놓았으므로 쇼핑하기에 편리	5호선 종로3가역
낙원악기상가	종로에 위치한 낙원상가는 각 악기들이 마련되어 있다. 특히나 시중에서 구하기 힘든 재즈 전문 악기들과 중고 악기들도 있음	3호선 안국역 6번 출구
경동시장	동시장은 우리나라 최대의 한방재료를 팔고 있는 곳으로 동대문구 제기동에 소재하고 있으며, 고추, 마늘, 야채, 버섯, 산나물, 도라지, 더덕, 마 등 특수 농산물전문장, 국내에서 제일 큰 인삼시장, 한약전문상가 형성, 제수상품 전문시장, 수산물, 담수어, 반찬시장, 의류 전문상가(신관 2층), 꽃 전문상가(신관 3층) 등 다양한 물건 등을 구비	
테크노마트	최첨단 멀티플렉스로 전다, 전기, 정보 통신의 연구개발에서 제조, 유통, CGV 영화관, 식당가, 의류 쇼핑, 서점 등의 문화 공간이 한곳에 모여 있는 세계 최첨단 멀티플렉스	2호선 강변역 1번 출구
코엑스 몰	컨벤션, 전시장 및 사무 동의 지하 36,000여 평을 연결하는 아시아 최대의 지하 쇼핑 공간으로 21세기 한국을 체감하는 공간으로서의 상징성. 젊은이들에게 건전한 놀이와 문화공간을 제공. 전시 및 컨벤션을 찾은 외국인은 물론 내국인을 위한 부대시설과 각종 식당가 및 패밀리 레스토랑과 백화점, 메가박스 영화관이 위치함	2호선 삼성역

(4) 비행기 티켓 정보(Air-line Tickets)

① 예약 재확인(Reconfirmation)

고객의 비행스케줄을 Time Table을 이용해 확인한다. 스케줄을 확인할 때는 고객의 영문이름, 항공사명, 항공기명, 출발시간, 출발지와 목적지, 그리고 현재 투숙중인 객실번호를 확인한다. 고객의 허락 하에 항공권을 카피한다. 항공권을 Reconfirm하는 이유는 고객이 본 스케줄이 변동 없이 이용 예정이라는 것을 다시 한 번 확인하기 위함이다. 항공사에 따라 Reconfirm을 하지 않을 경우 자동 Cancel 되는 경우도 있으므로 주의한다.

② 예약(Reservation)

항공편을 예약할 경우는 고객의 영문이름, 이용항공사, 출발지와 목적지, 출발시간, 그리고 현재 투숙중인 객실번호를 메모한다. 예약 후 Confirm 용지에 메모하여 드린다.

③ 취소(Cancel)

고객의 스케줄을 취소할 경우 티켓이 취소 가능한 티켓인가를 항공사에 팩스를 보내 확인하여야 하며 예약이 취소되었을 경우에 다시 스케줄이 발생되지 못함을 알려드린다.

④ 변경(Change)

항공권의 스케줄을 변경할 경우에는 티켓이 변경 가능한 티켓인가 아닌가에 대해 팩스를 보내 확인하여야 한다. 티켓 중에 여행사를 통해 저렴한 요금으로 티켓을 구입하였을 경우 변경이 불가능한 경우가 있기 때문이다.

⑤ 구입(Purchare)

티켓 구입은 출발일보다 약 열흘정도 먼저 구입을 해 놓아야 하며 그렇지 않을 경우 자동 취소되는 경우도 있다. 여행사를 통해 티켓을 구입하거나 인터넷 여행 사이트를 이용해 구입할 경우 좀 더 저렴한 가격에 티켓을 구입할 수는 있으나 할인받은 티켓의 경우 변경이나 양도가 되지 않는다는 점을 주의해야 한다.

⑥ 양도(Endorsement)

항공권의 양도를 의미한다. 양도의 경우 가격이 너무 저렴하거나 여행사를 통해 구입한 경우 양도가 어려우므로 주의해야 하며 티켓 상단 고객의 이름 위에 Endorsement 혹은 Non Endorsement라는 표시가 되어 있는데, Endorsement라고 표시가 되어있으면 타 항공사로 양도가 가능한 것이고 Non Endorsement라고 표시가 되어있으면 타 항공사로 양도가 불가능하므로 고객께 알려드려야 한다.

반드시 주의해야 할 사항들

1. PASSINGER NAME(NOT TRANSFERABLE) : 여권상의 영문이름을 기재한다. 여권과 항공권의 영문이름은 반드시 일치해야 한다.
   ex Lee KYU YOUNG MR
2. GOOD FOR PASSAGE FROM : 출 / 도착 도시 이름과 도시이름 3자리 CODE
   ex SEOUL ICN
3. CARRIER 와 FLIGHT : 탑승할 항공기 편명. 항공사 이름 2자리 CODE와 항공기 편수의 조합으로 이루어진다.
   ex KE674
4. DATE OF ISSUE : 항공권 발권날짜
   ex 08MAY11
5. CLASS : 예약된 좌석의 등급
   ex Economy Class(Y, K, M…)
   Class(C, J)
   First Class(F)
6. DATE : 항공기 탑승날짜
   ex 20JUN 6월20일

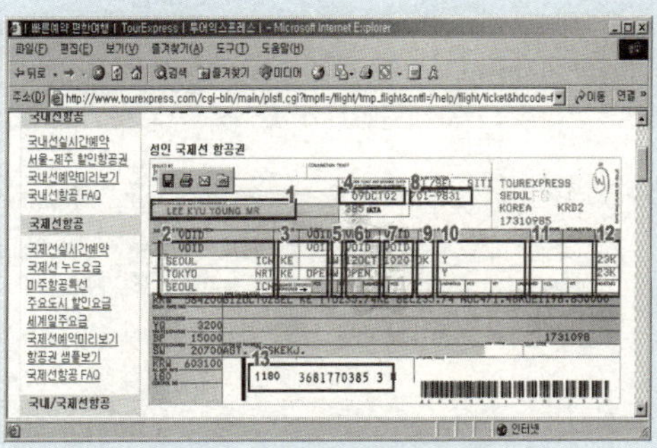

7. TIME : 항공기 탑승시간이며, 도착시간은 표시되지 않는다.
   ex 1605 오후 4시 5분

8. AIRLINE DATA : 항공권 예약번호
   ex 308-2100

9. STATUS : 좌석의 예약 상태
   ex OK : 예약자
   RQ : 대기자

10. FARE BASIS : 요금적용규정표시로 발권된 항공권에 대한 모든 정보가 암호화 되어 있는 부분이다. 만약, 고객이 탑승날짜 변경을 요청하면 항공사에서는 이 코드를 통해 이를 수행하게 된다.

11. NOT VALID BEFORE와 NOT VALID AFTER : 항공권의 유효기간 표시로 발권한 항공권을 통해 입국가능한 날짜가 표시된다. 23JUN 20JUL 는 6월23일 이전과 7월 20일 이후에 귀국해서는 안 된다는 뜻. 6월24일에서 7월20일 사이에 반드시 귀국해야 한다.

12. ALLOW : 수화물 탁송에 대한 제한사항과 정보를 알려준다. 기본적으로 미주지역은 BAGGAGE 개수가 기준이 되면 유럽을 포함한 미주 이외의 지역은 무게가 기준이 된다. 탑승 CLASS별 무료 수하물 허용량은 다음과 같다.

미 주

*Economy Class : 3변의 합이 158cm(62inch)이하이며, 각각의 중량이 32Kg 이하인 수하물 2개가 허용된다.

*First Class : 각 Baggage의 무게가 32kg이며 최대상변의 합이 158cm이내 짐2

*Business Class : First Class와 동일

*미주 외 지역(단위 : Kg) Economy Class 23Kg Business Class : 30Kg First Class 40Kg

13. AirLine code 와 Form And Serial Number : 자신의 항공권번호로 CPN과 CK의 숫자 때문에 번호를 혼동하는 사람들이 많은데 이를 뺀 13자리가 바로 항공권 번호이다.
    ex 1803332763086

2) In Room Check In Service

VIP고객 중 특별한 서비스가 필요한 고객 중심으로 개별적이며 전문적(Personalized & Professional)인 맞춤 서비스로 고객의 만족시키는 것은 물론 고객 감동을 창출하여 재방문을 높여 이윤을 극대화하기 위해 서비스를 제공하고 있다.

① 대상 고객 : VIP Treatment를 요하는 고객

- Special Recognition을 요하는 고객
- High-End Rate지불 고객

② 순서

- 상위 고객을 대상으로 List를 파악한다.
- Key 및 등록 카드 밀 준비한다.
- 점검(Inspection)
  - 객실 예냉, 예열상태 점검
  - Amenity 확인
  - Key 작동 여부와 객실 청결상태 점검
- 고객 영접
  - 반드시 고객의 이름을 불러드리고 환대하며 자신을 소개하고 고객이 Special Service를 받는 이유를 간단히 소개한다.
- 객실 안내
  - 호텔의 새로운 업장과 시설에 대해 안내
  - Key 사용법 안내
  - Internet 및 TV 사용법 안내
  - 금고 사용법 안내
  - 헬스 이용안내 안내
  - 사우나 이용 안내

- Baggage Down Service 안내
- 명함 드리고 받기
- 비상구의 위치 안내

3) VIP Handling Service

① 도착 전 준비사항

- Concierge는 VIP List를 확인한다.
- 행사의 내용 및 VIP 의 구분을 정확히 파악하며 고객의 성함, 직위, 차량 번호 및 차종을 파악한다.
- 행사장 또는 객실 준비상황을 점검하며 객실 투숙예정일 경우 직접 점검하며 Amenity의 투입 여부를 결정한다.
- Stand-by 장소를 미리 파악해 둔다.
- 행사장까지 이동통로 사전점검 및 이동방법 등을 생각해 둔다.
- 고객 영접 시 적당한 환영인사 및 응대어를 생각해 둔다.

② 현관 도착

- Door Man은 귀빈의 차량이 현관으로 진입해 오면 차의 정 위치를 표시하여 도착위치 2m 전 도착 시에 거수경례를 한다.
- Concierge 및 영접자들은 귀빈의 차량 도착 1m 전부터 귀빈에 대한 예의를 표시하기 위한 인사를 한다.
- 이때 보안원의 협조로 일반차량은 끼어들지 못하도록 한다.
- 차량이 완전히 정지하면 Door man은 오른손으로 문을 열어 영접한다(전현직 대통령 탑승 차량의 경우 Door Open은 의전 상 담당경호원이 관장한다).
- Concierge는 미리 준비한 귀빈의 성함과 직위 등을 고려하여 정중히 환영의 인사말을 드리고 귀빈께서 하차하는 것을 도와드린다.

〈표 8-1〉 VIP고객 환송과 영접 시 담당직원과 복장

<table>
<tr><th>구 분</th><th>직 위</th><th>담 당</th><th>복 장</th></tr>
<tr><td rowspan="3">정부기관</td><td>대통령</td><td>사장 / 임원 / 당직지배인 / Concierge</td><td>한 복</td></tr>
<tr><td>국무총리 / 국회의장 / 대법원장 / 정당총재</td><td rowspan="3">임원 / 당직지배인 / Concierge</td><td rowspan="5">유니폼</td></tr>
<tr><td>장관급 / 검찰총장 / 국회부의장</td></tr>
<tr><td>국영기업체</td><td>국영기업체 사장단</td></tr>
<tr><td>국내 타회사</td><td>상장그룹 회장단</td><td rowspan="2">당직지배인 / Concierge</td></tr>
<tr><td>숙박객</td><td>VIP고객, EFL고객, 당사초청고객</td></tr>
</table>

③ 행사장 안내 및 객실 안내(Escort)

- 당직과장은 귀빈의 좌측 약 4~5보 앞에 서서 행사장 또는 객실까지 안내를 하며 통행에 지장이 없도록 진로를 확보한다.
- 벨, 보안 등 타 부서와 협조하여 VIP 고객 진입시 일반인이 통로에 접근하지 못하도록 지시한다.
- 미리 확인한 행사장(객실)까지 안내한 후 귀빈이 정 위치에 착석할 수 있도록 세심한 배려를 한다.

④ Elevator 영접

- 영접 고객이 Elevator 앞에 도착하면 Concierge는 고객의 동선 맞은편에서 고객을 Elevator 중앙으로 먼저 안내하고 Elevator 운전자 반대편에 탑승한다.
- Elevator 밖의 당직 지배인은 전원 탑승 여부를 확인하고 운전자에게 Close 사인을 보낸다.
- Elevator가 목적 층에 도착하면 Concierge가 먼저 내려 VIP고객의 하차를 도와드린다.
- Elevator에서 내린 후 안내는 3~4와 동일하게 행사장 혹은 객실 입구까지

안내 후 고객이 들어가시는 것을 확인한다.

- 이외의 다른 변동사항을 확인 후 계속 Stand-by하거나 철수한다.

4) In House Information Service

호텔 내부의 레스토랑의 위치와 영업시간, 헬스클럽과 같은 부대업장의 영업시간과 같은 호텔 내부의 모든 시설과 현재 프로모션 중인 호텔의 상품, 객실의 서비스 이용방법 등과 같은 정보에 관하여 고객에게 정확하고 신속하게 제공을 해야 한다.

제4절 Duty Desk

1. Duty Desk의 이해

당직지배인(Duty Manager)은 24시간 로비지역에 상근하며 고객과의 접점에서 적극적인 서비스 활동 및 경영진을 대리 또는 대표하여 고객의 각종 불평, 불만을 처리하며, 객실 및 식음료 영업장, 각종 행사장에 참석하는 VIP 영 · 송접을 담당하고 호텔 내부에서 발생하는 각종사고, 화재, 긴급재난이 발생하였을 시 초기 단계에서 이를 관련 팀과 함께 신속히 수습하고 경영진에 신속히 보고하는 업무를 담당한다. 상기 역할의 원활한 수행을 위해 호텔 전체의 상품과 시설 및 조직에 대해 상세히 파악함은 물론 유기적인 관계를 유지하여야 한다.

당직지배인(Duty Manager)은 4~5명의 당직지배인을 두어 3교대로 운영되기도 하고 있다. 야간 당직지배인은 호텔의 모든 간부직원들이 퇴근하여 다음날 출근할 때까지 야간의 총지배인으로서 총지배인의 직무와 권한을 대행하는 호텔의 간부직원을 말한다. 또한 대부분의 호텔에서 당직지배인의 조직을 강화하여 총지배인이나 객실담당이사 소속으로 하여 업무지시를 받고 결재를 득하도록 하고 있다.

호텔의 당직지배인 데스크는 프런트 데스크와 벨 데스크 및 엘리베이터 등이 잘 보이고, 현관종사원들의 업무수행 활동과 고객의 움직임 등이 시각적으로 한눈에 쉽게 들어올 수 있는 로비의 가장자리에 위치하게 된다.

당직지배인의 직무는 다음과 같다.

2. Duty Desk의 업무

1) 고객불평 접수처리

접객 서비스는 아무리 완벽하게 하려고 해도 고객으로부터의 불평은 있게 마련이다. 왜냐하면 인간은 완벽할 수 없으며 주관적인 사고를 가지고 있으므로 모든 고객의 욕구가 똑같을 수 없기 때문이다. 그러한 고객의 불평을 어떻게 처리하느냐에 따라 고객을 잃을 수도 있고, 단골고객을 만들 수도 있다. 따라서 고객으로부터 지적이나 불평이 발생했을 경우 항상 긍정적인 자세로 고객의 입장에서 정확한 원인을 파악하여 불평에 대한 해결방안을 강구하며 고객에게 호감을 줄 수 있는 만족스러운 조치가 이루어지도록 신속하게 처리해야 한다. 그러므로 호텔의 이미지를 향상시키고 신뢰감을 더 높여, 고객으로 하여금 재방문하게 만들 수 있는 기회를 만들어야 한다.

객실 또는 프런트에 넘겨진 Guest Comments는 당직에 보내져서 내용 파악 및 보고를 하며, 현장에서 넘겨진 불평사항, 업장 또는 객실파트에서 발생된 불평고객 응대가 어려울 때 당직에 인계된다. 고객의 불평을 처리할 때는 3가지의 단계에 의한다.

(1) 듣 기

일단 고객의 불평을 끝까지 듣는다. 반드시 고객의 이야기를 중단시켜서는 안

되며 또한 고객의 잘못을 지적해서도 안 된다. 불평을 들을 때에는 메모를 하여 정확하게 불평의 원인에 대해서 파악을 해야 한다.

(2) 원인 분석

고객의 불편한 사항은 무엇인지 고객의 입장에서 정확하게 이해를 해야 한다. 직원의 태도 혹은 음식의 맛, 객실의 상태 등 불평의 원인에 대하여 정확하게 인지해야 한다.

(3) 해결책의 검토

고객의 불평에 대하여 냉정하고 객관적으로 검토를 하여 경우에 따라서는 솔직하게 사과를 해야 한다. 또한 사과는 신속하게 대응해야 하며, 처리가 늦어질수록 고객의 불평을 커질 수 있음을 기억해야 한다. 논의와 변명은 피하고 설명은 사실 중심으로 명확하게 해야 한다. 또한 다른 고객에게 피해가 가지 않도록 해야 하며, 고객이 불만을 가지고 호텔을 떠나지 않도록 주의해야 한다.

2) VIP 영접

(1) 도착 전 준비 및 현관도착

① 행사장 혹은 객실 준비상황을 점검한다.

② 행사의 내용 및 VIP 의 구분을 정확히 파악하며 차량번호 및 차종을 파악한다.

③ Stand By의 장소를 미리 파악해 둔다.

④ 행사장까지 이동통로 사전점검 및 이동방법 등을 생각해 둔다. Elevator 정상 작동 유무를 확인하고 벨 지배인을 대기시킨다.

⑤ VIP구분에 의해 영접 수행자를 확인한다(GM, 상무, 부장, 당직 지배인).

⑥ 차량의 흐름을 원활하게 하기 위해 대기 차량을 통제한다.

⑦ Door Man은 귀빈의 차량이 현관으로 진입해 오면 차의 정위치를 표시하여

도착 2m 전 도착 시에 거수경례를 한다.

⑧ 귀빈이 완전히 하차할 때까지 Door Man은 오른손으로 문을 잡고 안전을 확인한 다음 조심스럽게 닫는다. 전 현직 대통령 탑승 차량의 경우 Door Open은 의전상 담당경호원이 관장한다. 기타 경호원을 동반한 차량일 경우 사전 협의한다.

⑨ 사전에 준비된 VIP주차 장소에 주차를 유도한다. 타 고객에게 불쾌감을 주지 않도록 주의하며 보안원의 협조로 일반 차량은 끼어들지 못하도록 한다.

(2) 행사 및 객실 안내

① 안내된 귀빈이 문 입구에 들어서면, 미리 대기했던 벨맨은 문을 열면서 정중하게 인사를 한다. 영접자는 귀빈의 좌측 약 2~3보 앞에 서서 행사장 또는 객실까지 안내를 하며 고객의 물음에 응대할 수 있도록 주의를 기울인다.

② 행사장까지 안내를 한 후 귀빈이 정 위치에 착석을 도와드린 후 이상 유무를 확인하고 돌아온다.

③ 객실까지 안내하고 객실 시설물을 안내한 후 등록카드에 Sign을 받는다. 고객의 요청사항을 확인 후 퇴실한다.

(3) VIP Elevator 서비스 및 영접

① Bell Captain은 귀빈이 도착하면 미리 대기하고 있던 Elevator 내에서 탑승 완료시까지 정중하게 인사한다.

② Elevator 운전은 Bell Captain이 수행한다.

③ 영접 고객이 Elevator 앞에 도착하면 영접자는 고객의 동선 맞은편에서 고객을 Elevator 중앙으로 먼저 안내하고 Elevator 운전자 반대편에 탑승한다.

④ Elevator가 목적층에 도착하면 영접자가 먼저 내려 VIP고객의 하차를 도와드린다.

⑤ Elevator에서 내린 후 행사장 혹은 객실입구까지 안내 후 고객이 들어가시

는 것을 확인한다.

⑥ 이외의 다른 변동사항을 확인 후 계속 Stand-by하거나 철수한다.

3) Service Auditing

(1) 종사원의 기강유지 / 사기 고취

기본적으로 모든 종사원의 올바른 근무태도를 유지하도록 고취하는 기본 책임은 팀장에게 있다. 그러나 팀장들이 많은 종사원들을 감독하는데 한계가 있으며 소홀한 틈을 이용하여 어느 사회에서나 그러하듯이 조직의 규율에 순응치 않는 이탈자들이 있게 마련이다. 이런 이탈자들이 여러 형태로 나타난다. Duty Manager는 일과시간이 끝난 야간에 또는 공휴일에 이런 이탈자들을 적발, 선도해 나가는 중요한 위치에 있다. 그러므로 엄정한 자세와 규율을 견지하면서 원칙에 입각한 일 처리를 하여야 한다.

Duty Manager는 매사에 모범을 보여야 하며 임무수행, 감독 등에 솔선수범 하여야 한다.

(2) 상품 Quality 유지활동

Duty Manager는 호텔 전체에 대한 상품, 시설 등의 이상여부를 항상 관심 있게 보아야 하며, 이상 발견 시 해당 팀에 신속히 통보하여 정상적인 상태를 유지시켜야 하는 책임이 있다. 그러므로 야간 Patrol 시 근무자의 근무태도는 물론 시설, 안전 등의 문제가 있는지도 항상 확인하여 신속히 처리되지 않는 부분은 Log Book을 통해 Management에 보고한다.

4) Emergency Procedure

(1) 환자 발생시

통상 호텔을 "Home Away From Home"이라고 한다. 호텔의 임무 중의 하나는 고객이 자신의 안방과 같은 편안함을 느낄 수 있도록 하는 것이다. 이런 취지에서 타국에서 건강이 나빠진 고객이 의존할 수 있는 곳은 호텔이며 그 중에서도 Duty Manager가 도와주어야 한다. Duty Manager는 고객과 상의 하면서 관찰, 주시하여 의료 서비스의 방법을 판단 조치하여야 한다. 가급적이면 약국이나 병원을 안내하여 고객의 요구에 의한 의사 왕진을 요청한다. 이때 왕진비가 고가(15만 원 이상)임을 사전에 고객께 안내한다.

위급환자의 경우 지체 없이 구급차(119) 등을 호출 또는 구내 셔틀을 이용 병원까지 환자를 후송한다.

(2) 화재 및 기타 사고

대형 건물인 호텔에 수많은 고객들의 출입 및 투숙하는 과정에서 발생할 수 있는 화재 및 기타 사고의 Duty Manager는 일차적 지휘 책임을 맡는다. 특히 야간은 비상 대기조의 지휘 책임자이다. 모든 비정상적인 사태가 발생하면 일차적으로 Duty Manager에 보고되어야 하고, Duty Manager는 책임자가 된다.

화재 발생시(경보 발령 시) 중앙감시반의 안전 요원과 협조, 필요한 모든 조치를 취한다.

긴급상황에서 Duty Manager는 구난의 계획 및 실행의 책임자로써 고객의 생명을 구하여야 한다. 그러므로 건물의 구조 및 장비 조작에 능통하여야 한다. 기타 사고(싸움, 난동, 비정상적인 고객) 발생시 보안요원을 지휘하여 타 고객에게 피해가 가지 않도록 조용하고 신속히 처리하도록 한다.

도난사고 발생 시 주관부서는 보안과지만, 외국인 고객의 경우 의사소통 및 각 팀의 협조를 위해 Duty Manager가 보안의 조사 및 판단을 지원한다.

5) 경영진을 대리한 의사결정

특히 일과 후인 야간/공휴일에 호텔 내의 중요사안이 발생하였을 때 판단 및 의사결정권자가 근무하지 않아 Duty Manager의 정확한 일 처리가 요구된다.

(1) 객실 할인

- 직원의 서비스 불량 및 객실의 하자로 인해 정상적인 상품이 제공되지 않았을 때 고객의 문제 해결을 위한 경우
- 기타 고객 불편사항이 발생하여, 선 조치가 필요한 사안인 경우

(2) House Use 제공(주간에 GM의 허가를 얻은 후 정상적으로 사용)

- 여행사 Tour Guide가 단체 문제로 귀가할 수 없을 경우
- 회사 업무 관련 계획에 없던 심야작업이 발생 객실제공 필요성이 인정되는 경우
- 천재지변/사고/재난으로 인해 비상 근무자가 필요한 경우

6) 기타 업무

(1) Lobby 및 공공지역 질서유지

Lobby 등 공공지역은 때때로 소란을 피우는 사람, 단체 고객들이 통로를 막고 기다리고 있을 때, 어린이들이 뛰어다니는 일 등의 질서가 문란해질 경우가 자주 발생하는데, Lobby 지역에 상주하는 Duty Manager는 이를 적절히 조정하여 타 고객들에게 피해가 가지 않도록 하여야 한다.

(2) 각종 Information 제공

① 호텔 상품 및 부대시설

- 객실요금/객실상품/레저 스포츠
- 각 식음료 영업장/연회장/Today's Events
- Free Shuttle Service/KAL Limousine Bus
- 기타 부대시설 및 임대업소

② 호텔 외 각종 정보

- 항공 / 교통 / 관광 / 쇼핑 / 외부식당 / Night Entertainment
- 레저 / 각종 Sports 관련정보
- 학술 문화시설 관련정보
- Religion 관련정보
- Business 관련정보

7) EM Key / GM Key 관리

Emergency Key는 Double Lock 등 위급사항 시 객실을 강제로 Open할 수 있으며 필히 당직의 지시에 의해서만 사용할 수 있다. General Master Key는 Door Open, 고객 외출 시 필요물품 투입(프런트 지시) 등의 업무 수행 시 사용하며 당직 지배인 책임 하에 시행한다.

{부 록}

Flow Chart

1. 호텔의 개요
2. 호텔의 특성과 형태
3. 호텔객실 조직 및 각 부서별 업무
4. 호텔객실의 이해
5. 호텔객실 예약서비스 업무
6. 호텔객실 현관서비스
7. 호텔객실 프런트 데스크
8. 호텔객실 고객서비스
9. 부 록
   - 서울지역의 특1급 호텔 소개
   - 호텔리어의 자세

제1절 서울지역의 특1급 호텔 소개

〈부록 1〉 국내 관광호텔업 등록 현황

구분	특1등급		특2등급		1등급		2등급		3등급		등급미정		합 계	
	업체	객실	업체	객실	업체	객실	업체	객실	업체	객실	업체	객실	업체	객실
서울	18	9,399	25	5,924	33	3,656	23	1,412	13	666	18	1,303	130	22,360
부산	5	2,239	6	1,037	2	1,160	12	584	12	962	3	467	50	6,449
대구	3	696	6	674	3	147	–	–	–	–	11	637	23	2,154
인천	3	1,020	6	1,380	2	135	11	506	8	330	9	417	39	3,788
광주	1	120	2	198	7	440	5	197	2	75	3	113	20	1,143
대전	1	174	2	393	7	476	7	255	4	193	2	119	23	1,610
울산	2	495	–	–	–	–	2	146	1	75	2	65	7	781
경기	1	232	5	744	23	1,766	16	767	13	716	23	1,204	81	5,429
강원	4	957	8	1,278	10	659	5	234	1	34	7	820	35	3,982
충북	1	328	1	180	16	1,137	1	30	4	133	–	–	23	1,808
충남	–	–	3	467	2	158	7	319	–	–	5	238	17	1,182
전북	1	118	2	277	5	419	6	293	–	–	–	–	14	1,107
전남	1	208	2	104	8	541	7	320	4	159	5	252	27	1,584
경북	6	1,776	2	401	14	921	6	372	7	342	11	539	46	4,351
경남	2	401	3	419	12	1,067	7	361	4	199	7	320	35	2,767
제주	12	3,622	5	507	18	1,600	5	284	2	123	9	540	51	6,676
계	61	21,785	78	13,983	172	14,282	120	6,080	75	4,007	115	7,034	621	67,171

자료 : 한국관광호텔업협회 2009. 12월 기준

1. 호텔신라

한국의 전통미와 현대적인 감각을 겸비하고 있는 세계 속의 명문호텔, 서울신라 호텔은 철학이 있는 서비스와 격조 높은 휴식을 제공하는 프리미엄 라이프 스타일 호텔입니다.

전통적인 아름다움으로 귀한 손님을 맞이하던 영빈관과 피터 리미디우스가 디자인한 현대적인 감각의 인테리어, 우아한 남산의 자연미가 어우러져 한국을 대표하는 호텔로서의 품격과 미를 지니고 있는 서울신라 호텔은 '컨템퍼러리 라이프스타일 데스티네이션'이라는 컨셉을 새롭게 선보이면서 휴식은 물론, 고급 식문화, 예술, 뷰티, 쇼핑, 웨딩, 엔터테인먼트 등 고색의 고품격 라이프스타일을 제안하는 공간입니다.

As a Global Luxury Property

LHW의 멤버로 세계 럭셔리 호텔들과 어깨를 나란히 하고 있는 서울신라호텔은 고객 한분 한분을 배려하는 기품 있는 서비스로 세계 각국의 수반들과 외교, 경제, 문화 분야의 명사로부터 찬사를 받고 있으며, Conde Nast Traveler, Travel & Leisure, Zagat, Euromoney 등 권위 있는 해외 매체로부터 매년 한국최고의 호텔로 선정되고 있습니다.

- 위치 : 서울시 중구 장충동2가 202번지
- 전화 : 02-2233-3131
- 등급 : 특 1급 / 객실수 : 465 / 객실유형 : 양실 463실, 한실 2실
- 규모 : 지상 23층, 지하 1층
- 홈페이지주소 : www.shilla.net

• 객실소개

Normal Floor 수페리어

Normal Floor 디럭스

Normal Floor 그랜드디럭스

비즈니스 전용층 디럭스

비즈니스 전용층 그랜드 디럭스룸

비즈니스 전용층 라운지

코리안 스위트룸

스튜디오 스위트룸

프리미어 스위트룸

로열 스위트룸

프레지덴셜 스위트룸

- **식음료장** : 팔선(중식당), 아리아께(일식당), 콘티넨탈(프렌치 레스토랑), 더 파크뷰(부페), 더라이브러리(라운지 & 바), 패스트리 부티크(베이커리)
- **부대시설** : 중 · 소연회장, 대연회장, 영빈관, 컨퍼런스센터, 휘트니스 클럽, 실내수영장, 실외수영장, 스파, 아케이드, 면세점, 라이프 스타일 존, 웨딩 중 · 소연회장, 대연회장, 영빈관 후정, 비즈니스센터, 비즈니스고객전용층, 휘트니스클럽, 실내수영장, 옥외수영장, 골프연습장, 남녀사우나, 체련장, 이용실, 미용실, 여행안내데스크, 렌트카데스크, 쇼핑아케이트, 면세점, 야외조각공원

2. 파크하얏트 서울

강남 비즈니스의 중심지인 삼성역에 위치한 파크 하얏트서울은 2005년 4월 15일 개관한 부티크 호텔로서 현대적인 감각의 디자인과 시설, 그리고 제한된 객실수로 고객 한 분 한 분에게 최상의 개별 서비스를 제공하고 있습니다. 파크 하얏트는 그랜드 하얏트, 하얏트 리젠시와 함께 하얏트 소속 브랜드로 일본의 하얏트 도쿄에 이어 북아시아에서는 두 번째로 오픈하였으며, 세계적인 인테리어 디자인 회사인 수퍼 포테이토(Super Potato)가 디자인한 파크 하얏트 서울은 현대적인 세련미와 함께 동양적인 단아함을 가지고 있습니다. 147개의 일반 객실과 35개의 스위트룸을 보유한 파크 하얏트 서울은 총 185개의 제한된 객실수로 보다 세심한 서비스를 제공하며 특히 일반 딜럭스 객실은 국내 특급 호텔 중 최대 크기를 자랑하며, 객실 크기의 삼분의 일 정도를 차지하고 있는 욕실의 바닥과 벽면은 자연석 그대로를 사용한 설계로 비즈니스 후의 휴식 공안으로써 편안함과 안락함을 제공합니다. 특히 24층 최고층에 위치한 로비는 도심의 전경을 한 눈에 바라볼 수 있도록 해 파크 하얏트 서울을 찾는 고객들에게 새로운 경험을 선사해 줍니다.

- 위치 : 135-502 서울 강남구 대치3동 995-14
- 전화 : 02-2016-1234 / 팩스 : 02-2016-1200
- 등급 : 특1급 / 객실수 : 185 / 객실유형 : 147실(일반객실) + 38실(스위트룸)
- 홈페이지주소 : www.parkhyattseoul.co.kr

• 객실소개

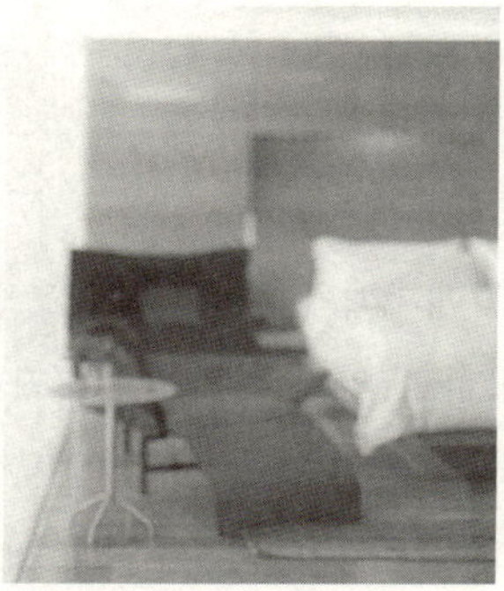

Park Room

Park Deluxe

Park Suite

Diplomatic Suite

Presidential Suite

- 식음료장 : 레스토랑바(코너스톤, 더 팀버 하우스, 더 라운지)
- 부대시설 : Meetings Room, Fitness & SPA

3. JW 메리어트 호텔 서울

JW 메리어트 호텔은 2000년 9월1일 개관한 이래 "해가 지지 않는 호텔 제국" 메리어트 인터네셔널의 신화를 서울에서도 이어가고 있는 특1급 호텔입니다. 세계 최대의 호텔 기업 메리어트 인터내셔널의 최고급 브랜드 호텔인 JW 메리어트 호텔 서울은 그동안 세계 각국에서 쌓은 메리어트 만의 노하우와 서비스 정신을 바탕으로 따뜻하고 적극적인 서비스로 고객께 최고의 편안함과 즐거움을 선사합니다.

JW 메리어트 호텔은 국제 업무, 금융, 교통의 새로운 중심지 서울 서초구의 현대식 복합문화 생활공간인 '센트럴 시티' 내에 위치하고 있으며, 코엑스(COEX), 국제무역센터(World Trade Center) 등과 근접(20분 거리)하고 있습니다. 또한, 지하철 3, 7호선 환승역과 연결되어 있어 교통이 편리합니다. 총 497개의 객실을 가지고 있으며, 뛰어난 한강 전경과 함께 멀리 보이는 우면산과 청계산의 아름다운 자연을 만끽할 수 있습니다.

JW 메리어트의 상징, 그리핀(The Griffin)

그리핀은 사자의 용맹함과 힘, 독수리의 비상과 비전을 뜻하며, 오래전부터 제왕 및 여왕의 상징으로 여겨져 왔습니다. 보호자로서의 역할을 수행하는 그리핀은 구전을 통해 전해져오는 대로 빈틈없는 경계와 충성심, 강함, 그리고 민첩함을 뜻하며, 이는 곧 JW 메리어트의 직원이라면 꼭 갖추어야 하는 덕목을 상징입니다. 또한 그리핀은 메리어트 인터내셔널의 회장인 JW 메리어트 본인을 상징하는 가장 적절한 아이콘으로서, 세계 최정상의 환대사업을 창조하고자 하는 그의 날카로운 비전과 균형잡힌 관전, 강건함과 힘을 대변합니다.

- 위치 : 서울 서초구 반포동 19-3번지
- 전화 : 02-6282-6262
- 등급 : 특1급 / 객실수 : 497 / 객실유형 : 슈퍼리어 387실, 서블베드 213실, 트윈베드 174실, 딜럭스킹 75실, 주니어 스위트 25실, 킹 스위트 8실, 앰배서더 스위트 1실, 프레지덴셜 스위트 1실
- 홈페이지주소 : www.jw-marriott.co.kr

• 객실소개

수페리어

디럭스

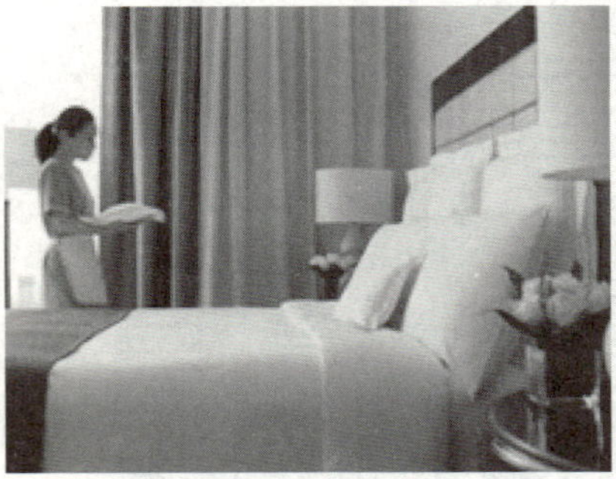

주니어 / 킹스위트

엠버서더 스위트

프레지던셜 스위트

• 부대시설 : 국제회의장, 중·소회의장, 연회장, 비즈니스센터(동시통역 서비스), 마르퀴스더말 스파 & 휘트니스클럽(스쿠버다이빙, 헬스장, 에어로빅장, 수영장, 사우나, 골프연습장, 스쿼시), 테라피센터
• 식음료장 : 더 카페, JW's 그릴, 올리보(이태리 레스토랑), 만호(중식당), 미카도(일식당), 델리 숍, 바 루즈, 익스체인지 바, 로비 라운지

4. 코엑스 인터컨티넨탈 서울

서울의 비즈니스와 문화의 중심지인 무역센터 단지 내에 위치하고 있으며 세계 경제의 흐름이 한눈에 보이는 무역센터와 코엑스 국제회의 및 종합전시장, 한국도심공항이 가까이 있어 비즈니스를 편리하게 할 수 있다. 또한 면세점, 카지노, 16개의 극장, 200여 개의 쇼핑 아케이드가 지하로 연결되어 편리하게 이용할 수 있는 장점이 있습니다.

CEO와 중역들을 타깃으로 한 한국적이며 고전적인 중후한 프레스티지급의 호텔로, 코엑스 인터컨티넨탈 서울은 가볍고 산뜻한 분위기로 비즈니스맨들이 역동적으로 업무를 보는 고급 비즈니스호텔입니다.

총 1,167개의 객실과 18개의 레스토랑과 바, 그리고 27개의 연회장을 갖추고 있으며, 또한 비즈니스센터는 기존의 로비층에서 자연채광이 좋은 3층으로 이전하여 최신 기자재와 함께 6개의 회의실을 확보하고 있습니다.

코엑스 인터컨티넨탈 서울의 편리한 교통은 고객의 회의나 모임 계획에 효율적인 시간활용을 가능케 하고 15명에서 1,500명을 수용할 수 있는 12개의 연회장은 고객의 편의에 따라 선택할 수 있으며 유유히 흐르는 한강과 활기찬 도시의 풍경이 한눈에 들어오는 649개의 객실은 넓고 여유로우며 모던한 인테리어와 함

께 최첨단 정보통신 및 현대적인 비즈니스 시설이 갖추어져 장거리 여행객들에게 편안한 휴식을 제공합니다.

- 위치 : 서울 강남구 봉은사로 524
- 전화 : 02-3452-2500
- 등급 : 특1급 / 객실수 : 651 / 규모 : 지상 28층, 지하 5층
- 홈페이지주소 : seoul.intercontinental.com
- 객실소개

수페리어 룸

비즈니스 룸

코너 스위트

커머셜 스위트

패밀리 스위트

비즈니스 스위트

엠버서더 스위트

프레지덴셜 스위트

- **부대시설** : 연회장, 하모니 레벨(동시통역 시설을 갖춘 회의장), 30층 연회장, 가족연회장, 코스모폴리탄 휘트니스클럽, 스파, 실내 골프 연습장, 비즈니스 센터, 쇼핑 아케이드, 면세점
- **식음료장** : 아시안 라이브 레스토랑, 브래서리 레스토랑, 스카이 라운지, 델리 봉봉(베이커리), 로비라운지, 로비바

5. W Seoul-Walkerhill

W 호텔로의 여행이 시작되는 리빙룸(Living Room)에 들어서면 머릿속으로만 그려왔던 아름다운 공간을 만나볼 수 있습니다. 달걀 모양의 의자에 편안히 앉아서 음료를 즐길 수 있으며, 위층으로 올라가면 2층에 마련된 개별공간에서 1층을

내려다볼 수 있습니다. 다양한 멀티 미디어시설도 이곳의 빠뜨릴 수 없는 매력 중 한 가지입니다. 창밖으로는 한강의 전망과 빛으로 가득한 서울의 모습이 보입니다.

253개의 모든 객실에서는 편안함과 시원한 전망, 그리고 그 어디에서도 찾아볼 수 없었던 특별한 디자인이 있습니다. 레드와 화이트의 강렬한 대비가 로맨틱한 원더풀 룸(Wonderful Room), 둥근 레드 컬러의 베드, 최첨단 미디어시스템이 갖춰진 미디어 룸(Media Room), 화이트와 그레이 컬러, 그리고 대형 스파베스가 있어 몸과 마음을 다스릴 수 있는 스파룸(Spa Room), 직접 선택한 아로마 향기로 더욱 특별한 여행을 연출하며, 아차산의 깨끗한 공기를 가득 품은 야외 테라스가 있는 센트 룸(Scent Room) 등 고객의 스타일에 따라 객실을 선택하실 수 있습니다. 샴페인 바가 있는 레스토랑 나무(Namu)에서는 미래적인 동양요리를 경험할 수 있습니다.

- 위치 : 서울 광진구 광장동 아차성길 175번지
- 전화 : 02-465-2222 / 팩스 : 02-450-4989
- 등급 : 특1급 / 객실수 : 253
- 객실유형 : 스위트룸 30실, 원더풀룸 183실, 스파룸 11실, 미디어룸 16실, 센트룸 13실
- 홈페이지주소 : www.wseoul.com
- 객실소개

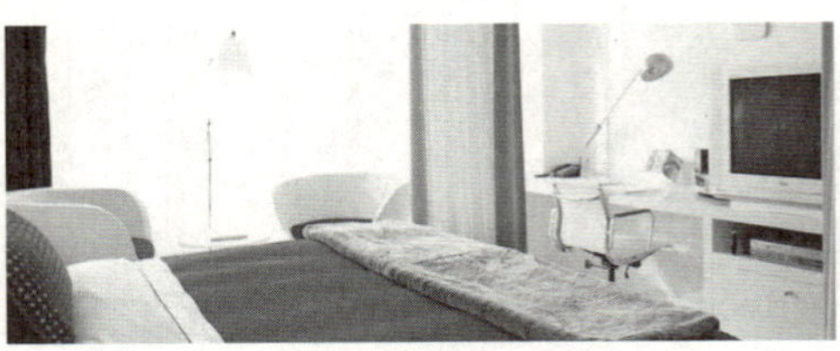

원더풀 룸

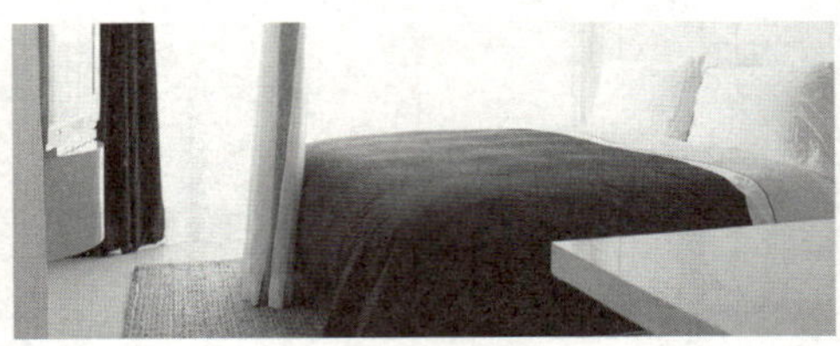

패뷸러스 룸

쿨 코너 룸

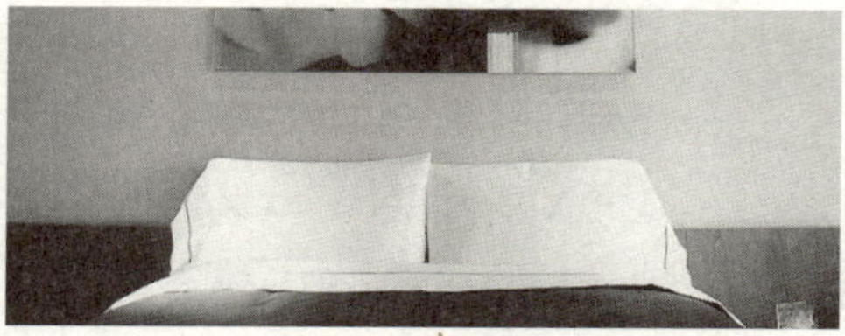

메가 스위트

스튜디오 스위트

판타스틱 스위트

마블러스 스위트

와우 스위트

익스트림 와우 스위트

- 음료장 : 우바(WooBar), 나무(Namu), 키친(Kitchen), 토닉(Tonic)
- 부대시설 : 어웨이 스파(Away Spa), 테이크 어웨이(Take Away : 스파 리테일 숍), 워터 존(Water Zone : 사우나), 스타일 랩(Beauty Salon), 스웨트(Sweat : 피트니스센터), 웨트(Wet : 실내수영장), W 호텔 스토어, 위시스(Wishes : 파티용품점), 키친 팬트리, 미팅장, 웨딩

6. 임피리얼 팰리스 호텔

품격과 문화가 담겨있는 유러피안 스타일의 임피리얼 팰리스 호텔은 성공적인 비즈니스와 품위 있는 휴식을 위한 호텔 그 이상의 문화공간입니다.

임피리얼 팰리스 호텔은 최첨단 시설, 상류 사회의 극치를 표현하는 품격 높은 이테리어와 호텔 이상의 감동이 있습니다. 순수 국내 자본의 특 1급 호텔이라는 명예에 안주하지 않고 2007년 일본에 진출하여 IP Hotel-Fukuoka 오픈을 시작으로 2009년 세부 리조트를 오픈하여 이로써 세계적인 체인망을 지닌 국내 최초의 호텔, 세계적인 호텔 브랜드로 도약할 것입니다.

Deluxe Suite

Imperial Suite

Imperial Palace Royal Suite

Spa Deluxe

Spa Suite

- 부대시설
  - 대연회장 : 컨벤션센터 I(두베), 컨벤션센터 II(셀레나)
  - 소연회장 : 메라크, 파드, 메그레즈, 알리오츠, 미자르, 엘카이드
  - 휘트니스센터 : 인도어 골프, 수영장, 헬스장, 스쿼시코트, 암벽등반, 에어로빅코트, 사우나, 야외수영장
  - 명품쇼핑 아케이드, 비즈니스센터
- 식음료장 : 만요(일식당), 천산(중식당), 패밀리아(뷔페), 베로나(이태리 식당), 카페 아미가(카페), 델리 아마도르(베이커리), 델마르(로비라운지), 가든테라스, 풀사이트, 에끌레어, 조이 바, 멤버스 바, 가라오케, 더 바

7. 리츠칼튼 서울

1898년 창립 이래 전 세계 호텔 체인 중 가장 Luxury한 호텔로서의 명성을 이어가고 있는 리츠칼튼 호텔은 그 시설뿐만 아니라 고객에 대한 서비스 하나 하나에도 그 명예를 이어갈 수 있는 특별함을 추구하고 있습니다. 고객이 환영받고 특별하다고 느낄 수 있는 서비스, 독창적이고 기억에 남을 서비스를 통해 리츠칼튼에서는 전 세계 어디라도 품위 있는 분위기 속에서 집처럼 편안함을 느낄 수 있습니다. 호텔 리츠칼튼 서울도 1995년 개관한 이래 리츠칼튼의 특별한 서비스를 통해 한국의 호텔 업계에 새로운 서비스 개념을 정립하여 왔습니다. 세심한 배려와 세상에서 맛 볼 수 있는 최고의 편안함을 제공하고자 노력하고 있으며, 고객은 따뜻하고 품위 있는 분위기 속에서 리츠칼튼 만의 특별한 서비스를 통해 표현한 요구뿐만 아니라 표현하지 않은 기대까지도 충족되는 신비로운 경험을 하실 수 있을 것입니다. 리츠칼튼 서울 모든 신사 숙녀들은 고객님께 잊지 못할 경험을 제공하기 위해 노력하고 있습니

다. 고객관리부와 벨 데스크에서는 리츠칼튼 서울에 오시는 고객님께 한국 전통 문화의 깊이와 아름다움을 알리고자 한국 전통 의상인 '한복'을 입고 밝은 미소로 고객님을 맞이하고 있습니다.

로 고

리츠칼튼의 로고는 왕관과 사자상이 조화롭게 만난 모습입니다. 왕관은 품위 있는 영국 왕실을 상징하며, 사자상은 프랑스 파리 리츠호텔의 개관을 위해 재정지원을 제공한 금융사의 로고입니다. 세자르 리츠가 이 두 가지 상징을 합성하여 "기품과 부"를 의미하는 리츠칼튼의 로고를 만들게 되었으며, 이 사자상의 로고는 세계 곳곳에서 리츠칼튼의 명예와 전통을 알리고 있습니다.

전통의 기원

리츠칼튼 전통의 창시자인 세자르 리츠(Cesar Ritz)는 1850년 스위스에서 목동의 아들로 태어났습니다. 세자르 리츠는 고객들에 대한 특별한 서비스를 통해 유명 인사들을 손님으로 유치하였습니다. 에드워드 6세는 세자르 리츠를 "호텔경영인 중의 왕"이라고 칭하였을 정도로 그의 호텔은 훌륭한 명성을 얻었습니다. 세자르 리츠는 1898년 파리의 Place Vendome에 호텔 리츠를 열어 세계의 여행자들에게 집과 같은 편안함과 안락함, 그리고 개별적인 서비스를 제공하기 시작했습니다. 동시에 런던의 칼튼 호텔에도 관계하였는데, 유럽에서 가장 번화한 도시에 있는 이 두 호텔의 명성과 함께 리츠칼튼 경영 회사를 설립하게 되었습니다.

세자르 리츠는 1910년 미국으로 사업을 확장, 부인 마리 여사와 함께 대서양 연안에 최초의 리츠 호텔을 개관하였는데, 이것이 나중에 리츠칼튼 호텔로 새롭게 탄생하게 되었습니다.

- 위치 : 서울시 강남구 역삼동 602번지
- 전화 : 02-3451-8000 / 팩스 : 02-3451-8188
- 등급 : 특1급 / 객실수 : 410 / 객실유형 : 양실 400실, 한실 10실
- 규모 : 본관(지상 15층, 지하 7층), 별관(지상 18층)
- 홈페이지주소 : www.ritzcarltonseoul.com
- 객실소개

수페리어 디럭스

발코니 디럭스

디럭스 코너

팔러 스위트

발코니 클럽 팔러 스위트

프리미어 스위트

이그제커티브 스위트

리츠 칼튼 스위트

프레지덴셜 스위트

- **식음료장**: 더 가든(이태리레 스토랑), 옥산(뷔페), 더 리츠 바, 취홍(중식당), 하나조노(일식당), 리츠델리(베이커리), 룸서비스, 쿠킹 클래스
- **부대시설**: 웨딩홀, 연회장, 비지니스센터, 휘트니스 클럽(체력단련실, 사우나, 실내수영장, 에어로빅룸, 실외 골프연습장, 토탈 뷰티 센터, 스넥바/라운지), 플라워숍, 이용원, 미용실

8. 롯데호텔 월드

서울, 월드, 울산, 제주, 부산을 잇는 국내 최대의 특급 체인호텔을 넘어 글로벌 리딩 호텔로 발돋움하는 LOTTE HOTELS & RESORTS 세련되고 모던한 감각, 편안하고 안락한 객실과 세심한 배려가 묻어나는 서비스. 그리고 감각적인 라이프 스타일을 추구하는 고객님을 위한 최고의 미각을 선사하는 오트 퀴진, 웰빙라이프를 위한 고품격 피트니스 클럽과 국내 최대 면세점이 함께 하는 곳. 성공적인 비즈니스와 레저, 마음의 休를 찾는 편안한 휴식공간 바로 롯데호텔입니다.

- 위치 : 서울 송파구 잠실동 40-1번지
- 전화 : 02-419-7000 / 팩스 : 02-417-3655
- 등급 : 특1급 / 객실수 : 553 / 객실유형 : 양실 547실, 한실 6실
- 규모 : 지상 33층, 지하 4층
- 홈페이지주소 : www.lottehotelworld.com
- 객실소개

디럭스 룸

이그제큐티브 디럭스

캐릭터 트윈

캐릭터 코너스위트 트윈

코너 스위트

수페리어 스위트

로얄 스위트

- **식음료장** : 도림(중식당), 라세느(뷔페), 메가씨씨(엔터네이닝 펍), 라운지 앤 브라세리(바 & 라운지), 델리카 한스(베이커리)
- **부대시설** : 휘트니스 클럽(실내 수영장, 체력 단련장, 실내 골드연습장, 사우나), 비즈니스센터, 연회장(大 · 中 · 小), 웨딩홀, 면세점, 클리닉

9. 호텔롯데

서울의 중심 소공동에 위치한 롯데호텔 서울은 1,479개의 객실, 13개의 레스토랑과 바, 16개의 대형 국제회의장 및 연회장, 비즈니스맨을 위한 Club Floor, 동양 제일의 면세점, 휘트니스 클럽 등 다양한 부대시설을 갖춘 한국을 대표하는 특급 호텔입니다.

- 위치 : 서울 중구 소공동 1번지
- 전화 : 02-771-1000 / 팩스 : 02-752-3758
- 등급 : 특1급 / 객실수 : 1479 / 객실유형 : 양실 1,475실, 한실 2실, 일본실 2실
- 규모 : 본관(지상 38층, 지하 3층), 신관(지상 35층, 지하 5층)
- 홈페이지주소 : www.lottehotelseoul.com

• 객실소개

-본 관

수페리어 스위트

디럭스 룸

클럽 플로워 수페리어 룸

클럽 플로워 디럭스 룸

클럽 플로워 주니어 스위트

클럽 플로워 럭셔리 스위트

레이디스 플로어 디럭스 룸

레이디스 플로어 럭셔리 스위트

-신 관

디럭스 룸

클럽 플로어 디럭스 룸

클럽 플로어 코너 스위트

코너 스위트

디럭스 스위트

프레지덴셜 스위트

로얄 스위트

- 부대시설 : 피트니스 클럽(실내 체련장, 실내 수영장, 실내 골프 연습장), 비즈니스센터, 컨퍼런스 룸, 면세점, 쇼핑아케이드, 연회장(크리스탈 볼룸, 사파이어 볼룸, 에메랄드 룸, 벨뷰 스위트, 가네트 스위트, 아테네 스위트, 소연회장), 웨딩
- 식음료장 : 피에르 가니에르 서울(프렌치 레스토랑), 페닌슐라(이탈리안 레스토랑), 라세느(뷔페), 모모야마(일식당), 도림(중식당), 무궁화(한식당), 살롱 드 떼(티 라운지), 더 라운지, 피에르 바, 보비런던(바), 델리카한스(베이커리)

10. 웨스틴 조선호텔 서울

웨스틴 조선호텔은 비즈니스와 쇼핑의 최적지인 서울의 심장부에 위치한 특1급호텔로, 각국의 대사관, 은행, 정부 부처가 인접한 곳에 자리하고 있습니다.

1999년과 2003년 두 차례에 걸쳐 세계 전문 금융지인 인스티튜셔널 인베스터誌에 의해 〈세계 100대 호텔〉로 선정된 웨스틴 조선은 최첨단 시설로 개보수된 객실과 서구화된 서비스를 자랑합니다.

수영장, 스파, 체련장을 갖춘 헬스센터, 비즈니스센터와 800여 명이 수용 가능한 대연회장을 비롯하여 다양한 크기의 중 · 소 연회장을 구비하고 있으며, 오킴스 아이리쉬펍, 프렌치 레스토랑 나인스게이트를 포함한 9개의 레스토랑과 바에서 다양한 미각을 선사합니다.

- 위치 : 서울시 중구 소공동 87번지
- 전화 : 02-771-0500 / 팩스 : 02-753-6370
- 등급 : 특1급 / 객실수 : 453
- 규모 : 지상 18층, 지하 1층
- 홈페이지주소 : www.echosunhotel.com
- 객실소개

Business Deluxe Room

Business Deluxe Guest office

Executive Deluxe Room

Executive Guest Office

Junior Suite

Premium Junior Suite

Renewal Suite

Executive Suite

Royal Suite

Presidential Suite

- **부대시설** : 최첨단 장비를 완비한 대연회장과 6개 중소연회장, 비즈니스센터, 웨딩, 시티에슬레틱(수영장, 사우나, 체련장), 세탁소, 기념품점, 서울렌터카, 미용실, 이발소, 플라워 숍
- **식음료장** : 홍연(중식당), 아리아(뷔페), 베키아 에 누보(델리), 나인스 게이트 그릴(프렌치 레스토랑), 컴파스 로즈(로비라운지), 스시조(일식당)

11. 그랜드 힐튼 서울

1988년 5월 설립된 그랜드 힐튼 호텔은 서울 시청에서 서북향으로 7km 거리에 위치하고 있으며, 호텔 뒤편에 백련산이 자리하고 있어 도심에서 보기 드물게 맑은 공기와 수려한 경관을 자랑합니다. 그랜드 힐튼 호텔의 규모는 총대지 39,101m^2, 건축면적 14,035.91m^2, 건물면적 78,193m^{2}로서 지하 3층, 지상 13층의 본관과 현대식으로 신축된 서울 최고의 컨벤션센터로 이루고 있으며, 약 1,000대의 차량을 수용할 수 있는 지상 및 지하 주차장을 갖추고 있습니다. 서울의 특1급호텔 중 인천 국제공항과 가장 가까우며 고객의 편의를 위해 호텔과 이태원을 왕복하는 무료 셔틀버스를 운행하고 있습니다. 백련산 자락에 위치한 본관과 컨벤션센터는 '도심 속의 자연'으로 외국인 및 내국인에게 비지니스와 휴식 공간으로 호평 받고 있습니다. 또한 서울의 특1급호텔 중 김포국제공항과 가장 가까우며, 투숙객의 편의를 위해 호텔과 이태원을 왕복하는 무료 셔틀버스를 운행하고 있습니다. 또한 장기투숙용 호텔을 보유하고 있습니다.

- 위치 : 서울 서대문구 홍은동 201-1
- 전화 : 02-3216-5656 / 팩스 : 02-3216-7799
- 등급 : 특1급 / 객실수 : 501
- 홈페이지주소 : www.grandhiltonseoul.com
- 규모
  - 메인호텔 : 지상 13층, 지하 1층
  - 컨벤션센터 : 지상 4층, 지하 3층
  - 장기투숙용호텔 : 지상 15층
- 객실유형 : 메인호텔 396실, 장기투숙용호텔 105실

• 객실소개

힐튼 디럭스

힐튼 이그제큐티브 디럭스

힐튼 주니어 스위트

힐튼 이그제큐티브 스위트

힐튼 프레지던셜 스위트

- 부대시설 : 컨벤션센터(컨벤션홀, 에메랄드홀, 다이아몬드홀, 그랜드볼룸, 소연회장), 웨딩, 멤버스클럽, 바발루(엔터테이먼트), 비즈니스센터, 휘트니스클럽(수영장, 체력단련장, 사우나), 뷰티클리닉
- 식음료장 : 미쯔모모(일식당), 여향(중식당), 에이트리움카페, 부페레스토랑, 에이트리움, 테라스라운지, 알파인 델리(베이커리)

12. 쉐라톤 그랜드 워커힐 서울

푸르른 아차산과 시원한 한강이 흐르는 쉐라톤 그랜드 워커힐 호텔은 뛰어난 자연경관은 물론 역사와 전통이 깊은 곳으로 유명합니다. 관광이 하나의 산업으로 자리잡기 전인 1963년 관광진흥의 뜻을 세워 창립한 워커힐 호텔은 지속적이고 과감한 투자, 세계적 호텔체인인 쉐라톤호텔과의 프랜차이즈 계약, 독창적인 서비스 개발, 국내외 시장개척 및 전문인력 육성 등으로 세계 수준의 호텔로 성장하는 바탕을 마련하였고 국제적 명성을 얻기에 이르렀습니다.

- 위치 : 서울 광진구 광장동 아차성길 175번지
- 전화 : 02-455-5000 / 팩스 : 02-452-6867
- 등급 : 특1급
- 규모 : 지상 17층, 지하 3층
- 홈페이지주소 : www.sheratonwalkerhill.co.kr

• 객실소개

디럭스

쉐라톤 클럽

더글라스 하우스

매튜 룸

빌라

애스톤 하우스

- 부대시설 : 컨벤션센터, 워커힐 씨어터(워커힐쇼), 연회장(애쉬튼 하우스, 제이드 가든), 면세점, 조깅코스, 테니스코트, 헬스클럽, 카지노, 골프 연습장, 리버파크(실외수영장), 아이스링크, 실내수영장
- 식음료장 : 온달(한식당), 기요미즈(일식당), 금룡(중식당), 명월관(숯불갈비 전문점), Clock 16(유러피안 레스토랑 & 바), 포시즌(뷔페식당), 더뷰(올데이레스토랑), 피자힐(피자전문 레스토랑), 시로코(바가라오케), 파빌리온(로비라운지), 델비노(이태리식당), 스타라이트(스카이라운지바), 파빌리온(로비라운지), 더 델리(베이커리)

애스톤하우스(Aston House) : 최고급 사교 공간

세계 최고의 인테리어 전문회사인 Wilson & Associates가 디자인 한 애스톤 하우스는 1,163평의 넓은 대지 위에 430평 규모로 지어진 대저택으로 넓게 트인 가든과 한강을 한눈에 조망할 수 있는 최고의 시설과 전망을 가지고 있습니다. 건물 양쪽에 첨탑과 테라코타 타일로 이루어진 지붕, 따뜻한 옐로우 톤의 외벽 등은 아름다운 자연과 함께 어울려 이국적인 분위기를 연출하며, 1층은 가든과 한강을 조망하는 최고의 연회장으로 파티션을 이용해 하나의 큰 볼룸을 4개의 소규모연회장으로 나누어 다양한 용도로 사용할 수 있습니다.

특히 벽면을 팔각형으로 디자인하고 격자무늬 창틀을 이용하여 한국적인 아름다움을 국제적 감각으로 표현하였습니다. 1층에 위치한 Bridal Suite는 결혼식 후 신랑, 신부가 사용할 수 있게 하여 연회와 투숙을 겸한 복합공간으로 구성되었습니다.

2층은 Rembrandt's View(Formal Dining Room) 외에도 Paragon Suite(Master Bed Room), Bath Room, 드레싱룸, 서재, Bar를 갖춘 리셉션 라운지가 있어 프레지덴셜 스위트의 기능을 갖추고 있습니다. 건물 전체 어느 곳에서나 한강을 조망할 수 있게 설계되어 있습니다. 대기업 CEO 만찬, 사회 저명인사 개인 사교모임, 문화예술 후원회 등 소규모 파티나 패션, 명품 브랜드의 런칭쇼, 살롱 쇼로 이용

되고 있으며, 약혼식, 결혼식, 특히 일본인 결혼식 장소로 명성이 높습니다. 최소 10명부터 이용 가능하며 한, 중, 일, 양식, 뷔페 등 모든 메뉴에서 고객의 기호와 취향에 맞게 Customized Product 및 Service를 제공합니다. 최고의 시설, 서비스, 운영을 최우선 가치로 하는 애스톤 하우스는 상류층 Community의 Networking이 가능한 최고급 사교공간으로 Prestige, Customized, Privacy를 절대 보장하는 장소입니다.

13. 밀레니엄 서울 힐튼

밀레니엄 서울힐튼은 대우그룹의 계열사인 (주)동우개발이 1977년 12월 14일 힐튼 인터내셔널과 호텔위탁 경영계약을 체결함으로써 설립되었습니다. 사계절 아름다운 풍광을 자랑하는 남산을 마주보고 우뚝 서 있는 밀레니엄 서울힐튼은 1979년 3월 호텔건물공사를 착공하여 1983년 12월 7일에 전면 개관하였다. 이후 1995년 4월, (주)동우개발에서 (주)대우개발로 상호를 변경하였으며, 1999년 12월 1일 싱가포르계 투자 전문회사인 홍릉그룹이 (주)씨디엘호텔코리아로 소유권이 이전되었습니다. Millennium Copthorne Hotels plc는 싱가폴 홍릉그룹의 런던 상장 호텔로 1995년 런칭하였고 그 이듬해 상장하여, 전세계 16개국에 91개의 호텔로 구성되어 있습니다. 특2급에서부터 새롭게 선보인 6개의 특1급 호텔에 이르기까지 호텔의 지리적 성격에 맞춰 호텔을 방문하는 손님의 비즈니스 또는 휴식에 걸맞은 각각의 특성을 갖추고 있습니다.

- 위치 : 서울 중구 남대문로5가 395번지, 중앙사서함 7692호
- 전화 : 02-753-7788 / 팩스 : 02-754-2510
- 등급 : 특1급 / 객실수 : 687 / 객실유형 : 687실(39개의 스위트룸 포함)
- 규모 : 지상 22층, 지하 2층(4, 12, 14, 21층 금연층 지정, 귀빈층 19층~22층)
- 홈페이지주소 : www.hilton.co.kr

• 객실소개

디럭스 룸

비즈니스 룸

이그제큐티브 룸

이그제큐티브 e룸

이그제큐티브 라운지

주니어 스위트

코너 스위트

타워 스위트

프리미어 스위트

파크힐 스위트

비스타 스위트

남대문 스위트

- **부대시설** : 이그제큐티브 헬스클럽(실내수영장, 실내골프연습장, 사우나, 휘트니스, 에어로빅 스튜디오), 비지니스센터, 트레이닝센터, 연회장(그랜드 볼룸, 국화 룸, 소연회장), 쇼핑아케이드, 동시통역시설을 갖춘 컨벤션센터, 웨딩
- **식음료장** : 실란트로(카페 & 다이닝), 일폰테(이태리식당), 겐지(일식당), 시즌즈(프렌치 레스토랑), 타이판(중식당), 오크룸(바), 오랑제리(뷔페), 룸서비스, 팜코트(로비라운지), 델리 카트슨(델리)

14. 르네상스 서울 호텔

서울 강남 테헤란로의 중심에 위치해 있는 르네상스 서울 호텔은 한국 종합무역센터, 서울 도심공항 터미널, 잠실 올림픽 주경기장 등 각종 무역 및 금융 관련 시설뿐만 아니라 최첨단 유행의 본거지인 청담동, 압구정동 등의 고급 쇼핑가 및 문화의 거리와도 인접해 있습니다. 또한 성수대교와 동호대교, 올림픽대로를 통해 강북 도심과 직접 연결되어 지하철 역삼역(2호선 8번 출구)과 선릉역(2호선

5번 출구)에서 도보로 약 5~7분 거리에 있습니다. 한국을 방문하는 외국인들은 물론 내국인에게도 쇼핑뿐만 아니라 다양한 볼거리로 유명한 강북의 이태원, 명동 및 동대문 쇼핑지역까지는 차로 30분이면 갈 수 있으며, 인천 국제공항까지는 약 1시간 30분, 김포공항까지는 약 50분이 소요됩니다.

- 위치 : 서울 강남구 역삼1동 676번지
- 전화 : 02-555-0501 / 팩스 : 02-553-8118
- 등급 : 특1급 / 객실수 : 495실
- 규모 : 지하 2층, 지상 24층 / 종사원 : 700여 명
- 홈페이지주소 : www.renaissanceseoul.com

Room Type	Rate(KRW)
Deluxe Double / Twin	312,000
Korean Ondol	312,000
Superior Double	328,000
Superior Twin	328,000
Executive Double / Twin	356,000
Club Deluxe Double / Twin	356,000
Club Executive Double	392,000
Corner Suite Double / Twin	544,000
Korean Suite Ondol	544,000
Renaissance Suite	1,200,000
Royal Suite	3,000,000
Presidential Suite	4,700,000

- 부대시설 : 동시통역 시설을 갖춘 대회의장 및 중소연회장, 비즈니스센터, 웨딩
- 식음료장 : Club Horizon(스카이 라운지 바), 카빈(중식당), 이로도리(일식당), Manhanttan Grill, 트레비 라운지, 카페 엘리제(뷔페), 더 베이커리, 사비루(한식당), 토스카나(이태리 레스토랑), 벤돔(커피 숍)

15. 서울 플라자 호텔

2010년 새롭게 태어나는 플라자호텔은 국내 최초의 부티크 비즈니스 호텔입니다. 호텔 곳곳에 배어 있는 감성적인 디자인 미학과 고객 동선 하나하나에 스며있는 섬세한 서비스, 국제 비즈니스 도시 서울의 편리를 모두 갖춘 스타일과 합리성을 추구하는 현대 비즈니스맨을 위한 호텔의 '완벽함'을 추구합니다. 서울을 방문하는 이의 마음에 우뚝 설 랜드마크로, 호텔을 방문하는 이의 감성을 깨울 도시의 향수로, 스타일을 말하는 이들에겐 언제나 영감의 대상으로, 각박한 현대 사회에 따뜻한 심장박동을 전하는, 변하지 않는 플라자만의 가치를 지닌 진정한 부티크 호텔이 되고 싶습니다.

The Plaza, 브랜드

계승과 발전이라는 주제를 모티브로, 전통을 기반으로 부티크 호텔로 재탄생하는 플라자의 과거-현재-미래의 '연결'을 형상화 한 로고 디자인입니다. 3개의 매듭은 과거의 유산, 현재, 미래의 발전이 연결되는 모습을 상징하며, 매듭 사이의 간격은 이러한 연결들이 순차적 연결이 아닌 다른 차원으로의 창조적인 발전을 통해 성장하는 것을 의미합니다. 보라색은 대한민국 최고 호텔의 '권위'와 '품격'을 나타내면서, 또한 가장 트랜디하고 스타일리쉬한 호텔의 디자인

컨셉트를 반영한 컬러입니다.

시간의 흐름에 기대지 않고, 항상 새로운 가치를 통해 발전하는 플라자의 미래 지향적이고 독창적인 가치를 의미하는 로고 디자인입니다.

호텔 리노베이션 프로젝트의 수석 디자이너 귀도 치옴피는 밀라노, 피렌체 등 유럽을 거점으로 활동하는 이탈리아의 세계적인 디자이너입니다. 감성적 색채 유니크한 형태, 자연미의 조화를 추구하는 디자인 철학에서 비롯된 독창적인 디자인 스타일을 선보이는 그는, 미국 스타일의 절제된 모던 디자인에서 벗어나, 풍성하고 감성적인 유럽의 디자인 철학을 플라자 호텔 리노베이션의 핵싱으로 꼽습니다. 체임 호텔들과 대형 디자인 컴퍼니에서 작업하는 시스템화된 디자인 작업이 아닌 디자이너의 장인 정신이 살아있는 '디자인 호텔'을 만드는 이번 프로젝트는 그의 감성적인 독창성이 가장 빛을 발한 작업이 될 것입니다.

플라자 호텔의 객실 디자인은 감성과 편리, 그리고 오래도록 기억에 남는 '인상적인 경험'을 컨셉트로 진행되었습니다. 여생과 바쁜 여정으로 인하 피로와 스트레스에서 벗어나 따뜻하고 편안한 경험의 공간이 될 수 있도록 섬세하게 동선 하나하나를 분석하여 디자인하였습니다. 아날로그적인 따뜻한 느낌의 공간 속에 최첨단의 다양한 편의 기능을 첨가하여, 감성적 휴식과 물리적 편리의 조화를 최대화 했습니다. 특히, 플라자 호텔만을 위하여 디자이너 귀도 치옴피가 직접 하나하나 디자인한 가구들은 '부티크'호텔로서의 가치와 디자인 철학을 잘 나타내 주는 또 하나의 요소입니다.

- 위치 : 서울 중구 태평로2가 23
- 전화 : 02-771-2200 / 팩스 : 02-755-8897
- 등급 : 특1급 / 객실수 : 455 / 객실유형 : 양실 452실, 한실 3실
- 규모 : 지상 22층, 지하 3층(별관 지상 18층, 지하 8층)
- 홈페이지주소 : www.hoteltheplaza.com

• 객실소개

디럭스 룸

프리미어 스위트

익스큐티브 스위트

레지덴셜 스위트

플라자 스위트

프레지덴셜 스위트

• 식음료장 : 무라사키(일식당), 도원(중식당), 투스카니(이태리 레스토랑), 세븐 스퀘어(올데이다이닝), 더 라운지

16. 그랜드 하얏트 서울

시내 중심가에서 10분, 여의도에서 20분 거리에 위치한 그랜드 하얏트 서울은 남쪽으로는 한강을, 북쪽으로는 남산이 바라다 보이는 뛰어난 전망을 자랑하는 국제적 수준의 특1급 비즈니스 호텔입니다. 휘트니스센터 클럽 올림퍼스는 남녀 사우나, 한국 최고의 토탈 엔터테인먼트센터 제이제이 마호니스, 그리고 신선한 제빵 / 제과류와 전세계 와인을 등을 구입할 수 있는 델리 등 총 11개의 레스토랑과 바가 있으며, 최근 보수공사를 마치고 최신 시설과 고급스러운 인테리어로 단장된 작은 모임이나 미팅을 위한 5개의 연회장, 250명까지 수용가능한 리젠시룸, 최고 2,000명까지 수용할 수 있는 그랜드볼룸이 있습니다. 20여 년 넘게 각국의 귀빈들을 모신 경험과 매년 최첨단 기술과 새로운 디자인으로 새롭게 태어나는 곳이라 할 수 있습니다.

• 위치 : 서울 용산구 한남2동 747-7
• 전화 : 02-797-1234 / 팩스 : 02-798-6953
• 등급 : 특1급 / 객실수 : 601 / 객실유형 : 양실 601실
• 규모 : 지상 18층, 지하 2층
• 홈페이지 주소 : http://www.grandhayattseoul.co.kr/

• 객실소개

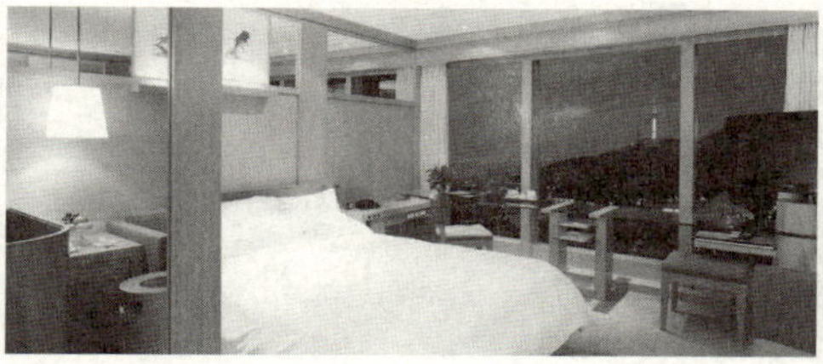

그랜드 룸

클럽 룸

그랜드 이그제큐티브 스위트

엠버서더 스위트

프레지덴셜 스위트

- 부대시설 : 연회장, 비지니스미팅센터, 클럽 올림퍼스(실내 · 외 수영상, 아이스 링크, 휘트니스센터, 사우나, 테니스코트, 스파
- 식음료장 : 파리스 그릴(정통 유럽식 레스토랑), 아카사카(일식당), 텐카이(꼬치구이 전문점), 중식(山水), 테라스(카페), 델리, 풀사이트 바비큐, 제이제이 델리, 파리스 바, 로비라운지, 제이제이 마호니스, 헬리콘(송 바)

17. 그랜드 인터컨티넨탈 서울

세련된 분위기를 한껏 느낄 수 있는 그랜드 인터컨티넨탈 서울의 객실 및 스위트는 오랜 여행으로 지치기 쉬운 고객에게 편안함과 아늑함을 선사합니다. 코엑스 컨벤션센터와 공항 터미널, 코엑스몰과 연결된 최상의 위치와 첨단의 비즈니스 시설과 객실은 격조있는 서비스가 결합된 최적의 장소임을 확인할 수 있습니다.

- 위치 : 서울 강남구 테헤란로 521
- 전화 : 02-555-5656
- 등급 : 특1급 / 객실수 : 530 / 객실유형 : 양실 529실, 한실 1실
- 규모 : 지상 33층, 지하 4층
- 홈페이지주소 : seoul.intercontinental.com

• 객실소개

주니어 스위트

디럭스 룸

레지던스

클럽 디럭스

클럽 레지던스

클럽 레지던스 온돌

클럽 주니어 스위트

클럽 온돌 스위트

클럽 마운틴 스위트

클럽 로얄 스위트

- **부대시설**: 연회장, 동시통역 시설을 갖춘 회의장, 메트로폴리탄 피트니스 클럽, 실내수영장, 에어로빅장, 사우나, 실내 골프장, 태닝 룸, 헤어살롱, 피부관리실, 쇼핑 아케이드, 비즈니스센터
- **식음료장**: 테이블 34 레스토랑, 실크로드 클럽, 하코네(일식 레스토랑), C 그릴(그릴 레스토랑), 카페 에스프레소(이태리식 카페), 그랑 카페, 그랜드 키친 뷔페, 그랜드 키친 델리, 하바나 시가 디번 & 바, 로비 라운지, 마르코폴로 레스토랑, 블러쉬 바

18. 메이필드 호텔

MAY + FIELD → MAYFIELD로서 사전적 의미로 연중 가장 아름다운 시기인 "5월의 정원"을 표현하였으며, 스코틀랜드의 성 메이필드에서 유래하여 "고객을 왕처럼 서비스하겠다"는 것을 의미합니다. 또한 가치적 의미로 아름다운 자연 속에서 편안한 휴식과 재충전으로 온전한 회복을 경험하고, 특별한 컨셉 속에 즐거운 추억을 만들며 품위 있는 교제의 장이 되는 최고의 Boutique 호텔"을 의미합니다.

메이플드 심볼 마크의 의미

MAYFIELD HOTEL & RESORT

유럽피안 스타일의 고품격 호텔을 지향하고 있는 메이필드 호텔의 심볼 마크는 "Entrance to Europe"이라는 컨셉으로 이는 실제 건축물에서도 기둥의 형태를 에메랄드 그린과 소프트 한 베이지 톤으로 심플하면서도 고품격을 상징하고 있습니다.

소나무 숲 사이로 전해오는 청량한 솔내음이 느껴지시나요? 도시의 숲속에 작은 움직임이 있습니다. 계절별로 색다른 경치를 만끽하고 가슴깊이 심호흡을 하며 거닐고 싶은 이 아름다운 숲속에 자연과 사람이 하나가 될 수 있는 MAYFIELD HOTEL이 있습니다. 미감없이 육중한 몸체만을 자랑하는 호텔과는 달리 자연과의 조화를 생각해 절제된 품격으로 지어진 MAYFIELD HOTEL은 유럽의 감성이 고스란히 살아 있습니다. 아울러 김포공항까지 5분, 인천 신공항까지는 30분 거리에 위치하고 있어 도심과 공항을 연결하는 최적의 요지로 평가받고 있습니다.

메이필드 호텔에서 편안한 여행의 즐거움을 마음껏 만끽하시고, 삶의 여유와 넉넉함을 즐기며 추억으로 간직할 소중한 시간을 만들 수 있는 격조 높은 휴식처가 될 수 있도록 메이필드 호텔의 임직원들은 항상 정성이 깃든 최고의 서비스를 제공하겠습니다.

- 위치 : 서울 강서구 외발산동 426
- 전화 : 02-2660-9000 / 팩스 : 02-2660-9001
- 등급 : 특1급 / 객실수 : 202 / 객실유형 : 양실 200실, 한실 2실
- 규모 : 지하 1층, 지상 6층의 유러피안 스타일(대지 105,785.60m^2)
- 홈페이지주소 : www.mayfield.co.kr
- 객실소개

Superior Room

Deluex Room

Honeymoom Suite

Artist Suite

Business Suite

James II

Ondol

- 식음료장 : 낙원(한식당), 봉래헌(한정식당), 라페스타(이탈리안 레스토랑 바), 미슐랭(부페식당), 이원(차이니스 레스토랑), 로얄마일(로비라운지), 델리스(베이커리), 클럽하우스, BAR & PUB 'M'
- 부대시설
  - 웨딩 : Atrium, Lawn Garden, Mayfield Ballroom, Orchid Room, Red sun, Blue moom, Traditional wedding
  - 연회 : Mayfield Ballroom, Orchid Room, Red sun, Blue moom, Conference Room, Garden Party, Family Party
  - Fitness Club : Swimmimg Pool(메인 풀, 테라피 풀, 스쿠버 풀), 에어로빅, 헬스, Par 3 Golf, 골프연습장, 스쿼시, 라켓볼, Futsal, Spa
  - 메이필드 호텔스쿨

    B1 Par3 데스크, Par3 샤워실, 골프숍

    G1 회원상담실, 수영장, 스쿠버풀, 스포츠용품 전문숍, 클럽하우스

    F2 SPA, 남녀 사우나, Therapy

    F3 헬스, 스쿼시, 라켓볼, 에어로빅장

    Par 3-9 Hole 야외 골프장

19. 그랜드 앰배서더 서울

1955년 10월 문을 연 그랜드 앰배서더 서울은 50여 년의 오랜 역사와 전통, 그리고 모던한 감각의 최신시설과 서비스를 갖추고 역동적으로 성장하고 있는 최고급 비즈니스호텔입니다.

한국 호텔 역사의 선두에서 민간외교 사절의 역할을 톡톡히 해냈던 그랜드 앰배서더 서울은 1989년 글로벌 호텔체인인 프랑스 아코르(Accor)그룹과의 제휴를 통해 세계적 수준의 글로벌 호텔로의 도약 기틀을 마련하였으며, 고객을 위해 새롭게 태어나는 '앰배서더 호텔그룹'으로서의 비전을 확고히 하고 있습니다.

그랜드 앰배서더 서울은 지상 19층, 지하 2층 규모로 409개의 객실을 갖추고 있으며, 매년 객실 개보수를 통해 현대적 감각의 세련되고 쾌적한 객실환경을 실현해내고 있습니다. 또한 비즈니스센터를 새롭게 단장하여 고객의 성공적인 비즈니스를 지원하고, 호텔의 얼굴이라고 할 수 있는 로비의 대대적 개보수를 통해 특급호텔로서의 품격을 느낄 수 있도록 하였습니다. 오랜 전통과 현대적 시설에 걸맞는 세계적 수준의 서비스를 실현하기 위해 지속적인 직원교육과 서비스 개선을 진행하고 있습니다.

- 슈페리어룸 더블 / 트윈 30.03m^2 374,000원
- 디럭스룸 싱글 30.03~35.31m^2 407,000원
- 더블 / 트윈 30.03~35.31m^2 429,000원
- 이그제큐티브룸 싱글 30.03~35.31m^2 429,000원
- 더블 / 트윈 30.03~35.31m^2 451,000원
- 이그제큐티브 스위트 룸 프리스티지 스위트 72.72m^2 605,000원
- 레지던스 : 원룸 스튜디오 44,19m^2 / 원룸 아파트 59.14m^2 / 투룸 아파트 83.93.m^2

제2절 호텔리어의 자세

Ⅰ. 미 소

고객은 누구나 환영받고 있다는 느낌을 받기를 원한다. 서비스가 전체적으로 딱딱하고 성의가 없다는 평가를 받는 것은 바로 직원들의 미소가 부족하기 때문이다. 표정이 살아있지 않으면 아무리 좋은 서비스를 제공하여도 고객은 인정하지 않으며 서비스는 미소로 시작해서 미소로 끝난다고 해도 과언이 아니다. 고객과 마주치면 항상 미소 보이도록 해야 한다.

Ⅱ. 인 사

인사는 예절의 기본이며 진정으로 마음에서 우러나오는 인사가 참된 인사이다. 환영과 환송 시 적절한 인사와 인사말에 의해 고객은 만족감을 느끼며 특히 환송 시 효과적인 인사는 고객에게 호텔 이용 시 다소 불편한 점도 어느 정도 무마하면서 다시금 호텔을 재방문할 계기를 만들어 준다. 항상 고객과 마주칠 때마다 인사를 해야 한다.

① 인사 시 허리를 굽히는 인사를 한다.
② 반드시 적정한 인사말을 동반한다.
③ 인사말은 “솔” 음 정도의 밝고 힘찬 목소리로 한다.
④ 고객과 Eye Contact을 하면서 힘찬 목소리로 한다.
⑤ 앉아서 근무하는 직원이라도 고객을 환영하고 환송할 시는 반드시 서서 인사한 다음 앉아서 업무처리를 한다.

⑥ 고객이 다가올 때까지 그 자리에 가만히 서있지 말고 고객에게 한두 발 다가서며 인사를 한다.

⑦ 인사 시 항상 미소를 동반한다.

상 황	올바른 예	태 도
고객을 맞이할 때	'안녕하십니까?' '어서 오십시오.' 문의 후 : '좋은 시간 되십시오.'	· 바른 자세로 45도 정도의 정중하고 예의바른 인사 · 밝고 명랑한 말투로 인사하며 끝을 약간 올린다. · 안장서 근무하는 경우는 의자에서 일어나서 인사한다.
전송할 때	'감사합니다.' '안녕히 가십시오.' '또 이용해 주십시오.'	
머뭇거리는 고객에게	'안녕하십니까?' '무엇을 도와드릴까요?'	
손님을 기다리게 할 때	'죄송합니다. 잠시만 기다려 주십시오.'	
사과할 때	'죄송합니다. 저의 실수였습니다.'	· 45도 정도의 정중하고 예의바른 인사
손님을 기다리게 했을 경우	'오래 기다리게 해서 죄송합니다.'	
대답할 때	'네, 그렇습니다.' '네, 잘 알겠습니다.' '네, 감사합니다.'	
반복해서 물을 때	'죄송합니다만 다시 한번 말씀해 주시겠습니까?'	
거절할 경우	'대단히 죄송합니다.'	
안내할 때	'이쪽으로 오십시오.' '제가 안내해 드리겠습니다.'	

Ⅲ. 고객집중과 응대

고객은 자신을 특별히 대해주길 바라며 항상 직원들에게 대접 받기를 원한다. 항상 고객에게 주의를 집중하고 고객만을 생각한다면 모든 행동이나 응대어가 적극적이고 신속하게 된다. 무심코 한 말 한마디, 행동 하나가 고객의 불만을 야기하고 호텔의 전체적인 서비스 수준을 결정한다.

① 고객의 요청사항이나 문의사항이 있을 시는 '아, 네 그러십니까?' 등으로 일단 고객의 말을 받고 최선을 다하여 적극적으로 신속하게 해결해주려는 모습을 보인다.

② '안됩니다', '모릅니다', '없습니다'라는 부정적인 말을 사용치 말고 '한 번 확인해 보겠습니다', '다시 한번 알아보겠습니다'라고 대답한다.

③ 고객의 문의 내용이 자신의 업무와 직접적인 관계가 없어도 확인하여 알려드리거나 담당자를 정확하게 연결시켜준다.

④ 고객을 기다리게 할 경우에는 반드시 양해의 말을 구하고 기다려야 할 시간이 어느 정도인지 정확하게 알려준다. 기다리는 시간이 길어질 경우는 중간에 다시 양해를 구한다.

⑤ 고객과의 대화시 호텔전문용어 사용을 가급적 자제한다.

⑥ 고객의 말을 중간에서 끊지 않고 경청한다.

⑦ 고객이 대화하고 있을 경우 서비스 시에는 적절한 상황을 기다렸다가 서비스하거나 말을 건넨다.

⑧ 고객과 대화시 '_____요'로 끝나는 사적인 대화법을 사용하지 말고 '_____까, _____다'로 끝나는 접객용어를 사용한다.

⑨ 바로 해야 할 일은 '기다리십시오', '잠깐만요'라는 말을 사용하지 말고 '네, 바로 해드리겠습니다', '네, 알겠습니다'라고 말한다.

⑩ 외국인과의 대화 시에는 반드시 'Sir / Ma'am'을 붙여 존칭을 표한다.

⑪ 인원확인 시에는 '몇 명이십니까?'가 아니고 '몇 분이십니까'라고 말한다.

⑫ 현금수수 시에는 반드시 '○○○받았습니다', '나머지 잔돈 ○○○입니다' 라고 말한다.

⑬ Billing시에는 반드시 '맛있게 드셨습니까?', '즐거운 시간 되셨습니까?' 등 적절한 인사말을 먼저 드린다.

⑭ Billing시나 Check in, Check out시 처리가 늦어져 고객을 기다리게 했을 경우에는 정중히 미소 띤 얼굴로 '늦어져서 죄송합니다'라고 말한다.

⑮ 영수증을 드릴 때에는 고객을 보면서 '이용해 주셔서 감사합니다'라고 말한다.

⑯ 고객 앞에서 직원 간에 반말이나 사적인(언니, 오빠) 호칭을 절대 삼간다.

⑰ 예약확인 시에는 '예약하셨어요?'라고 말하면 예약을 안 했을 경우, 불이익이 있다는 뉘앙스로 고객이 느낄 수 있으므로 반드시 정중하게 '혹시 예약하셨습니까?'라고 말한다.

⑱ 업장 내에서나 공공지역에서는 절도 있고 빠른 보행을 하여 활기찬 모습을 고객에게 보여주고 절대 어슬렁거리거나 팔자걸음으로 걷지 않는다.

⑲ 업장 내에서나 공공지역에서는 절대 뛰지 않는다.

⑳ 좁은 통로에서 고객과 마주칠 시에는 목례와 함께 사선걸음으로 걷는다.

㉑ 고객과 물건(영수증, 거스름돈, 객실키 등) 수수 시는 항상 두 손으로 수수한다.

㉒ 방향지시 시 손가락이나 들고 있던 볼펜을 사용하지 말고 반드시 손바닥 전체를 펴서 방향을 가리킨다.

1. 말할 때의 기본예절

• 명령형보다는 의뢰형 / 권유형을 사용한다.

- 부정형은 긍정형으로 바꾸어 표현한다.
- 밝은 표정, 밝은 음성, 밝은 내용, 밝은 마음으로 말한다.
- 공손하게 겸양어나 존대어를 사용한다.
- 표준어를 사용한다.
- 간결하고, 쉽고, 정확하게 말한다.
- 시간, 장소, 상황에 따라 적절한 화술을 구사한다.

2. 들을 때의 기본예절

- 고객의 입장에서 생각하며 듣는다.
- 항상 고객에게 몸과 얼굴을 향하고 개방적이며 바른 자세로 듣는다.
- 고객에게 적절한 반응(동의, 질문 등)을 표현하면서 경청한다.
- 고객의 말을 가로채거나 중단시키지 않는다.

3. 고객과 대화시 주의사항

- 고객이 싫어하는 화제는 피한다(특히 종교, 정치, 지역문제 등은 가능한 피한다).
- 고객 앞에서 호텔 전문용어 사용은 가급적 자제한다.
- 부정적인 말, 푸념, 짜증 섞인 말은 일체 사용하지 않는다.
- 고객이 말한 것은 반드시 다시 한번 복창을 하고 잘못 알아들었으면 다시 물어본다.
- 고객의 이름을 알면 꼭 이름(또는 직함)을 함께 불러준다.
- 고객에게 항상 감사의 표현을 한다.
- 혼자 오신 고객의 경우 대화의 상대가 되어주되, 경청하는 자세를 견지한다.
- 두 분 이상 오신 고객의 경우는 고객이 질문하지 않으면 대화에 관여하지 않는다.
- 자주 오시는 고객이라도 동행이 있는 경우 대화는 신중하게 한다.

상 황	부적절한 표현	바른 표현
고객 요청사항이나 문의사항 시	무응답	'아, 네 그러십니까?'
	'안됩니다', '모릅니다', '없습니다'	'한 번 확인해 보겠습니다.' '다시 한번 알아보겠습니다.'
	'ㅇㅇㅇ에 가서 확인해 보세요.'	'제가 확인해 드리겠습니다.'
고객과 대화 시	'______요'	'______까', '______다'
예약 확인 시	'예약하셨어요?'	'혹시, 예약하셨습니까?'
	'몇 명이십니까?'	'몇 분이십니까?'
고객 안내 시	'이쪽으로 오세요.'	'제가 안내해 드리겠습니다.'
	'줄 서세요.'	'차례대로 모시겠습니다.'
즉시 처리가 가능 할 경우	'기다리십시오, 잠깐만요.'	'네, 잘 알겠습니다.' '네, 곧 해드리겠습니다.'
고객을 기다리게 할 경우	'잠시만 기다려 주십시오.'	'죄송합니다. 잠시만 기다려 주시면 곧 처리해 드리겠습니다.'
오랫동안 고객이 기다린 경우	'죄송합니다.'	'오랫동안 기다리게 해서 대단히 죄송합니다.'
음식 서브 시	-	'맛있게 드십시오.'
Bussing시	-	'치워도 되겠습니까?'
Billing시	-	'즐거운 시간 되셨습니까?'

Ⅳ. 용모 및 복장

호텔을 찾아온 고객의 눈에 제일 먼저 띄는 것은 사원들의 복장과 용모이다. 단정하고 청결한 몸가짐은 그 사람의 인품의 표현이며 예절의 기본이 된다. 그러므로 산뜻하고 정결한 복장과 빈틈없는 용모로 고객에게 항상 최고의 인상을 줄 수 있어야 한다.

근무에 임하기 전에 반드시 거울 앞에 서서 자신의 복장과 용모를 점검해야 하며 동료의 복장이나 태도에 고객에게 불쾌감이나 저항감을 유발할 수 있는 점은 상호 지적하여 고쳐나가는 습관을 갖도록 한다. 단점하고 청결한 복장과 용모가 자신감 있는 서비스의 첫걸음이라는 것을 잊지 말아야 한다.

1. 용 모

1) 남사원 용모

(1) 두 발

- 바른 자세의 차렷 상태에서 뒷머리가 와이셔츠 칼라를 덮지 않으며 옆머리가 귀를 가리지 않아야 한다.
- 장발과 파마를 금한다.
- 항상 청결하게 하고 향취가 강한 포마드나 향유는 사용치 않는다.
- 빗질을 자주하여 단정한 머리모양을 유지한다.

(2) 얼 굴

- 수염은 매일 아침 깨끗이 면도해야 하며 콧속 수염도 밖으로 나오지 않도록 자주 잘라야 한다(특히 야간 근무자는 새벽에 자신의 얼굴 상태를 점검해야 한다).
- 구렛나루는 귀 이하로 내려오지 않도록 하고 코밑 수염은 길러서는 안 된다.
- 얼굴에는 상처가 없어야 하며 반창고를 붙이고 영업장에 나가서는 안 된다.
- 지나치게 햇빛에 그을리거나 동상에 걸리지 않도록 유의한다.
- 향취가 너무 강한 로션이나 화장품은 사용하지 않는다.

(3) 손과 손톱

- 손은 자주 닦아 항상 깨끗한 상태를 유지한다.
- 손톱은 짧게 깍는다.

- 손톱 밑의 때나 새끼손가락의 손톱을 기르는 것은 상대방에게 심한 불쾌감을 주므로 금한다.

2) 여사원 용모

(1) 두 발

- 항상 정결하고 단정해야 하며 활동하기 편하고 자신의 용모를 돋보이게 하는 스타일로 단정해야 한다.
- 어깨를 넘는 긴머리나 얼굴에 흘러내리는 머리는 핀으로 묶거나 Band를 사용하여 고정시킨다.
- 앞으로 늘어뜨리거나 얼굴이 잘 보이지 않게 하는 것은 삼간다.
- 머리를 검정색 이외의 다른 색으로 염색해서는 안 된다.
- 고객에게 불쾌감을 유발하는 단정치 못한 파마머리를 해서는 안 된다.
- 지나치게 유행을 따르는 헤어스타일은 피한다.

(2) 화 장

- 밝은 분위기로 자연스럽게 해야 하며 야하거나 진한 화장은 금한다.
- 너무 눈에 띄거나 짙은 색조화장은 피하며 인조눈썹을 달아서는 안 된다.
- 립스틱은 엷고 자연스러운 붉은색 계통으로 하며 검은빛이 돌거나 흰색 Tone을 사용해서는 안 된다.
- 향이 지나치게 짙은 향수나 화장품을 사용해서는 안 된다.
- 전혀 화장을 하지 않은 맨얼굴로 근무에 임해서는 안 된다.

(3) 손과 손톱

※ 항상 위생적인 상태를 유지한다.

- 손은 자주 닦아 항상 깨끗한 상태를 유지한다.
- 손톱은 너무 길지 않게 하고 손톱 밑에 때가 끼지 않도록 주의 깊게 관리한다.

• 매니큐어는 너무 야하거나 지나치게 유행을 따르는 색상을 사용해서는 안 된다(예 : 은색, 파란색…).

2. 복 장

1) 남사원 복장

유니폼을 착용한 상태로 영업장이나 손님들이 사용하는 시설을 이용할 수 없다. 유니폼을 입도록 요구되는 근무자는 근무 중 항상 규정된 유니폼을 착용한다.

(1) 유니폼

• 청결하고 항상 규정에 맞게 착용한다.
• 단추가 떨어져 있거나 바느질이 터진 곳이 없어야 하며 더럽거나 얼룩진 제복을 입어서는 안 된다.
• 먼지, 머리카락, 비듬 등이 어깨에 묻어있지 않도록 하며 항상 다림질이 잘된 상태로 착용한다.
• 주머니에는 필요한 물품만 넣으며 필기도구는 상의 안주머니에 넣는다.

(2) 와이셔츠

• 와이셔츠는 회사에서 지급한 것을 착용하며 항상 청결하고 다림질이 잘 된 상태로 착용한다.
• 소매길이는 상의 소매에서 밖으로 5밀리 정도 나오게 한다.
• 셔츠 안의 속내의는 흰색을 착용한다.
• 와이셔츠 옷자락이 바지 바깥으로 나오지 않게 주의한다.

(3) 넥타이

• 넥타이는 회사에서 지급된 것이어야 하며 깨끗하고 청결한 상태로 반듯하

게 착용한다.

(4) 명 찰

• 명찰은 가슴부분에 삐뚤어지지 않도록 반듯하게 패용하며 고객이 볼 수 있도록 옷깃에 가려서는 안 된다.

(5) 양 말

• 양말은 검정색 혹은 곤색, Uniform보다 짙은 색으로 하며 흰색양말 착용은 안 된다.
• 불결해지기 쉬우므로 자주 갈아신도록 한다.

(6) 구 두

• 구두는 회사에서 지급된 검정색을 신어야 하며 장식이 달린 구두는 허용이 안 된다.
• 항상 깨끗하게 닦아 신어야 한다.

2) 여사원 복장

(1) 유니폼

※ 항상 청결하고 다림질이 잘 된 것을 착용한다.
• 단추가 떨어져 있거나 바느질이 터진 곳이 없어야 하며 더럽거나 얼룩진 제복을 착용해서는 안 된다.
• 스커트 길이는 규정 사이즈를 지키며 유행에 따라 임의로 올리고 내리는 것을 허용치 않는다.
• 착용 전 반드시 손질해야 하며 먼지, 머리카락, 비듬 등이 묻어 있어서는 안 된다.

- 명찰도 Uniform의 일부이므로 항시 윤이 나게 관리하여 착용한다.
- Uniform은 어떠한 장식도 해서는 안되며 모양을 변형시켜도 안 된다.

(2) 액세서리(장신구)

※ 눈에 띄게 요란하게 치장하는 것은 허용되지 않는다.

- 목걸이, 귀걸이, 팔찌, 반지 등 Uniform 밖으로 보여지는 장신구를 하여 사람들의 눈에 너무 자극적이거나 주목을 끌어서는 안 된다. 반지는 한 손에 한 개, 귀걸이도 한쪽에 한 개씩만 을 허용하며, 귀걸이는 늘어지는 것은 금한다.
- 머리핀과 Hair-band는 수수한 Design으로 검정, 짙은 밤색, 곤색이 허용된다.
- 지나치게 고가의 시계나 장신구는 착용을 금한다.

(3) 스타킹

※ 유니폼을 착용할 때에는 어떤 경우에도 항상 스타킹을 신어야 한다.

- 무늬가 없는 옅은 커피색 계통의 스타킹 착용을 허용한다.
- 줄이 나간 것이나 스커트 밖으로 보이는 짧은 판타롱 스타킹을 착용하지 않는다.

(4) 구 두

※ 규정된 구두를 신어야 하며 항시 깨끗하게 닦아 신는다.

- 검은색을 원칙으로 하며 장식이 많이 달린 복잡한 디자인의 구두는 허용하지 않는다.
- 굽이 너무 높거나 아주 없는 구두를 신어서는 안 된다.
- 앞이 터지거나 뒤축 끈이 없는 샌들은 신어서는 안 된다.
- 형이 헝클어지거나 뒤축이 벗겨진 것을 신지 않도록 한다.

(남사원)

구 분	체 크 항 목	예	아니오	비 고
1	와이셔츠 소배 끝은 깨끗하고 다림질은 잘 되어 있습니까?			
2	검은 양말을 신고 계십니까?			
3	와이셔츠 옷자락이 허리 밖으로 흘러나온 채 다니지 않습니까?			
4	유니폼을 착용한 상태로 영업장을 이용하는 경우가 있습니까?			
5	셔츠안의 속내의는 흰색을 착용하고 있습니까?			
6	청결하고 단정한 머리모양을 하고 있습니까?			
7	매일 아침 깨끗이 면도를 합니까?			
8	손톱은 짧게 깎아 깨끗한 손을 유지합니까?			
9	식사 후 꼭 이를 닦습니까?			
10	야간 근무자는 새벽에 자신의 복장 용모상태를 재점검합니까?			
11	양말은 매일 갈아 신습니까?			
12	구두는 깨끗이 닦여 있습니까?			

(여사원)

구 분	체 크 항 목	예	아니오	비 고
1	제복은 단추, 실밥 터진 곳이 없고 청결하며 다림질이 잘 되어 있습니까?			
2	눈에 띄고 자극적인 장신구를 착용하고 있지 않습니까?			
3	머리장식은 규정된 색깔의 것으로 착용하고 있습니까?			
4	항시 스타킹을 착용합니까?			
5	스타킹은 흘러내리거나 줄이 가지 않은 규정된 것을 착용하고 있습니까?			
6	앞이 터지거나 뒤축끈이 없는 샌들을 신고 있지 않습니까?			
7	구두는 항상 깨끗이 닦여있고 뒷굽은 벗겨지지 않은 상태입니까?			
8	머리는 항상 청결하고 활동하기에 편하게 가꿉니까?			
9	밝은 분위기의 자연스러운 화장을 하고 있습니까?			
10	지나치게 유행을 따르는 너무 야한 매니큐어를 칠하지 않습니까?			
11	화장품이나 향수의 향이 지나치게 짙지 않습니까?			
12	머리를 검정색 이외의 다른색으로 염색하지 않았습니까?			

Ⅴ. 전화 응대

전화는 고객과의 빼놓을 수 없는 의사소통의 수단이며 고객접점의 중요한 매개체이다. 전화응대 하나가 호텔에 지대한 영향을 미치며 잘못된 전화응대는 바로 배출감소의 결과를 낳는다. 전화는 고객의 얼굴을 직접 보지 못하고 대화하기 때문에 자칫하면 실수하기 쉽고 오해가 발생할 소지가 많으며 고객과의 전화 한 통이 우리의 이미지를 결정한다는 점에서 조금도 소홀함이 없어야 한다.

① 고객과 전화응대 시에는 고객이 앞에 앉아 있다는 마음가짐으로 바른자세와 가벼운 미소를 지으면서 최대한 정중하게 응대한다.
② 전화응대 시는 저음이나 딱딱 끊어지는 말투를 삼가고 '솔' 음으로 밝고 명랑하게 응대한다.
③ 전화는 Bell이 3번 이상 울리기 전에 받으며 반드시 인사말, 업장명, 이름을 말한다.
④ 전화 Bell이 4번 이상 울린 후 받았을 경우에는 반드시 '기다리게 해서 죄송합니다'라고 말한 후 업장명과 이름을 말한다.
⑤ 전화를 턱과 어깨 사이에 끼고 통화하지 않는다.
⑥ 통화 중에 고객이 접근하면 손짓과 눈짓으로 고객에게 자리를 권하거나 양해를 구하고 통화가 끝나면 '기다리게 해서 죄송합니다'라고 말한다.
⑦ 통화를 끝낼 시에는 반드시 '전화주셔서 감사합니다'라고 마무리 인사를 한다.
⑧ 고객과 통화 시 고객보다 먼저 전화를 끊지 않는다.

1) 전화의 역할

• 전화는 보이지 않는 응대이다.
- 전화는 보이지 않는 고객과 목소리만으로 응대하는 것이므로 보이지 않는 응대라 할 수 있다. 그러므로 모든 정성을 기울여 부드럽고 명랑한 음성과

교양미가 넘치는 말로서 친절하다는 평을 받도록 해야 한다.

- 전화는 상품을 판매하는 데 있어서 꼭 필요한 기구이다.
  - 현재는 고객이 영업장에 직접 오는 일도 있으나, 알고 싶은 내용이나 예약을 위해 전화를 점점 많이 사용하기 때문에 상품을 판매하는 중요한 수단이며 고객편의를 도와주는 기구이다.
- 전화는 고객와의 의사전달을 매개하는 기구이다.
  - 직원은 고객이나 그 밖의 사람들로부터 수없이 걸려오는 전화를 잘 받아야 한다. 전화는 일일이 상대방과 만나지 않고 용건을 마무리 짓는 것이므로 전화는 고객과의 의사전달을 매개하는 수단이다.
- 대화와 전화의 차이점
  - 전화는 무료가 아니다. 얼굴을 맞대도 대화를 하고 있으면 한 시간을 해도 두 시간을 해도 요금이 전혀 들지 않는다. 그러나 전화는 돈이 들고 시간이 길면 요금도 불어난다. 따라서 전화는 가능한 한 손쉽게, 요령 있게 이야기하는 것이 중요하다.
  - 전화는 한 번에 한 명 밖에 사용하지 못한다. 전화는 한 사람이 전화를 사용하고 있는 동안에는 다른 사람은 절대 사용할 수 없다. 별로 필요하지 않은 전화를 길게 사용한다든가 사적인 전화를 걸고 있는 동안에 고객으로부터 급한 예약전화가 올지도 모른다. 그리고 다시 걸었을 때 통화 중이면 그 예약은 다른 곳으로 갈 것이다.
  - 전화는 얼굴을 대면하는 직접응대가 아닌 간접응대라는 점에서 아무리 바쁜 일을 하던 중이라 해도, 전화로는 그 바쁜 상황을 보여 고객을 이해시킬 수 없기 때문에 특히 신경을 써야 한다.

2) 전화의 응대방법

- 전화기에 얘기하는 것이 아니라 고객과 얘기한다는 것을 명심한다.
- 바른 자세와 바른 음성으로 말끝을 명백히 하도록 한다.

- 고객의 이미지를 마음으로 생각하면서 면접하고 있는 것과 같은 기분으로 얘기하면 고객에게 따뜻한 느낌을 주게 된다.
- 언어는 분명하고 밝고 명랑하게 사용하며, 어조를 너무 낮추지 않는다.
- 잘 듣고 있다는 것을 상대방에게 전하기 위해 적당히 맞장구를 친다.
- 고객이 감정적이 되어도 결코 이쪽의 감정을 나타내서 언쟁이 일어나지 않도록 한다.
- 고객이 이해 못하는 전문용어, 외래어 등은 피하고 알아듣기 쉬운 말로 말한다.
- 고객의 말을 잘 들어 일방적인 통화가 되지 않도록 주위하며 지레짐작하는 응답은 피한다.

3) 전화응대의 기본요령

(1) 전화받는 법

- 벨이 울리면 늦어도 세 번 울리기 전까지는 받아야 한다.
- 전화 벨소리는 영업장 손님에게는 잡음이다.
- Waiting Recorder 작동 경우 가능한 빨리 응답해야 한다.
- 항상 초기응대어를 명확하고 뚜렷하게 한다.
- 시간이 걸렸을 때는 '오래 기다리게 해서 죄송합니다'라고 정중히 응대한다.
- 간단하게 인사하고 이쪽의 회사명 또는 소속명과 이름을 말한다.
- 상대방을 확인하고 경우에 따라 다시 인사한다.
- '여보세요? 여보세요?'를 연발하지 않도록 주의한다.

(2) 용건을 듣는 방법

- 왼손으로 송수화기를 잡고 오른손으로 메모를 하면서 듣는다.
- 용건을 경청한다. 이쪽에서 경청하고 있다는 표현을 계속적으로 한다.
- 대화중에 상대방 직함 또는 이름을 가능한 자주 부른다.
- 일시, 금액, 숫자, 고유명사 등 중요한 사항은 반드시 재확인한다.

- 내용이 이해가 안 될 때는 다시 한번 공손히 묻는다.
- 상대방을 기다리게 애야 할 경우에는 정중하게 미리 양해를 구한다. 만약 오래 기다리게 할 때는 정중히 사과한다.
- 용건이 끝났음을 확인한 후 통화내용을 요약, 복창하여 수정받을 기회를 갖는다.
- 마무리 인사를 한 후 상대방이 수화기를 내려놓은 다음 조용히 수화기를 내려놓는다.

(3) 중개전화인 경우

- '누구로부터 누구에게'인가를 확인하여 전화를 지명인에게 연결한다.
- 자신의 담당이 아닌 내용을 상대가 이야기를 해도 중간에 말을 가로막지 않고 끝까지 듣는다.
- 담당자에게 전화를 인계할 때에는 누구로부터의 전화인가를 전하고 상대방이 말한 용건을 다시 되풀이 하지 않도록 자세히 전한다.
- 전화를 받을 사람이 즉시 받을 수 없을 때에는 중간 상황을 수시로 알려준다.
- 지명인이 전화를 받기까지 시간이 걸릴 것 같이 생각되며 도중에 말을 걸거나 상대방의 형편을 물어 지명인이 다시 전화를 걸도록 한다.

※ 전화기의 감도는 예민하다. 사방 4미터 내의 소리는 그대로 상대방에게 전해진다. 생각 없이 한 말이 상대방에게 그대로 들려서 항의를 받는 일도 많이 있다. 지명된 사람에게 알린다든가 상대방을 기다리게 할 때는 '보류' 버튼을 누르거나 '보류' 기능이 안 될 경우 반드시 송화기를 손으로 가린다.

Ⅵ. Complaints 처리

접객 서비스는 아무리 완벽하게 하려고 해도 손님으로부터의 불평을 있게 마련이다. 왜냐하면 인간은 완벽할 수 없으며 주관적인 사고를 가지고 있으므로 모든 고객의 욕구가 똑같을 수 없기 때문이다. 그러한 고객의 불평을 어떻게 처리하느냐에 따라 고객을 잃을 수도 있고 또 오히려 단골고객을 만들 수도 있다.

따라서 고객으로부터 지적이나 불평이 발생했을 경우 항상 긍정적인 자세로 고객의 입장에 서서 정확한 원인을 파악하여 불평에 대한 해결방안을 강구하여 고객에게 호감을 줄 수 있는 조치가 이루어지도록 신속하게 처리해야 한다.

그러므로써 호텔의 이미지를 향상시키고 신뢰감을 더 높여, 고객으로 하여금 재방문하게 만들 수 있는 기회를 만들어야 한다.

① 고객 Complaints시는 반드시 먼저 '죄송합니다'라고 말하고 다음 조치를 취한다.
② 본인이 해결하기 힘든 사항은 신속히 지배인 또는 상급자에게 사실을 보고하고 조치하도록 한다.
③ 절대 고객 말의 중간에 변명하거나 고객의 잘못을 지적해서는 안 된다.
④ 고객의 불편사항이나 지적사항을 메모하는 자세를 보인다.
⑤ 고객 Complaints은 반드시 해결하고 재발생되지 않도록 한다.
⑥ Complaints 고객에게 반드시 사과의 전화나 메일 등 적절한 Feedback을 한다.

1) 고객불평, 불만처리의 MTP법

- Man : 누가 처리할 것인가? (사람을 바꾼다)
  예 담당직원 → 지배인, 상급자
- Time : 언제 처리할 것인가? (시간을 바꾼다)
  예 상황에 따라 가능하면 즉각 답변을 피하고 냉각시간을 둔 후 답한다.
- Place : 어느 장소에서 처리 할 것인가? (가능한 한 장소를 바꾼다)
  예 서서 이야기 → 앉아서 이야기
- 영업장 → 사무실, 응접실
- 여러 명의 고객 → 일대일 응대로 분위기 전환

2) 불평은 기회이다

불평하는 고객이 귀한 고객이다.

- 불평하는 고객이야말로 귀한 고객이다. 서비스는 바로 그런 고객을 위하여 필요한 것이다. 어떻게 해주든지 아무런 불평이 없는 고객만 있다면 고객서비스할 필요가 없을지 모른다. 따지고 드는 고객, 꾸짖을 줄 아는 고객이야말로 도움이 되는 고객이다.
- '꾸짖는 말을 하는 사람을 보석이 있는 곳을 가르쳐 주는 사람으로 생각하라'고 했다. 아무리 사소한 것일지라도 소중히 받아들이고 앞으로는 똑같은 불평이 절대로 일어나지 않도록 한다.
- 고객의 불만을 불평으로 간주해서는 안 된다. 이것이야 말로 고객이 우리 회사를 위해 시간과 돈을 들여가며 제공해주는 귀중한 산 정보이다.
- 고객의 불평은 서비스의 품질을 높여주는 활력소이다. 또한 서비스의 개선과 회사발전의 힌트를 제공한다.

3) Complaints 처리방법 3단계

(1) 듣 기

- 끝까지 전부 듣는다.
- 반드시 메모한다.
- 선입견을 버리고 겸허하게 듣는다.
- 변명하거나 고객의 잘못을 지적하지 않는다.

(2) 원인분석

- Complaints의 원인 분류

상 품	서비스맨	기 타
음식의 맛, 객실상태 등	접객태도, 전화응대, 응대용어 등	사고, 오해 등

(3) 해결책의 검토

- 신속하게 대응한다. 처리가 늦을 경우 Complaints은 더 커질 수 있다.
- 다른 고객에게 피해가 가지 않도록 한다.
- 고객이 불만을 그대로 가지고 떠나지 않게 한다.

※ Complaints 처리 시 주의사항

- 고객에게 동조해 가면서 긍정적으로 듣는다.
- 논의나 변명은 피한다.
- 고객의 불만을 이치에 맞다고 말한다.
- 고객의 입장에서 성의, 열의를 가지고 임한다.
- 감정적 표현이나 감정노출 등은 피하고 냉정하게 객관적으로 검토한다.
- 경우에 따라서는 솔직하게 사과한다.
- 설명은 사실 중심으로 명확하게 한다.
- 신속하게 처리한다.
- 적극적인 자세로 임한다.

※ 고객에게 문제(오해 또는 이해부족)가 있다고 판단될 때

- 고객의 이야기를 가능한 다 들어준다.
- 설명을 돌려서 한다.
- 고객이 빠져나갈 길을 터놓고 자존심을 상하지 않게 한다.

References

[국내문헌]

권봉헌 · 임재문, 호텔객실관리론(2009), 연경문화사.

김왕상 · 신강현(2001), 호텔객실실무관리론, 대왕사.

김정근(2002), 호텔경영론, 대왕사.

롯데호텔, 객실 매뉴얼.

민혜성(2005), 호텔객실영업론, 현학사.

민혜성 · 이승연(2005), 호텔객실관리론, 대왕사.

박대환 외(2008), 호텔객실영업론, 백산출판사.

세종호텔, 객실 매뉴얼.

쉐라톤 워커힐, 호텔 Front Office · Bell Desk · Concierge · EFL 매뉴얼.

신형섭 · 강종천 · 신동렬(2003), 호텔경영서비스실무, 백산출판사.

신형섭 · 전홍진(2000), 호텔객실서비스 실무론, 학문사.

안광호 · 윤호영 · 송필수(2004), 호텔객실서비스실무, 기문사.

원융희 · 임병설 · 이보연(2003), 최신호텔실무론, 백산출판사.

이선희 · 송대근(2005), 호텔객실 실무론, 대왕사.

이정학(2005), 호텔경영의 이해, 기문사.

이희천 · 김영규(2000), 호텔객실실무, 학문사.

전홍진 · 김홍일(2004), 호텔객실실무론, 현학사.

정규엽(2004), 『Hotel · Hospitality Marketing』. 서울: 연경문화사.

정종훈 · 한진수(2004), 호텔 프런트 & 객실관리론, 현학사.

최병호 · 유도재(2004), 호텔경영의 이해, 백산출판사.

[홈페이지]

그랜드 앰배서더 서울 www. grand.ambatel.com

그랜드 인터컨티넨탈 서울 www.seoul.intercontinental.com

그랜드 하얏트 서울 www.grandhayattseoul.co.kr

그랜드 힐튼 서울 www.grandhiltonseoul.com

롯데호텔 월드 www.lottehotelworld.com

르네상스 서울 호텔 www.renaissanceseoul.com

리츠칼튼 서울 www.ritzcarltonseoul.com

메이필드 호텔 www.mayfield.co.kr

밀레니엄 서울 힐튼 www.hilton.co.kr

서울 플라자 호텔 www.hoteltheplaza.com

쉐라톤 그랜드 워커힐 서울 www.sheratonwalkerhill.co.kr

신라호텔 www.shilla.net

웨스틴 조선호텔 서울 www.echosunhotel.com

임피리얼 팰리스 호텔 www.imperialpalace.co,kr

코엑스 인터컨티넨탈 서울 www.seoul.intercontinental.com

파크 하얏트 호텔 www.parkhyattseoul.co.kr

호텔롯데 www.lottehotelseoul.com

JW 메리어트 호텔 www.jw-marriott.co.kr

W 호텔 www.wseoul.com

저자약력

이승연

현 재

- 유한대학 호텔관광과 교수
- 한국호텔리조트학회 이사

주요경력

- Sheraton Grande Walkerhill Hotel, Rooms Division 근무
- 세종대학교 일반대학원 원우회장 역임
- 매너플러스 아카데미 대표원장 역임
- 한국관광대학 겸임교수 역임

학력 및 교육경력

- 세종대학교 대학원 호텔관광경영학 석사 / 박사
- 극동대학교 출강
- 세종대학교 출강
- 백석예술대학 출강
- 유한대학 출강
- 한국관광대학 출강
- 백석대학교 국외여행인솔자과정 / 항공승무원양성과정 국제매너 및 이미지메이킹 담당
- 한국관광대학 국외여행인솔자과정 국제매너 담당

논문 및 저서

- 호텔경영학의 연구문헌 동향에 관한 연구 : 한국호텔경영학회를 중심으로
- 호텔직원의 비언어적 커뮤니케이션의 직원평가와 고객만족 및 충성도에 미치는 영향
- 호텔기업의 BSC 구축을 위한 핵심성과지표 개발
- 산악협동에 대한 현장실습생의 인식이 실습생 만족에 미치는 영향
- 호텔 객실예약 경로와 객실매출에 관한 연구
- 직장 내 소문에 대한 직원민감도 차이 연구
- 호텔객실의 고객 불평요인에 관한 중요도와 만족도의 Gap 분석
- 객실관리론(대왕사)
- 글로벌 에티켓과 매너(대왕사, 현 2판)
- 호텔객실 하우스키핑(백산출판사)

Hotel Front Office 호텔객실 프런트 오피스

2010년 9월 25일 초판 1쇄 인쇄
2010년 9월 30일 초판 1쇄 발행

저 자 이 승 연
발행인 (寅製) 진 욱 상
발행처 백산출판사

서울시 성북구 정릉3동 653-40
등 록 : 1974. 1. 9. 제 1-72호
전 화 : 914-1621, 917-6240
FAX : 912-4438
http://www.ibaeksan.kr
edit@ibaeksan.kr

값 17,000원
ISBN 978-89-6183-371-4